AVANT-PROPOS

Ce travail est né des obligations que j'avais acceptées à l'égard des étudiants,

à la suite de l'aimable invitation, qui m'avait été adressée, d'enseigner à l'Université d'Antsiranana,

mais aussi des échanges fructueux et sympathiques qui sont naturellement intervenus.

Il ne faut pas y chercher un traité ou la perfection d'un ouvrage longuement pensé.
Il s'agit plutôt d'une étape, la première,
mais j'en ai prévu une deuxième,
avec toute la modestie qui s'impose
dans les quelques jours impartis à une tâche parmi d'autres.

Elle ne m'a cependant pas complètement absorbé,
car ce serait passer à côté de l'essentiel,
au point qu'elle m'aurait empêché d'observer l'amabilité des Collègues
et, de manière générale, le sourire des habitants de Diego...

Antsiranana, le 19 Août 2016

INTRODUCTION

1.Définition - Habituellement, les personnes, physiques ou morales, sont régies par leur droit national. Mais, lorsqu'intervient un élément d'extranéité, par exemple parce que les personnes sont de nationalités différentes, parce qu'un fait ou acte, comme un contrat, se produisent dans un pays tiers ou que leurs effets se déroulent dans plusieurs pays, les règles applicables sont dites de droit international privé. Des personnes privées sont concernées par des solutions internationales.

La notion d'extranéité est donc large. Elle résulte d'un lieu ou de l'origine des personnes. Évidemment, le droit international privé subit l'influence du droit international public puisque, selon les relations entre Etats, des lois, des traités, des engagements multilatéraux, les règles d'organisations internationales, vont s'appliquer. En période de conflit, on aura bien du mal à trouver des solutions.

2.Domaines traditionnels ou actuels - Plus ou moins proche du droit international public, mais aussi du droit privé interne, influencé par le droit public, le droit international privé a des sujets traditionnels et de prédilection. L'actualité internationale a souligné l'importance de certains domaines.

Ainsi, la détermination de la nationalité, qui constitue à la fois un critère de base de l'application du droit international privé et un champ de recherche, occupe une place importante. A Madagascar, l'ordonnance n°62041 du 19 septembre 1962 "relative aux dispositions générales de droit interne et de droit international privé", faisait déjà référence aux principales questions de droit international privé et renvoyait au code de la nationalité.

A l'origine, ce code est issu de la loi n°60-064 du 22 juillet 1960. Des réformes sont intervenues, dont l'une, importante, en juin 2016, relative à la nationalité de l'enfant et qui reconnaît le droit de la femme dans la transmission de la nationalité.

Eléments de droit international privé à Madagascar

La nationalité est donc à la fois objet et critère, mais le temps limité de l'étude nous laissera l'opportunité d'y revenir de manière détaillée par la suite.

Relèvent encore du droit international privé, les questions de la condition des étrangers, ou celle des conflits de lois.

C'est-à-dire qu'il faut déterminer quelle est la loi applicable à tel acte ou événement, lorsque des lois risquent de se heurter en raison de l'origine des protagonistes.

C'est en même temps poser la question de la juridiction compétente.

Des solutions sont prévues pour savoir quelle est la loi applicable, par exemple, de manière qui semble simple, par la loi du lieu de l'immeuble, un peu comme en matière pénale ou d'accident par la loi du lieu du fait. En d'autres cas, c'est la nationalité des sujets de droit qui est prise en considération.

Il faut donc d'abord savoir quelle est la loi applicable.

Prenons l'exemple d'une femme malgache, qui épouserait un ressortissant Tunisien, exemple d'école évidemment, quelle serait la loi applicable si le Tunisien était déjà marié, ou s'il avait divorcé d'un précédent mariage avec une Belge, en Tunisie, alors que ce divorce ne serait pas valable en Belgique comme acquis dans des conditions contraires à l'ordre public ? Quelle serait la situation de la femme et de son époux ? Polyandre sans le vouloir ? Bigame en l'ayant souhaité ?

Autant de questions qui semblent passionnantes mais qui le sont peut-être moins pour les intéressés eux-mêmes cherchant une solution concrète...

Eléments de droit international privé à Madagascar

D'ailleurs, lorsqu'une décision est adoptée par un juge, quelle est son effectivité dans un autre Etat ?

On va rencontrer ici la question de l'application des décisions judiciaires étrangères, et celle de leur reconnaissance par l'exequatur, c'est-à-dire la permission donnée par un juge national à l'application de la décision étrangère, constatant qu'il n'existe pas de contrariété avec l'ordre public national.

Ces problèmes aussi relèvent de notre étude.

Bien entendu, les solutions ne peuvent qu'être influencées par les mouvements internationaux, par exemple par les mouvements migratoires que les règles du séjour ne suffisent pas à contenir. De même, les États signent des conventions, des engagements qui ont des répercussions en droit international privé, souvent sous la pression de l'actualité.

Ainsi, en remédiant à des dispositions qui étaient inégalitaires pour la mère, en matière de nationalité, la réforme récente, à Madagascar, a tenu compte de critiques anciennes et constitue l'application des engagements pris lors d'une conférence récente à Istanbul. Des discriminations ont été abolies, permettant à la femme malgache de transmettre sa nationalité.

3. Plan - Dans un premier chapitre, nous pouvons insister sur les sources utilisables en droit international privé. Puis nous traiterons des questions classiques de la détermination de la juridiction compétente, des conflits de lois, des particularités de l'arbitrage, puis de la manière dont sont reconnues des décisions étrangères dans l'ordre interne.
Nous soulignons l'influence des mouvements contemporains et de l'actualité internationale. Nous ne traiterons pas ici des questions de la nationalité ou de la condition des étrangers.

C'est une tâche importante, dans le temps imparti, et donc sans pouvoir envisager toutes les recherches auquel invite le domaine, ce qui appellera des efforts futurs, mais aussi un plaisir de découverte que je vous propose de mener ensemble.

Eléments de droit international privé à Madagascar

CHAPITRE I - LES SOURCES DU DROIT INTERNATIONAL PRIVÉ
I - LES SOURCES INTERNES
II - LES SOURCES INTERNATIONALES

CHAPITRE II - LA DÉTERMINATION DE LA JURIDICTION COMPÉTENTE

I - LA JURIDICTION ÉTATIQUE - LES JURIDICTIONS DE MADAGASCAR

1 - LES JURIDICTIONS DE DROIT PRIVÉ
A - LES TRIBUNAUX DE PREMIÈRE INSTANCE
B - LES COURS D'APPEL
C - LA COUR SUPRÊME

2 - LES JURIDICTIONS DE DROIT PUBLIC
A - LES TRIBUNAUX ADMINISTRATIFS ET LES TRIBUNAUX FINANCIERS
B - LE CONSEIL D'ETAT
C - LA COUR DES COMPTES
D - LA HAUTE COUR DE JUSTICE
E - LA HAUTE COUR CONSTITUTIONNELLE

II - LA COMPÉTENCE DES JURIDICTIONS ÉTATIQUES EN MATIÈRE INTERNATIONALE

1 - LE DROIT COMMUN DE LA COMPÉTENCE
2 - LES CONTESTATIONS DE COMPÉTENCE INTERNATIONALE D'UNE JURIDICTION ÉTATIQUE
3 - LES CONVENTIONS INTERNATIONALES SUR LA COMPÉTENCE

Exercice pratique : la compétence des juridictions en cas de refus de vente

CHAPITRE III - LES CONFLITS DE LOIS

I - LES METHODES DE DETERMINATION DE LA LOI APPLICABLE DANS L'ÉVOLUTION HISTORIQUE

II - LE CRITÈRE DE RATTACHEMENT

III - LES CONFLITS INTERNATIONAUX DE RATTACHEMENT

Exercices :

1. La notion d'ordre public en droit international privé
2. La notion de fraude à la loi dans la solution des conflits de lois
3. Cas pratique

CHAPITRE IV - L'ARBITRAGE INTERNATIONAL

I - LA DÉCISION DE RECOURIR À L'ARBITRAGE

II - LA COMPOSITION DU TRIBUNAL ARBITRAL

III - LA COMPÉTENCE ET LA PROCÉDURE

IV - LES RECOURS ENVISAGEABLES

V - L'EXÉCUTION DES DÉCISIONS D'ARBITRAGE

CHAPITRE V - L'APPLICATION DES DECISIONS JUDICIAIRES ETRANGERES

I - LES RÈGLES DE DROIT COMMUN D'EXÉCUTION DES JUGEMENTS

II - LES CRITÈRES DU CONTRÔLE POUR L'EXÉCUTION D'UNE DÉCISION ÉTRANGÈRE

III - LES CONVENTIONS ENTRE ETATS

Les questions ci-dessous feront l'objet d'une étude à venir particulière :

- LA NATIONALITÉ

- LA CONDITION DES ÉTRANGERS

CHAPITRE I - LES SOURCES DU DROIT INTERNATIONAL PRIVÉ

Comme en d'autres matières, les sources du droit international privé sont tirées du droit interne ou du droit international.

I - LES SOURCES INTERNES

Il s'agit de la loi, de la jurisprudence et de la doctrine.

4. Textes applicables - Nous avons déjà cité les textes malgaches en matière de nationalité, et les anciens principes tirés du code issu de la loi n°60-064 du 22 juillet 1960, l'ordonnance n°62-041 du 19 septembre 1962 "relative aux dispositions générales de droit interne et de droit international privé", pour ce qui concerne les directives générales.

Par ailleurs, tous les textes qui sont relatifs au statut personnel peuvent avoir une incidence en matière de droit international privé. Il en est ainsi du statut familial, tout ce qui est relatif au mariage, à la filiation.

Une ordonnance n°62-003 du 24 juillet 1962 porte sur le nom, le domicile et l'absence, ce qui fait partie de l'individualisation des personnes.

Et, parmi d'autres, un texte qui peut avoir des incidences en matière de droit international privé, l'ordonnance du 1er octobre 1962 relative au mariage, modifiée par des textes de loi subséquents.

Ou la loi n°67-030 du 18 décembre 1966 concernant les régimes matrimoniaux et les testaments, et certains textes anciens comme le code civil français d'avant 1960 peuvent trouver à s'appliquer expressément, ce qui a trait aux biens et aux obligations.

On peut encore citer :

La loi relative au mariage et aux régimes matrimoniaux n°2007-022 du 20 août 2007.

Le décret désignant les agents chargés de constater l'accomplissement des cérémonies traditionnelles du mariage n°63-022 du 16 janvier 1963.

La loi relative à l'adoption, n°2005-014 du 7 septembre 2005.

La loi n° 63-022 du 20 novembre 1963 sur la filiation et le rejet

Modifiée par la Loi n° 2005-014 du 7 septembre 2005 relative à

L'adoption.

Modifiée par la Loi n° 2007-023 du 20 août 2007 sur les droits et la

protection des enfants.

La loi n° 68-012 du 4 juillet 1968 relative aux successions, testaments et

donations

5. Jurisprudence - À partir des textes, et d'autres critères, en cas de conflit de lois, la jurisprudence va rechercher les solutions applicables et déterminer le texte adapté. Les tribunaux, mais aussi les juridictions arbitrales, ont été la source la plus importante du droit international privé, depuis le 19ème siècle. C'est elle qui a élaboré la théorie du conflit de lois si importante, et permettant toujours, sous le contrôle de la Cour suprême, la détermination de la loi applicable ou de la juridiction compétente.

Comme toujours, lorsque l'on mentionne les sources du droit, il faut préciser, et c'est aussi ce qui fait sa force proche de la vie, que les décisions de jurisprudence peuvent varier dans le temps.

6.Doctrine - La doctrine a bâti d'importants traités ou commentaires en ce domaine. Des personnes privées, parfois enseignants, magistrats, avocats... entretiennent un dialogue avec les juridictions par leurs publications dans des revues ou au sein d'organes de réflexion comme le Comité français du droit international privé.

De grands auteurs classiques dont les noms reviennent sont, par exemple, Niboyet ou Batiffol pour le 20ème siècle.

II - LES SOURCES INTERNATIONALES

On distingue les sources internationales publiques et privées.

7. Sources internationales publiques - On y trouve principalement les engagements ou traités internationaux. La jurisprudence des juridictions internationales et même des principes généraux considérés comme naturellement applicables et dégagés par les juridictions.

8. Les engagements internationaux des Etats - Les traités sont bilatéraux ou multilatéraux mais, en ce domaine, les réunions internationales ont conduit à l'élaboration de conventions communes.

9. Traités bilatéraux - Cependant, les traités bilatéraux sont plus faciles à négocier, plus rapides et peuvent intervenir sur des points particuliers.

Ainsi, des accords sont conclus dans les domaines de la famille, des personnes, en raison des nécessités pratiques. Par exemple, avec les pays du Maghreb ou d'Afrique, la France a conclu de telles conventions.

Il s'y ajoute des accords de reconnaissance mutuelle des décisions, ce qui facilite l'application des décisions étrangères et l'exequatur, c'est-à-dire la décision du juge national constatant que la décision judiciaire étrangère n'est pas contraire à l'ordre public interne et peut être appliquée. Ainsi, elle n'a pas été obtenue par fraude et elle est conforme aux standards habituels du droit national.
De tels accords facilitent évidemment la vie des personnes.

En principe, un traité bilatéral l'emporte sur un traité multilatéral. Il pourrait y avoir des prescriptions dérogatoires. Cependant, le traité multilatéral, pour éviter les conflits, prévoit en général expressément qu'il l'emporte sur les dispositions bilatérales.

10. Traités multilatéraux - Soit plusieurs Etats se réunissent, parce qu'ils ont des intérêts en commun, soit parce qu'ils appartiennent à la même zone géographique, et négocient un accord multilatéral.

Ainsi, il s'agit de déterminer les solutions de conflits de lois, de savoir quelle est la loi applicable, quelle juridiction doit être saisie. Ou bien, on détermine quels vont être les effets des jugements à intervenir.

Il a fallu de telles conventions à l'origine dans l'espace européen. Aujourd'hui, les institutions de l'Union Européenne prennent directement des directives, des règlements, en vertu de l'accord préalable des Etats de l'Union.

Mais des accords internationaux dépassent le cadre régional et ont une portée universelle. Par exemple, des conventions ont été négociées à La Haye et ont été ouvertes à la signature de tous les États.

On remarquera, qu'en 1899, la conférence internationale de La Haye provenait d'une initiative du Tsar de Russie pour prévenir les calamités dans le monde, dont les conflits armés. C'est lors de la première conférence qu'a été créée la Cour permanente d'arbitrage de La Haye.

Une seconde conférence s'était tenue en 1907 et elle avait été complétée par d'autres conférences internationales, en particulier à Genève en 1949.

Dans les domaines économiques, spécialement en droit bancaire, des conventions ont été négociées à Genève, ainsi en matière de chèques et de droit applicable (Convention portant loi uniforme sur les chèques, du 19 mars 1931...).

Lorsque l'on recherche la loi applicable et la solution d'un conflit, il convient donc d'abord de se demander s'il existe une convention internationale puis quel est l'état de la jurisprudence.

Il n'existe pas une séparation absolue entre le droit économique et le droit humanitaire.

11.Cour de Justice des Droits de l'Homme - Par exemple, la convention européenne des droits de l'Homme et des libertés fondamentales, peut avoir des conséquences en de nombreux domaines : droits économiques des personnes, régimes matrimoniaux. Ainsi, on voit mal qu'une répudiation prononcée à l'étranger puisse être valable en France ou en Europe. La justice française ou européenne obligera à vérifier qu'un divorce n'a pas été acquis en fraude de l'un des époux. Les principes de non-discrimination, d'égalité des personnes ou des époux, ou du contradictoire, seront considérés comme d'ordre public.

Au besoin, le recours à la Cour européenne des droits de l'Homme de Strasbourg, après épuisement des voies de recours internes, obligera à valider les principes fondamentaux.

12.Cour de Justice des Communautés Européennes - Dans le domaine économique, compétence appartiendrait à la Cour de justice des communautés européennes qui pourrait interpréter les règles communautaires. Le siège de cette institution est à Luxembourg. Elle a été instituée en 1952.

Elle peut avoir un rôle important en matière de droit international privé puisqu'elle a pour mission d'assurer l'application du droit de l'Union et le respect du droit issu des traités.
Elle peut même interpréter le droit de l'Union à la demande des juges nationaux. Des questions préjudicielles peuvent être posées.

On voit ainsi que le droit européen peut être appliqué directement aux citoyens nationaux, et les droits nationaux, de toutes façons, reprennent des dispositions européennes.

La Cour, saisie par la Commission européenne, après un système d'avis motivé puis de plainte, peut aller jusqu'à prononcer des amendes ou des astreintes à l'encontre d'Etats qui ne respectent pas les traités.

Par ailleurs, la Cour de justice des communautés européennes est compétente en matière de réparation des dommages causés par un Etat ou un de ses agents, dans un autre Etat. Elle statue encore sur les litiges entre l'Union et ses agents.

13. Sources internationales privées - Si l'on englobe dans le droit international privé ce qui relève du droit des affaires, certaines sources ont une grande importance.

14. Incoterms - Ainsi, les Incoterms (International commercial terms), dans le domaine de la vente commerciale, élaborés par la Chambre de commerce de Paris, correspondent à des droits et devoirs des vendeurs et acheteurs. Ils reprennent, de manière normalisée, des coutumes commerciales.
Le lieu d'application a donc une incidence.

Les usages sont anciens et sont ainsi validés. Ils concernent les transports, avec la définition des lieux d'achat, de livraison, de destination, et donc, s'en déduisent les risques, en cas de dommage au cours du transport.

Ils permettent aussi d'imposer la délivrance de documents lors de la remise des marchandises. Cette obligation va aussi avoir une incidence sur la responsabilité.

C'est en ce domaine que les incoterms sont utiles, pas forcément sur le moment du transfert de propriété. L'une des parties au contrat va savoir si elle doit prendre une assurance pour couvrir les risques.

Les incoterms permettent de préciser les termes du contrat mais ils n'empêchent pas l'évolution des usages et coutumes. Ils sont revus. Par exemple, des Incoterms 2000 on est passé aux Incoterms 2010.

Puisque les risques du terrorisme sont, hélas, d'actualité, les frais des contrôles ou de sécurité vont avoir une incidence. Les incoterms vont indiquer qui les prend en charge.

On distingue onze incoterms que l'on va désigner par leur abréviation : DAT (Delivered At Terminal), DAP (Delivered at Place), EXW (Ex Works), FCA (Free Carrier), FAS (Free Alongside Ship), FOB (Free On Board), CFR (Cost and Freight), CIF (Cost, Insurance and Freight), CIP (Carriage and Insurance Paid to...), CPT (Carriage Paid to), DDP (Delivered, Duty paid).

D'autres usages existent, par exemple aux USA, mais la généralisation des incoterms ICC (International Chamber of Commerce, ou CCI) se poursuit. Certains usages concernent le transport maritime, d'autres la navigation fluviale, parfois les deux domaines.

La pratique internationale généralisée a donc validé ce qui était une initiative privée.

Le domaine de la vente internationale a été particulièrement réceptif aux usages. Une loi commune des marchands, ou lex mercatoria, s'est dégagée.

Elle a pu être reprise naturellement dans les conventions internationales.

Des contrats-types sont ainsi utilisés, ce qui simplifie la vie des opérateurs économiques.

15. Lex mercatoria - Ce droit des praticiens, au lieu d'être imposé par l'Etat, s'est dégagé peu à peu. Il est utilisé lors de la naissance du contrat mais aussi à l'occasion de son interprétation. Il résulte d'un consentement implicite, qui se déduit des formes utilisées, des lieux de conclusion. Le juge ou l'arbitre saisis vont se référer à de tels indices.

Il s'agit donc d'usages. S'ils ne sont pas repris par les textes ou incoterms, des avis d'experts pourront être demandés. Certains de ces usages sont anciens de plusieurs siècles, par exemple ceux qui étaient utilisés dans les villes de la Hanse, sur la Baltique et la Mer du Nord.

Naturellement, dans le domaine spécialisé du droit commercial, le juge aura une connaissance du milieu et de la lex mercatoria. Il en est de même pour l'arbitre.

Bien entendu, ce droit ne peut pas contredire la loi impérative. Il n'a que valeur supplétive en cas de manque juridique, ou interprétative puisque résultant de la volonté des parties.

16. Codification - L'UNIDROIT ou Institut international pour l'unification du droit privé, qui avait été conçu comme un organe auxiliaire de la Société des Nations, composé de représentants de soixante-trois Etats, a décidé de créer une base de

données sur le droit uniforme. Il publie une revue de droit uniforme et s'efforce de reprendre les principes de droit commercial issus de la "soft law".

Cette soft law est justement ce droit provenant des usages et de la volonté des particuliers.

CHAPITRE II - LA DÉTERMINATION DE LA JURIDICTION COMPÉTENTE

17. Juridiction compétente en cas de litige international - Lorsque se produit un litige international entre personnes privées, sauf accord amiable, la première question qui se pose est de savoir quelle est la juridiction compétente.
Est-ce qu'une juridiction malgache, et par comparaison une juridiction française ou autre, est compétente ou désignée pour régler tel litige?

Ensuite, on se demandera quelle est la loi applicable.

1. Bases de détermination de la compétence - Pour déterminer la juridiction compétente, on se réfère aux règles d'organisation de la justice étatique, et aux engagements internationaux de l'Etat sur ce point.

2. Affaires internationales - Arbitrage - Mais, dans le domaine des contrats d'affaires internationaux, le recours à l'arbitrage est souvent prévu.

Le contrat va contenir une clause d'engagement de recours à l'arbitrage ou clause compromissoire. Les parties sont obligées de suivre l'engagement qu'elles ont ainsi signé et de se soumettre au tribunal arbitral qui peut, ou non, être déjà constitué.

Il est basique mais utile, de rappeler brièvement quelles sont les juridictions de Madagascar, avant d'examiner la compétence en matière internationale.

I - LA JURIDICTION ÉTATIQUE : LES DIVERSES JURIDICTIONS DE MADAGASCAR

1 - LES JURIDICTIONS DE DROIT PRIVÉ

A - LES TRIBUNAUX DE PREMIÈRE INSTANCE

20. Tribunaux de première instance - On les désigne couramment par le sigle TPI et ils correspondent aux tribunaux de grande instance TGI de France, par leur ressort, leur organisation ou leur compétence.

Il en existe 39 en cours de fonctionnement. Un TPI devrait s'y ajouter à Ambovombe.

Le TPI comprend des magistrats du siège et du parquet, ainsi qu'un greffe. Certains tribunaux comportent plusieurs districts et l'on distingue des tribunaux de première classe ou de deuxième classe. La première classe concerne les villes principales.

Sauf en certains domaines (Par exemple le pénal contraventionnel), ou selon les seuils fixés par la loi, le TPI statue en premier ressort. L'appel est porté devant la Cour.

Le TPI comprend diverses Chambres appelées juridiction de présidence, Chambres civile, d'immatriculation, commerciale, sociale, de détention, correctionnelle et de simple police.

B - LES COURS D'APPEL

21. Cours d'appel - Les cinq Cours sont installées dans les chefs-lieux de Provinces.

Ses compétences sont exercées par des Chambres dans les mêmes matières que pour les TPI.

C - LA COUR SUPRÊME

22. Cour suprême La Cour, plus haute instance, siège dans la capitale. Elle veille au bon fonctionnement des juridictions et elle connaît des conflits de compétence entre les juridictions. Elle reçoit le serment des magistrats.

Elle est dirigée par un premier président et un procureur général.

Mais, en accord avec d'autres hautes juridictions, deux vice-présidents sont les présidents du Conseil d'Etat et de la Cour des comptes.

Elle a un greffe particulier.

Elle statue en droit sur les pourvois à l'encontre des décisions définitives et veille donc particulièrement à l'application du droit.

2 - LES JURIDICTIONS DE DROIT PUBLIC

A - LES TRIBUNAUX ADMINISTRATIFS ET LES TRIBUNAUX FINANCIERS

1. Tribunaux administratifs - Conformément à la loi du 3 avril 2003, ces tribunaux sont créés dans chaque province autonome, pour l'ordre administratif et l'ordre financier.

Ils peuvent statuer au fond ou en référé.

D'après l'article 9 :

Art. 9 - Le Tribunal administratif connaît :

En premier ressort : - du contrôle de légalité des actes et décisions des autorités provinciales lorsqu'ils ne sont pas de portée générale ;

- du contrôle de légalité des actes des autorités des Collectivités Territoriales Décentralisées et de leurs établissements publics ;
- des recours en annulation des actes et contrats administratifs souscrits par ces mêmes autorités ;
- des actions visant à mettre en jeu la responsabilité administrative desdites Collectivités Administratives Décentralisées ;
- du contentieux des impôts et taxes, conformément au Code Général des Impôts, perçus au profit de ces mêmes collectivités et de leurs établissements publics.

En premier et dernier ressort :

- de toutes requêtes contentieuses afférentes aux élections provinciales, régionales et communales. Le Tribunal administratif est juge de droit commun des actes ou des contrats administratifs conclus par une autorité administrative située dans son ressort territorial.

Art.10. Le Tribunal administratif peut être consulté par les autorités provinciales ou celles des Collectivités Territoriales Décentralisées, ainsi que par le Délégué Général du Gouvernement dans la Province pour donner son avis sur tout projet de texte relatif à l'organisation, au fonctionnement et aux missions desdites collectivités et des organismes y rattachés.

Le Tribunal administratif peut également être consulté sur les difficultés d'application ou d'interprétation d'un texte.

24.Tribunaux financiers - L'organisation est semblable pour les Tribunaux financiers mais ils ont compétence spéciale :

Art. 114. - Le Tribunal financier juge en premier ressort :
1° les comptes des comptables publics des Collectivités Territoriales Décentralisées et des Établissements ou Organismes publics y

rattachés d'une part ;
2° ceux des comptables de fait desdites collectivités, d'autre part.

Toutefois, des textes réglementaires fixeront les conditions et limites de l'apurement administratif des comptes de certaines Collectivités Territoriales Décentralisées et des Établissements ou Organismes publics y rattachés.

25. Cour des comptes -
Art. 160. - Les jugements rendus par le Tribunal financier peuvent être attaqués, dans leurs dispositions définitives, par voie de l'appel devant la Cour des Comptes.

La faculté de faire appel appartient aux comptables ou à leurs ayants droit, aux représentants légaux des Collectivités Territoriales Décentralisées ou établissements publics intéressés, aux contribuables, au Commissariat financier près le Tribunal financier, au Commissaire Général du Trésor Public près la Cour des Comptes.

L'appel doit être formé dans le délai de deux mois à compter de la notification du jugement.

L'appel n'a pas d'effet suspensif, sauf s'il en est autrement ordonné par la Cour des Comptes.

26. Conseil d'Etat -

B - LE CONSEIL D'ETAT est la juridiction de dernier ressort en matière administrative. Il contrôle la régularité des actes de l'administration et veille à l'application des lois par les juridictions administratives. Il s'agit de tribunaux administratifs ou de juridictions spécialisées.

Il a compétence pour statuer sur les recours en annulation des actes des autorités des provinces autonomes.

De plus, le Conseil d'Etat peut être consulté par le Gouvernement ou le Président de la République et donne des avis.

27. Cour des comptes -

C - LA COUR DES COMPTES contrôle l'exécution des lois de finances. Elle examine les recours sur les jugements en matière financière ou les décisions d'organismes administratif.

28. Haute Cour de Justice -

D - LA HAUTE COUR DE JUSTICE reçoit compétence en cas de haute trahison du président ou violations graves de la constitution, mais aussi en cas d'actes contraires aux fonctions des présidents des assemblées parlementaires, du premier ministre, du président de la Haute Cour constitutionnelle.

29. Haute Cour Constitutionnelle -

E - LA HAUTE COUR CONSTITUTIONNELLE est composée de 9 membres nommés pour 7 ans. Elle veille à la conformité des lois par rapport à la constitution des lois, ordonnances, conventions internationales.

Elle statue obligatoirement sur les lois organiques.

Elle peut être saisie, sous certaines conditions, par le Président, ou par tout chef d'institution. Il n'existe pas de recours contre les décisions de la Haute Cour Constitutionnelle.

Elle peut donner des avis sur les projets d'actes.

Elle se prononce sur les exceptions d'inconstitutionnalité.

30. Cour de Justice internationale -

En cas de difficulté internationale, Madagascar peut avoir recours à la Cour de Justice internationale aux Nations Unies.

Il faut noter que les conventions internationales s'intègrent au droit interne en cas de signature du président de la République.

II - LA COMPÉTENCE DES JURIDICTIONS ÉTATIQUES EN MATIÈRE INTERNATIONALE

31. Compétence internationale des juridictions étatiques - La compétence de la juridiction étatique est de droit commun, lorsque les parties n'ont pas décidé d'avoir recours à l'arbitrage dans une convention concernant le droit des affaires. Cependant, dans certains cas, des contestations de compétence peuvent intervenir.

1 - LE DROIT COMMUN DE LA COMPÉTENCE

32. Compétence de droit commun des juridictions étatiques - Il est logique que la juridiction saisie d'un litige privé, puisse en apprécier tous les éléments, mêmes internationaux.

33. Importance de la nationalité - Cependant, on a pu objecter que l'application d'une loi nationale devrait d'abord dépendre de la nationalité de l'individu.

On ajoute qu'il s'agit alors d'une question de souveraineté. Chaque Etat est le juge naturel pour ses nationaux.
Les tribunaux interviennent au nom de la République et dans un cadre qualifié de régalien

En France, selon les articles 14 et 15 du code civil, les tribunaux sont considérés comme compétents lorsque le demandeur ou le défendeur ont la nationalité française.

A Madagascar, le code de procédure civile, en son article 1, tient compte de l'origine nationale :

"Art. 1. – Toute personne peut agir en justice pour obtenir la reconnaissance ou, s'il y a lieu, la protection de son droit.

(Loi 66-022 du 19.12.66). Tout étranger même non résident à Madagascar peut être cité devant les tribunaux malagasy pour l'exécution des obligations par lui contractées sur le territoire de la République avec des nationaux malagasy sauf clause ou convention contraire.

(Loi 66-022 du 19.12.66). Tout national malagasy peut être traduit devant un tribunal malagasy pour toutes les obligations contractées en pays étranger, même avec un étranger."

34. Facilité de la compétence liée au territoire - Mais des impératifs pratiques, les déplacements des individus, les liens personnels internationaux créés imposent de faire appel au juge du territoire où interviennent les actes privés.

On le voit dans le cas précédent, alors que l'engagement concerne deux personnes dont l'une est malgache. L'acte peut avoir des effets à Madagascar.

35. Facilité de la justice nationale pour des étrangers - On ne peut en déduire cependant que la justice nationale ne peut concerner que des nationaux. Elle est une facilité pour des étrangers qui résident sur le territoire. L'idée est celle de l'intérêt des personnes et d'une bonne administration de la justice. Ne serait-ce pas un déni de justice sinon?

36. Extension de compétence aux non nationaux - Jurisprudence - Mais faudrait-il aller plus loin et étendre la compétence des tribunaux judiciaires même lorsqu'aucune des parties n'est un national?

En France, la jurisprudence l'a admis peu à peu. Tout d'abord, elle a indiqué qu'il fallait des liens suffisants du litige avec le territoire national.

Dans deux arrêts, la Cour de cassation française a consacré une extension de compétence des juridictions françaises. Il s'agit de l'arrêt Pelassa, du 19 octobre 1959, et de l'arrêt Scheffel du 30 octobre 1962 selon lequel "l'extranéité des parties n'est pas une cause d'incompétence des juridictions françaises, dont la compétence internationale se détermine par extension des règles de compétence territoriale interne".

Nous savons que les règles de droit commun de compétence découlent des articles 14 et 15 du code civil, qui se superposent aux règles ordinaires ou de droit commun. Par extension de ces règles communes, les tribunaux peuvent recevoir compétence malgré la nationalité externe des parties.

37. Critères habituels de compétence - Habituellement, en effet, conformément aux règles du code de procédure civile, divers critères sont retenus pour justifier la compétence des juridictions. Il s'agit des critères qualifiés d'ordinaire.

En France, les articles 42 et 46 CPC, ainsi que 1070 CPC retiennent :

Le domicile du défendeur,
Le lieu d'exécution du contrat, dans ce domaine contractuel,
Le lieu où s'est manifesté le dommage,
Le lieu où réside la famille ou celui du défendeur, dans le cas d'un
divorce, ou du créancier d'une obligation alimentaire.

38. Clause attributive de compétence - En principe, sauf en matière de droit commercial, pour le professionnel, une clause attributive de compétence de juridiction est possible. Mais elle ne peut jouer aux dépens du consommateur.

39. Lois impératives - Mais un élément international peut justifier une telle clause. C'est alors une facilité de rendre la décision. Le principe est que cette clause attributive de compétence ne peut pas mettre en cause une règle impérative de compétence territoriale. Il est même possible aux parties d'opter pour une juridiction étrangère.

Cette extension de compétence peut d'ailleurs favoriser les tribunaux nationaux puisqu'elle peut jouer en leur faveur.

Dans un arrêt du 10 mai 2006, la Cour de cassation française est allée jusqu'à retenir la compétence au profit d'une employée nigériane, aux dépens d'un employeur britannique, alors que cette employée avait suivi son employeur en France. mais il y avait bien un lien de rattachement avec la France.

40. Sécurité des personnes - De même, une situation de péril ou de mise en cause de la sécurité des personnes, peut justifier la compétence des juridictions françaises. Il s'agit donc d'une situation exceptionnelle.

41. Compétence nationale pour des obligations nées à l'étranger - Par ailleurs, en dehors de ces règles ordinaires de compétence, on peut se référer aux critères prévus aux articles 14 et 15 du code civil français, ressemblant aux articles du code de procédure civile malgache cité ci-dessus.

D'après l'article 14 du code civil, un étranger même non-résident en France peut être cité devant les tribunaux français pour l'exécution des obligations par lui contractées en France envers un Français.
Il pourra être traduit devant les tribunaux de France pour les obligations par lui contractées en pays étranger envers des Français.

Et l'article 15, en sens inverse, indique qu'un Français peut être cité en France pour des obligations contractées à l'étranger, même avec un étranger.

Il s'agit normalement d'obligations résultant de contrats, mais on peut imaginer les obligations conséquences de délit, comme d'accidents de la circulation et de dommages.

Cependant, ces textes peuvent se heurter à une jurisprudence étrangère, en particulier si l'étranger est dans son pays d'origine.

Il suffit cependant que l'une des parties soit française, au moment de l'engagement de l'action, pour invoquer les articles 14 et 15. Cette règle concerne les personnes physiques et les personnes morales.

C'est la partie, qui a, en premier, bénéficié des droits, qui peut bénéficier de la compétence du tribunal, du moment qu'elle a la nationalité.

Si elle a cédé son obligation, le nouveau titulaire pourrait encore invoquer la compétence du tribunal français.

C'est ce qu'a décidé la Cour de cassation après des incertitudes. C'est en l'ayant cause que le droit est né et a bénéficié de la compétence au nom de la nationalité.

Cependant, cette règle peut être écartée par une prévision du contrat. Même dans ce cas, les parties peuvent avoir mentionné une clause attributive de compétence d'une autre juridiction. Il pourrait aussi exister une clause compromissoire.

Mais, en dehors de ces exclusions, l'application habituelle des articles 14 et 15 du code civil, s'étend au delà du champ des obligations proprement dites. D'après la jurisprudence, la possibilité pour un Français, d'attraire devant la juridiction française, un étranger, a une portée générale et concerne toutes sortes de matières.

42. **Cas de compétence spécifique** - Bien entendu, les cas de compétences particulières, par exemple en raison de la situation de l'immeuble, lors d'actions réelles, de demandes en partage d'immeubles

situés à l'étranger, de questions de voies d'exécution hors de France, ne peuvent s'apprécier qu'à l'étranger.

Ces exclusions concernent à la fois l'article 14 et l'article 15 du code civil.

43.Renonciation à la compétence nationale - On sait que les parties peuvent exclure elles-mêmes la compétence des juridictions françaises, malgré le lien de rattachement.

Ainsi le demandeur français peut renoncer au bénéfice de l'article 14, et le demandeur étranger peut renoncer à l'article 15.

La renonciation ne doit pas être équivoque. Elle peut être expresse ou tacite.

Elle est évidemment expresse, de la part des deux parties, en cas de clause compromissoire ou d'attribution de compétence à une autre juridiction.

Elle est implicite, si les parties, de fait, saisissent une autre juridiction.

44.Liens avec un autre État - De plus, la compétence par les articles 14 et 15 pourrait être mise en cause par un lien fort entre le litige et une juridiction d'un autre Etat. La compétence française sera appréciée par la juridiction française éventuellement saisie du litige.

Et le choix de tel tribunal français n'est pas précisé. Le demandeur a une grande liberté d'appréciation à cet égard.

45.Bonne foi dans le choix de la juridiction - Les décisions des parties ne constituent pas des actes frauduleux. Il ne s'agit pas d'échapper à un juge.

Ainsi, une clause attributive de compétence ne fait pas échec à une compétence territoriale impérative. Elle ne met pas en cause une loi de police.

De toutes façons, une décision obtenue à l'étranger, qui mettrait en cause l'ordre public français, ne pourrait pas être reconnue en France. Le principe est semblable à Madagascar.

2 - LES CONTESTATIONS DE COMPÉTENCE INTERNATIONALE D'UNE JURIDICTION ÉTATIQUE

46. Exception d'incompétence - L'une des parties peut ne pas accepter la compétence et elle conteste. Elle doit soulever son exception d'incompétence avant toute défense au fond, in limine litis. C'est le principe posé par le code de procédure civile français, article 74.

47. Déclinatoire et contredit - Les conclusions prendront la forme d'un déclinatoire de compétence et le demandeur à l'exception revendiquera la compétence d'un autre Etat. Il ne précisera pas forcément le tribunal précis, selon lui compétent.

Le tribunal peut ou non rejeter le déclinatoire.

La décision peut, dans tous les cas, être attaquée, devant la Cour d'appel, par un contredit. Selon le résultat, le premier tribunal saisi restera ou non en charge du dossier au fond.

En général, chaque partie est tentée de recourir à son juge national. Elle estime, à tort ou à raison, qu'elle sera mieux protégée. mais, dans des systèmes comparables, avec des juges faisant honnêtement leur travail, on peut estimer que le résultat sera le même.

En dehors de l'exception d'incompétence, d'autres exceptions sont envisageables.

Ainsi, lorsque plusieurs instances sont engagées, devant le même juge ou devant des tribunaux différents, la litispendance, ou la connexité, peuvent être invoquées.

48. Litispendance - La litispendance suppose que l'objet, la cause et même les parties soient semblables.

Une juridiction française et une juridiction étrangère ont été saisies du cas.

En ce domaine, il convient d'abord de vérifier s'il n'existe pas un traité bilatéral réglant la question.

Chaque ordre de souveraineté est en cause, de sorte qu'un accord international évite les conflits.

En l'absence d'accord préalable entre Etats,
la jurisprudence a considéré, que l'exception de litispendance est possible devant le juge français, alors qu'une instance a été engagée devant un juge étranger, qui pourrait être également compétent, si la décision à rendre à l'étranger est susceptible d'être reconnue en France.

Ces points doivent être soigneusement vérifiés par le juge français.
Le juge français peut accepter de se dessaisir ou de surseoir.
C'est d'ailleurs, en même temps, une question de bonne administration
de la justice.

49. Connexité - Quant à la connexité,

Les litiges ont des liens et une proximité. Ils peuvent porter sur le même objet ou l'un a une incidence par rapport à l'autre.

Dès lors, la jurisprudence, depuis 1999, en France (Cassation, 22 juin 1999, Benichou), exige trois conditions:

- deux instances pendantes, l'une à l'étranger, l'autre en France
- une saisine en fonction d'une véritable compétence dans chaque cas
- un lien, donc une connexité, susceptible d'entraîner une contrariété de décisions

Le juge pourra accepter la demande de connexité et juger l'ensemble.

Le problème est que le problème pourrait être posé de la même façon à l'étranger.
Le mieux est qu'existe un dispositif international.

3 - LES CONVENTIONS INTERNATIONALES SUR LA COMPÉTENCE

50. Traités bilatéraux sur la compétence - Des traités bilatéraux entre Etats sont fréquents, surtout si ces Etats ont des liens historiques.

51. Traités simple ou double - On parle de traités simples ou de traités doubles.

Les questions qui se posent sont relatives à la compétence des juridictions et aux effets des décisions étrangères.

Le traité est simple s'il ne concerne qu'une seule de ces questions, double s'il traite des deux.

L'avantage du traité double est que, ayant vu l'ensemble des questions qui se posent, l'exception sera acceptée plus largement.

52. Traités multilatéraux Mais des traités multilatéraux existent aussi. En ce domaine, les affinités régionales jouent aussi, par exemple au sein de l'Europe.

53. **Convention de Bruxelles** - Ainsi, la convention de Bruxelles du 27 septembre 1968 est relative à la compétence et aux effets des jugements en matière civile et commerciale, donc à leur reconnaissance.

Mais des textes plus précis, convention ou règlement, sont relatifs à des matières plus limitées, mais importantes, comme le domaine matrimonial ou celui des obligations alimentaires.

La convention de Bruxelles est entrée en vigueur dès 1973 entre les six premiers Etats fondateurs de l'UE. Elle a été complétée par d'autres accords pour toucher d'autres Etats non membres de l'UE.

54. **Domaine de la convention de Bruxelles** - La convention ne concerne que les domaines civil et commercial. Par conséquent, tout ce qui est régalien, comme les douanes, l'administratif, le fiscal, n'est pas en cause.

Par ailleurs, des domaines spécifiques civils sont exclus.

Il en est ainsi de l'état et la capacité des personnes, des régimes matrimoniaux, des testaments et successions, des procédures collectives mais il s'agit aussi en partie de droit commercial, de la sécurité sociale, de l'arbitrage.

Divers critères sont donc retenus et vont justifier la compétence : il s'agit de la matière concernée, du domicile, ou du fait que les parties ont accepté une clause attributive de compétence.

Il n'est pas question d'étudier ici l'ensemble des dispositifs de la convention de Bruxelles et des accords subséquents. Cela prendrait un ouvrage complet et une étude détaillée.

55.Refus de vente - exercice -

EXERCICE : LA COMPÉTENCE DES JURIDICTIONS EN CAS DE REFUS DE VENTE

Un vendeur de pianos installé en France à Beauvais, se fournit habituellement chez un grossiste en Allemagne. Ce grossiste refuse de fournir le détaillant et l'en informe par un message depuis l'Allemagne. Le détaillant considère qu'il s'agit d'un refus de vente anormal et envisage de porter l'affaire devant un tribunal et de solliciter des dommages intérêts. Un refus de vente peut-il être justifié?
Le recours au droit est il possible?
Devant quelle juridiction convient -il de porter l'affaire?

Le détaillant engage d'abord son action devant le tribunal de commerce de Beauvais.
Le grossiste peut-il contester cette compétence? Sous quelles formes?
Par quels moyens juridiques?
Un recours est-il possible contre la décision à intervenir sur la compétence?
En supposant la compétence déterminée et l'action recevable, quel est le droit au fond applicable?
L'action a t-elle une chance de réussite?

CHAPITRE III - LES CONFLITS DE LOIS

56. Détermination de la loi applicable - Conflit de lois - Même si l'on arrive à déterminer la juridiction compétente, avec la souplesse que cela représente, il faut ensuite savoir quelle est la loi applicable. Est-ce que l'on va recourir au droit interne du pays de la juridiction compétente pour régler un litige de nature internationale?

Ou va t'on se servir de règles considérées comme fondamentales? On pourrait dégager des principes fondamentaux applicables aux relations internationales. Il faudrait encore pouvoir les déterminer? Dans chaque domaine courant, comme la vente internationale, la famille, la filiation et le divorce, les régimes matrimoniaux, la responsabilité... on aurait ainsi des règles connues et applicables.
Certains, sont déjà mentionnés au titre de conventions internationales. La plupart du temps, il s'agit de droit des affaires.

57. Méthodes - Cependant, si rien n'est prévu, et sauf déni de justice, il faut bien trouver une solution. C'est justement la méthode du conflit de lois qui va être recherchée pour savoir quelle est la loi applicable, à la matière, dans l'espace, sur quel territoire, et dans le temps.

Reste à savoir s'il existe vraiment une méthode fiable. Comment rattacher un litige à une solution qui ne soit pas contestable. Si l'on trouve à tâton une solution, elle risque d'entraîner une marge d'appréciation subjective considérable.

Des méthodes se sont peu à peu dégagées dans l'histoire.

I - LES METHODES DE DETERMINATION DE LA LOI APPLICABLE DANS L'ÉVOLUTION HISTORIQUE

58. Histoire - La question de la loi applicable s'était posée dès le XIIIème siècle entre les Cités Italiennes. Les bourgeois de chaque Cité indépendante avaient leurs statuts, qui s'étaient dégagés de l'influence du droit romain antique. Mais elles avaient perdu l'uniformité utile lors des déplacements de personnes et de marchands.

Un habitant de Padoue se rendait à Milan ou à Bologne... Quelle règle appliquer à son statut personnel. Sa loi d'origine, celle de la Cité d'arrivée, d'autres usages tirés du droit commun?

59. Méthode italienne des statuts - Dès lors, s'est élaborée une méthode italienne tirée des statuts.
Le statut de la personne devait-il la suivre partout?

Pour les glossateurs, il fallait d'abord se référer aux statuts et en tirer toutes les conséquences. Ainsi, le statut de la personne, sa capacité devaient la suivre partout même en d'autres Cités. Cela montre une ouverture aux règles extérieures. Il est vrai que l'on se trouvait dans la culture commune de l'influence du droit romain.

Les glossateurs sont des contemporains de la réforme grégorienne, dans la deuxième moitié du XIème siècle. Ils sont à l'origine de l'Université de Bologne. Ils poursuivent le même but d'avoir recours à des textes anciens du droit romain et du droit canon pour réformer les institutions ou l'Eglise.

60. Influence du droit romain - Leur mouvement est influencé par la redécouverte du Digeste de Justinien. La rédaction du droit, qui avait été demandée par l'empereur Justinien, dans l'empire romain d'Orient au VIème siècle, influence encore notre droit des obligations.
Le XIème siècle correspond à l'apogée de l'école des glossateurs.

On retrouvera plus tard la discussion traditionnelle qui se pose pour tous les textes passés : faut-il se limiter à l'analyse des textes anciens, à une interprétation littérale, ou convient-il d'en rechercher l'esprit et s'adapter à l'évolution?

Il en allait autrement pour les biens, puisque leur situation devait déterminer la loi applicable. On est alors très proche des règles d'aujourd'hui.

61. Influence en France Cette méthode a eu une influence en France. Elle a été prônée aux XVIème et XVIIème siècles par Dumoulin et d'Argentré.

Dumoulin souhaitait une approche universaliste, avec les statuts des provinces qui suivraient les individus partout,
d'Argentré s'attachait plutôt à la primauté de la loi du territoire. On retrouve ces mêmes questions aujourd'hui.

Cette doctrine a eu une influence aussi au code civil, non seulement pour les lois de police et les immeubles, dépendant de la loi du lieu, mais aussi avec cette idée que les statuts personnels suivent les individus.

62. Critères à Madagascar - A Madagascar, l'article 28 du code civil indique : "L'état et la capacité des personnes demeurent soumis à leur loi nationale. Sont néanmoins régis par la loi malgache les apatrides domiciliés à Madagascar".

Dans ce dernier cas, la loi malgache peut même avoir un rôle protecteur à l'égard des individus.

Et l'article 29 reprend la solution traditionnelle pour les biens : "Les biens relèvent de la loi du lieu de leur situation.
En particulier, les immeubles sis à Madagascar, même ceux possédés par des étrangers, sont régis par la loi malgache."

63. École historique - Savigny -

Mais revenons à l'histoire ancienne.

Le fondateur Prussien de l'école d'histoire du droit au XVIIIème siècle, était un romaniste. Il considère que, dans un conflit de lois, il faut tenir compte d'un élément de rattachement prévu par la loi du pays. Ainsi, la loi devra être la plus neutre possible. Cela favorise la liberté pour les individus. Par exemple, la loi du contrat sera choisie par les parties.

La loi étrangère et la loi interne ne sont plus rivales. Elles sont dans l'intérêt de la personne.

Savigny propose donc d'examiner d'abord le rapport de droit en cause, sa localisation, puis d'appliquer la loi pertinente et favorable.

Une telle approche peut conduire à des solutions communes et universelles.

Aujourd'hui, les solutions de droit international privé sont un mélange d'approches analytiques et d'applications selon le but favorable.

64. Échos au code civil malgache - Textes fondateurs - Prenons l'exemple des articles 26 à 34 du code civil malgache :

"Art. 26 - Les dispositions du présent chapitre déterminent le domaine respectif des lois malgaches et étrangères.

Lorsque la loi étrangère applicable ne se reconnaît pas compétente, il doit être fait application de toute autre loi étrangère qui accepte cette compétence ou, à défaut, de la loi malgache.

Art. 27 - Les lois de police et de sûreté obligent tous ceux qui habitent le Territoire.

Art. 28 - L'état et la capacité des personnes demeurent soumis à leur loi nationale.

Sont néanmoins régis par la loi malgache les apatrides domiciliés à Madagascar.

Art. 29 - Les biens relèvent de la loi du lieu de leur situation.
En particulier, les immeubles sis à Madagascar, même ceux possédés par des étrangers, sont régis par la loi malgache.

Art. 30 - En matière d'obligations contractuelles et quasi contractuelles, ainsi que de régimes matrimoniaux contractuels, la juridiction saisie recherche et applique la loi sous l'empire de laquelle les parties ont entendu se placer.

En matière d'obligations délictuelles et quasi délictuelles, la loi du lieu du délit ou quasi-délit est seule applicable.

Art. 31 - Les successions immobilières obéissent à la loi du lieu de situation des immeubles.

Art. 32 - Les donations relèvent de la loi du donateur.

Art. 33 - Tout acte juridique est valable lorsqu'il satisfait à la forme en vigueur au lieu de sa passation.

Art. 34 - Les dispositions du présent chapitre ne s'appliquent que sous réserve des situations juridiques antérieurement acquises."

65. Critère de rattachement - La détermination de la loi applicable passe, dans un premier temps, par la recherche du critère de rattachement.

II - LE CRITÈRE DE RATTACHEMENT

66. **Catégorie de rapports juridiques** - Le critère dépend lui-même de la catégorie des rapports juridiques. A partir de cette détermination, il va être possible de savoir quelle est la loi applicable.

La règle du conflit de loi ne peut être trouvée qu'après avoir déterminé la catégorie juridique en cause.

Par exemple, on a affaire à des questions de mariage, de régimes matrimoniaux, de filiation, de testament ou de donation...

Il faut donc rechercher l'élément de rattachement probant. Comment le faire apparaître?

On va observer quelles sont les sources du rapport juridique, quels en sont les sujets, actifs et passifs, quel est l'objet principal de l'acte et des relations juridiques.

On le sait aisément s'il s'agit de l'état des personnes ou lorsqu'un bien est en cause.

67. Lien fondamental - Quel est le lien fondamental alors? Ce peut être la nationalité, ou le lieu de naissance du droit, ou d'exécution, ou le lieu de célébration pour le mariage.

Mais les effets du mariage peuvent se dérouler en des lieux différents. Il peut d'ailleurs coexister des règles relatives aux conditions du mariage et d'autres concernant les conditions de fond.

68. Problème juridique - Après, il faut savoir quel problème juridique se pose et quelle est la règle la mieux adaptée.

Il est certain que la nationalité reste le premier critère à regarder, puis le lieu de formation et de réalisation d'un acte.

69.Proper law - Aux USA et au Royaume Uni, le juge vérifie directement quelle est la loi qui semble être la plus utile. C'est la théorie de la "proper law".

Ce qui pourra amener à ne pas utiliser la loi de survenance d'un accident automobile, mais plutôt la loi du lieu de résidence, ou celle de l'assurance ou d'immatriculation des véhicules.

La méthode est souple mais mène, en contrepartie, à des incertitudes et à un large pouvoir du juge.

70. Accords internationaux - A cet égard, en Europe, la convention de La Haye du 4 mai 1971 sur la loi applicable en matière de circulation routière, permet de faire appel à la loi du lieu d'immatriculation des véhicules dans le même État, en remplacement du lieu de l'accident, critère traditionnel.

Lorsqu'il n'existe pas d'accord international, la méthode suivie par la règle de conflit peut être unilatérale ou bilatérale.
Bilatérale si elle tient compte des deux lois applicables, unilatérale si elle applique une seule loi à tous les éléments du conflit, par exemple à la forme et au fond.

La difficulté est que plusieurs étrangères peuvent quelquefois être revendiquées. On propose alors de se référer à la loi effective, ce qui n'est pas forcément facile à déterminer.

Des auteurs américains ont proposé de retenir la loi qui donnerait le meilleur résultat.

71. Solutions à Madagascar - Heureusement, des textes, dont le code civil, prévoient le choix à faire. A cet égard, le code civil malgache, dans les articles cités ci-dessus, mentionnent quelques règles claires de solution aux conflits de lois.

Il faudrait y ajouter les solutions trouvées aux compétences entre juridictions modernes et juridictions traditionnelles.

A Madagascar, les articles 26 à 35 du code civil sont complétées de cette manière :

"Ce chapitre doit être complété par les articles 6 à 11 ci-après de l'ordonnance n°60-171 du 3 octobre 1960 relative au partage des compétences entre les juridictions de droit moderne et les juridictions de droit traditionnel (J.O. n°131 du 05.11.60, p 2336), seules dispositions de ce texte à avoir été maintenues en vigueur par l'ordonnance n°62058 du 24 septembre 1962 portant promulgation du Code de procédure civile (J.O. N°246 du 05.10.62, p .2141).

Évidemment, des réformes sont intervenues mais ces principes anciens guident l'interprétation.

Art.6 - Dans les affaires relatives à la validité du mariage, au régime matrimonial en l'absence de contrat de mariage, aux droits et obligations des époux, aux droits de puissance paternelle, à la dissolution de l'union conjugale et à ses conséquences, à la filiation légitime, il est statué conformément à la loi qui régit le statut du mari.

Néanmoins, les conditions requises pour contracter mariage sont appréciées, en ce qui concerne la femme, selon la loi qui régit son statut.

Art.7 - Les actions en recherche de paternité ou de maternité naturelle sont tranchées, lorsqu'elles sont admises, suivant la loi qui régit le statut du père ou de la mère prétendus.

Art.8 - En matière d'adoption, la loi du statut de l'adopté est seule applicable. Néanmoins, les conditions requises pour adopter sont appréciées selon la loi qui régit le statut de l'adoptant.

Art.9 - Les successions sont régies par la loi du statut du défunt.

Art.10 - Les donations relèvent de la loi du statut du donateur .

Art.11 - En matière de contrats et d'obligations, la juridiction saisie recherche et applique la loi sous l'empire de laquelle les parties ont entendu se placer."

72.Droit comparé - Jurisprudence - Si aucune solution ne peut être trouvée dans un accord ou un texte de loi, la position de la jurisprudence est qu'il convient de se référer au litige et au but qui doit être atteint par la décision du procès.

Des exemples de jurisprudence sont anciens et révélateurs .

73.Affaire Bartholo - Dans une ancienne affaire Bartholo jugée par la Cour d'Alger le 4 décembre 1889,
M Bartholo étant allé vivre à Alger y avait acquis des immeubles. Il était Anglais et son épouse Maltaise.

Au décès de M Bartholo, l'épouse réclamait la "quarte du conjoint pauvre", donc le quart des biens en usufruit. Il s'agissait d'une règle du droit maltais et inconnue du droit français.

Si l'on cherchait la solution du conflit dans la règle du régime matrimonial, on appliquait le droit maltais. Si c'était la règle des successions, le droit français n'accordait rien à la femme.

Il s'agissait une règle de fond concernant de plus des immeubles situés en Algérie. La règle de fond devait être préférée à la forme.

74.Affaire Caraslanis - Un autre cas, plus récent en date du 22 juin 1955, devait être apprécié par la Cour de cassation. M Dimitri Caraslanis, citoyen grec, était assigné en divorce par son épouse française à Paris.

Mais la loi grecque exigeait, pour la validité d'un mariage, au moins jusqu'en 1983, une célébration religieuse en plus de la célébration civile.

Le défendeur répliquait donc que l'union simplement civile était nulle. Il s'agissait d'une condition de fond du mariage. L'épouse y voyait une condition de forme, et le droit français restait applicable.

Il nous faut ajouter des considérations de laïcité et aussi de bonne foi. Comment le mari, ayant vécu dans le mariage, aurait-il ignoré le vice? N'y avait-il pas putativité au profit de l'épouse? Et la laïcité ne pouvait que l'emporter.

III - LES CONFLITS INTERNATIONAUX DE RATTACHEMENT

75.Conflits entre rattachements internationaux - Puisque les règles et les jurisprudences peuvent être différentes d'un État à l'autre, des conflits restent possibles.

76.Conflit positif - Dans certains cas, on parle de conflit positif, chaque Etat revendique compétence.

77.Conflit négatif - Dans un conflit négatif, chaque système donne compétence à la loi étrangère.

Du coup, on se demande à quel juge s'adresser. Il va se produire un système de renvoi, au premier degré, c'est à dire à une juridiction tierce, ou au deuxième degré, c'est à dire à une quatrième juridiction.

78.Conflit mobile - On relève aussi une difficulté lorsque la situation a évolué dans le temps. le conflit est dit mobile.

Mais certains critères sont tellement stables qu'ils ne suscitent pas débat, ainsi la solution qui rattache le conflit à la nationalité.
De plus, on ne pourrait remettre en cause des droits acquis.

79. Utilisation de la loi étrangère - Devant une difficulté de rattachement, le juge français pourrait aller jusqu'à appliquer une loi étrangère pour justifier le rattachement.

Il peut se référer d'office à la loi étrangère. Il peut aussi répondre à une partie invoquant une loi étrangère dans le conflit de lois.

Se pose ensuite la question du contenu de la loi étrangère.
Aujourd'hui, le juge vérifie d'office la teneur de la loi étrangère et ne fait plus seulement peser cette obligation sur les parties.

Des transmissions d'informations pourront intervenir entre Etats.
Un expert peut aussi être désigné.
La motivation de la décision fera état du contenu de la loi étrangère.
Ce qui implique que l'on tienne compte aussi de la pratique et de la jurisprudence.

80. Primauté de l'ordre public - Toutes ces questions ne se posent pas en présence de mise en cause de l'ordre public ou de la réglementation sociale. Cela suppose, qu'effectivement, existe un risque de perturbation.
La question s'apprécie au moment du litige.
Ainsi, des règles de protection des consommateurs en France ou d'origine européennes pourront être invoquées.
Dans ces conditions, c'est la loi d'ordre public qui s'applique.

EXERCICES

81. Exercice - Notion d'ordre public -

1. LA NOTION D'ORDRE PUBLIC EN DROIT INTERNATIONAL PRIVÉ

Eléments de réflexion :

La notion d'ordre public, étendue, droit pénal, droit constitutionnel, diverses branches du droit

Mais il s'agit ici de l'ordre public international. le sens est différent même si l'ordre public que l'on rencontre en d'autres matières doit aussi être respecté.

Il existe une notion d'ordre public international.

Il suffit que l'application d'une règle heurte la conception habituelle de protection du droit ou des personnes.
Par exemple, une loi qui, lors d'un divorce, prive l'époux dans le besoin, de ressources.

Ainsi, le cas d'un époux marocain sollicitant l'application de la loi marocaine du divorce en France alors qu'elle prive de prestation compensatoire la femme sans revenu ou n'en admet qu'un montant misérable.
(Cour de cassation du 7 novembre 1995 qui affirme qu'est manifestement contraire à l'ordre public, "la loi étrangère qui prive la femme de tout secours pécuniaire bien que le divorce ne soit pas prononcé à ses torts".
Et le 28 novembre 2006, la Cour de cassation considère que le secours doit être d'un montant suffisant).

L'ordre public a donc un contenu large devant être apprécié.
Cela intervient lors de l'insertion d'une décision de justice dans un autre ordre interne et un contrôle par exequatur.

Pour que la loi ou la jurisprudence d'autres pays ne soient pas acceptée, il faut réellement une contrariété avec l'ordre public.
Cette dernière est telle qu'elle est contraire à des valeurs ou à un but d'intérêt général.

Le juge se demandera si l'application concrète de la décision étrangère mettra en cause ces valeurs.

De fait, l'ordre public empêchera l'application de la loi étrangère, ou permettra de lui substituer une loi nationale.

Parfois, la nécessité conduit à reconnaître certains effets d'une décision qui serait contraire à l'ordre public.

Ainsi dans l'affaire Chemouni du 28 janvier 1958 du 19 février 1963, une demande alimentaire était engagée par la seconde épouse d'un ressortissant Tunisien.
La compétence française ne concernait qu'une obligation alimentaire, mais c'était reconnaître, indirectement, un mariage polygamique ou, au moins, ses effets.

En matière de répudiation, il est évident que le procédé ne pourrait être reconnu en France.
Non seulement le droit français y verrait une grave contrariété avec l'ordre public, mais la convention européenne des droits de l'homme et du citoyen, oblige à l'égalité des époux lors de la dissolution du mariage.

Dès lors, la Cour de cassation le 17 février 2004, en plusieurs décisions, a refusé l'application des effets d'une répudiation même en n'ayant à régler que les conséquences financières, sans avoir pu vérifier les moyens de défense de l'épouse dans la procédure antérieure. Tout dépend, peut-être, du niveau de mise en cause de l'ordre public et de la prise en considération de la protection des personnes.

82. Notion de fraude à la loi -

2 - LA NOTION DE FRAUDE À LA LOI DANS LA SOLUTION DES CONFLITS DE LOIS

Les parties ne peuvent, volontairement, cacher le véritable rapport de droit sous une autre qualification.

L'exemple le plus classique consiste en droit interne à déguiser une donation sous d'autres qualifications juridiques.

Exemple, un époux, plus âgé que son épouse, veut avantager cette dernière lors d'un mariage et lui concède un régime matrimonial dans lequel il fait écrire que des biens propres sont des biens communs. Evidemment, la supercherie supposerait la complicité d'un notaire et serait découverte rapidement en présence d'enfant d'un premier lit de l'époux.

Mais l'épouse meurt avant des conséquences d'une maladie. L'acte est-il valable?

Il faut noter que l'épouse est vietnamienne, l'époux français. Cela a t-il une incidence?

Dans une fraude à la loi, on doit tout de même se demander si le "fraudeur" avait réellement l'intention de frauder.

Dans certains cas, celui qui veut transmettre un bien va avoir recours à une société, une société civile immobilière, dont le bénéficiaire va être aussi porteur de parts.

Cela permet-il de contourner la loi normalement applicable qui est celle de l'immeuble? Des parts de société civile sont substituées à un immeuble, alors qu'en matière immobilière c'est la loi de l'immeuble qui est applicable, dans le domaine des biens mobiliers c'est la loi du dernier domicile du défunt.

La décision d'avantager une personne est-elle légitime ou illégitime alors qu'existe un lien d'affection ou de parenté?

Pour autant, faut-il frauder la loi et jusqu'à quel point?

Jamais, on peut supposer! Et la fraude concerne aussi bien la loi nationale que la loi étrangère.

D'ailleurs, des intérêts légitimes sont protégés par la loi, par exemple ceux des enfants alors que des biens leur sont soustraits.

Et la fraude corrompt tout. De plus, ce qui semble légitime pour le fraudeur à la loi, ne l'est pas pour d'autres.

83.Cas pratique à propos de la fraude à la loi -

3 - CAS PRATIQUE

Une femme, de nationalité française, vit en Belgique. Elle a épousé un Tunisien.
Les époux ont eu deux enfants aujourd'hui majeurs.
Ils ont acquis une maison en Belgique.
Le Tunisien divorce mais en Tunisie, et l'épouse n'a pas reçu de convocation à l'audience. Elle se retrouve devant le fait accompli. Le Service de l'état-civil de Belgique refuse de prendre en considération le divorce. La femme non plus mais aucune action n'est alors engagée.
Mais le Tunisien épouse une autre femme, Tunisienne. Il a deux enfants avec elle.
Il achète un commerce de restaurant et une habitation en France,
et finalement décède en France.
Quelles sont les questions qui vont se poser?

CHAPITRE IV - L'ARBITRAGE INTERNATIONAL

84. Recours à l'arbitrage - Dans un litige privé, les parties peuvent recourir à l'arbitrage pour déterminer une solution pacifique. Cela n'est envisageable que lorsqu'une loi impérative n'est pas touchée, et que l'ordre public de la Société n'est pas en cause. Il est évident que l'on ne pourrait régler par arbitrage l'état des personnes. C'est donc en droit des affaires que le procédé est utilisé.

85. Contrôle du juge professionnel - Et le choix des parties pour l'arbitrage ne permet pas totalement d'échapper à la justice étatique. Le juge de l'Etat va connaître des recours et va pouvoir être saisie des contrôles de régularité ou d'exécution.

86. Étapes de l'arbitrage - Revenons sur la décision de recourir à l'arbitrage puis sur la composition du tribunal arbitral, les recours envisageables contre sa décision puis la reconnaissance de ce jugement et les possibilités d'exécution.

I - LA DÉCISION DE RECOURIR À L'ARBITRAGE

87. Avantages de l'arbitrage - L'arbitrage présente des avantages. Il permet de faire appel à des personnes compétentes et neutres.

Il soulève moins de conflits puisqu'il est, au préalable, accepté dans son principe.

Il se passe entre professionnels connaissant le domaine. De plus, les règles sont prédéterminées et offrent des garanties.

88. Conventions internationales d'arbitrage - Le recours à l'arbitrage se fonde sur des textes. Ainsi sur la convention de New York du 10 juin 1958 sur la reconnaissance et l'exécution des sentences arbitrales étrangères. Cela suppose que le pays, où doit s'exécuter l'arbitrage, ait ratifié cette convention.

La convention de Genève du 21 avril 1961 sur l'arbitrage international prévoit des formalités pour l'arbitrage, mais la reconnaissance des décisions et leur exécution sont prévues par la convention de New York ci-dessus mentionnée.

89. Autorisation de l'arbitrage à Madagascar - Au code de procédure civile malgache, à l'article 439, il est prévu que, pour certains litiges, les parties peuvent s'en remettre à un ou plusieurs arbitres. Elles se fondent sur une convention d'arbitrage préalable qui prend la forme d'une clause compromissoire ou d'un compromis. Cette facilité est offerte à des personnes physiques ou morales.

Quelle est la différence entre clause compromissoire et compromis?

90. Clause compromissoire - La clause compromissoire est insérée dans un contrat commercial pour faciliter le règlement des litiges éventuels, à venir et issus du contrat.

91. Compromis - Dans un compromis, le litige est déjà né, mais, il est prévu pour favoriser le règlement amiable, conforme cependant au droit. Dans ce cas, la faculté de compromettre existe, même lorsque l'instance est déjà engagée devant une autre juridiction.

92. Arbitrage interne et arbitrage international - Ce code distingue arbitrage interne et arbitrage international et l'autorise dans ce dernier domaine. Il précise dans quels cas on peut qualifier un arbitrage d'international.

Selon l'article 452, issu de la loi du 09 avril 2003 "Le présent titre s'applique à l'arbitrage commercial international. Il ne porte pas atteinte aux accords internationaux en vigueur pour l'Etat Malgache."

Le code précise que "Le terme " commercial ", désigne ici les questions issues de "toute relation de caractère commercial, contractuelle ou non contractuelle".

"Sont considérés comme commerciaux, tous les échanges de biens, de services ou de valeurs, notamment toutes les relations économiques ayant pour objet la production, la transformation et la circulation des marchandises, les prestations de services qui s'y rattachent et les activités financières et bancaires."

Ces critères, posés par le code, ne s'appliquent que si le lieu de l'arbitrage est situé en territoire malgache, à moins que les parties, ou le tribunal arbitral, n'aient fait référence expressément au droit malgache.

93. Critères de l'arbitrage international - Un arbitrage est considéré comme international dans l'un des cas énumérés.

Il en est ainsi lorsque les parties à une convention d'arbitrage ont, au moment de la conclusion de la convention, leur établissement dans des États différents.

Il en est de même, dans certaines circonstances.

Ainsi, lorsque les parties ont prévu hors de l'Etat d'établissement : le lieu de l'arbitrage, ou le lieu d'exécution d'une partie substantielle des obligations de la relation commerciale, ou lorsque la décision des parties est que la relation commerciale ait des effets dans plusieurs pays.

La loi présume qu'une relation de commerce international existe lorsque plusieurs Etats sont en cause.

Le commerce international concerne inévitablement un transfert intéressé, de fonds ou de prestations, transfrontalier.

Et lorsqu'une partie est la filiale d'une société étrangère, son établissement est fixé, sauf précision contraire, au siège de la société mère.

Sinon, il convient de rechercher le domicile ou la résidence habituelle ou l'établissement à prendre en considération.

S'il existe plusieurs établissements, on va tenir compte de l'établissement qui a les liens les plus étroits avec la convention d'arbitrage.

En cas de difficulté, intervient donc une appréciation, selon des critères fournis par le code.

94. Domicile - La détermination du domicile est précieuse pour savoir si une communication écrite a bien été remise à son destinataire lors de la procédure. On va se servir des présomptions posées ci-dessous.

Une communication écrite est présumée avoir été reçue si elle a été remise à son destinataire, ou à son établissement, à sa résidence habituelle ou à son adresse postale, à défaut si elle a été envoyée à l'une de ces dernières adresses par lettre recommandée avec accusé de réception ou par un autre moyen prouvé.

L'exception de non réception d'une communication devrait être soulevée immédiatement ou dans un délai raisonnable. A défaut de protestation, le destinataire serait présumé accepter.

95. Accord des parties - Quels que soient les textes qui légitiment le recours à l'arbitrage, il faut toujours une convention des parties de régler leur litige de cette manière.

96. Litige éventuel - Le litige peut n'être qu'éventuel. Un contrat peut contenir une clause compromissoire, c'est à dire un engagement de recourir à l'arbitrage.

97. Ordre public - Lois impératives - La convention privée ne saurait mettre en cause l'ordre public ou des lois impératives.

Ces points sont aussi réglés au code de procédure civile :

Les parties peuvent, par la convention d'arbitrage, décider de soumettre à l'arbitrage tous les litiges ou certains des litiges qui pourraient naître ou sont déjà nés entre elles au sujet d'un rapport de droit déterminé, contractuel ou non contractuel. Les parties doivent avoir la capacité de disposer de leurs droits.

98.Forme écrite de la convention d'arbitrage - Cette convention d'arbitrage se présente toujours sous forme écrite.

Mais le code précise qu'une convention est sous forme écrite "si elle est consignée dans un document signé par les parties ou dans un échange de lettres, de communications télex, de télégrammes ou de tout autre moyen de télécommunication qui en atteste l'existence, ou encore dans l'échange d'une conclusion en demande et d'une conclusion en réponse dans lequel l'existence d'une telle convention est alléguée par une partie et n'est pas contestée par l'autre."

"La référence dans un contrat à un document contenant une clause compromissoire vaut convention d'arbitrage, à condition que ledit contrat soit sous forme écrite et que la référence soit telle qu'elle fasse de la clause une partie du contrat."

Il faudrait donc une parfaite identification de la clause et une référence précise. Le mieux serait de reprendre les termes de la clause pour prouver l'intention des parties.

99.Interdictions d'arbitrage - Nous avons tenté de définir la notion d'ordre public au sens du droit international privé. Le code de procédure en fait ici mention. L'arbitrage ne peut porter sur de telles questions.

Et l'on retrouve toutes les interdictions relatives aux lois impératives, les statuts qui dépendent de la collectivité publique, ainsi la nationalité, le statut personnel en dehors de tout aspect pécuniaire, les matières habituelles où il est impossible de transiger, les litiges qui concernent les collectivités étatiques ou locales et les établissements publics, sauf des "litiges internationaux qui seraient uniquement d'ordre économique, commercial ou financier".

100. Primauté de l'arbitrage - Exception - En supposant qu'un litige, déjà prévu dans le cadre d'une convention d'arbitrage, arrive devant une juridiction étatique, ce tribunal renverra les parties à l'arbitrage puisqu'elles s'y sont obligées, mais à condition que l'une des parties le demande.

L'exception de la compétence arbitrale doit être soumise au plus tard lors des premières conclusions sur le fond.

Cependant, en attendant qu'il soit statué par la juridiction étatique, la procédure arbitrale peut être engagée et poursuivie et la sentence peut même être rendue.

101. Référé Premier Président Cour d'appel - Lors d'une procédure arbitrale, on admet que le juge des référés puisse être saisi par l'une des parties pour obtenir une mesure conservatoire provisoire compatible avec la convention d'arbitrage.

Une telle demande est portée devant le premier président de la Cour d'appel d'Antananarivo. On retrouvera ce pouvoir du premier président qui joue un rôle de gardien de la légalité.

II - LA COMPOSITION DU TRIBUNAL ARBITRAL

102. Liberté de choix de l'arbitre - Un principe de base est posé par le code. C'est que, l'arbitrage étant international, nul ne peut, sauf précision contraire des parties, mais on en voit mal la raison, être empêché d'exercer les fonctions d'arbitre en raison de sa nationalité.

Ce sont les parties qui prévoient les conditions de nomination.

Si rien n'a été prévu à cet égard, lorsque le litige se produit, chaque partie nomme un arbitre et les deux arbitres ainsi nommés se mettent d'accord sur le nom d'un troisième.

103. Diligence dans le choix de l'arbitre - Mais le code de procédure civile a envisagé la négligence ou la réticence des parties, qui se sont pourtant engagées par une convention d'arbitrage.

Si une partie ne nomme pas un arbitre dans un délai de trente jours à compter de la réception d'une demande à cette fin émanant de l'autre partie ou si les deux arbitres ne s'accordent pas sur le choix du troisième arbitre dans un délai de trente jours à compter de leur désignation, la nomination est effectuée, sur la demande d'une partie, par ordonnance de référé rendue par le premier président de la Cour d'appel d'Antananarivo.

Ce pouvoir du premier président de la Cour d'appel est encore précieux en cas d'arbitrage par un arbitre unique, si les parties ne peuvent s'accorder sur le choix de l'arbitre, celui-ci est nommé, sur la demande d'une partie, par ordonnance de référé.

104. Autonomie de la clause compromissoire - Si, au fond, le tribunal arbitral en arrivait à constater la nullité du contrat de base, cela n'entraînera pas, systématiquement et de plein droit, la nullité de la clause compromissoire.

105. Exception d'incompétence du tribunal arbitral - Une partie désireuse de soulever l'incompétence du tribunal arbitral devrait le faire, au plus tard, lors du dépôt des conclusions en défense sur le fond. Mais le fait, pour une partie, d'avoir désigné un arbitre ou d'avoir participé à sa désignation ne la priverait pas du droit de soulever cette exception.

Cependant, le tribunal arbitral peut estimer qu'il existe une cause valable dans le retard à soulever l'exception. Par ailleurs, lorsque l'exception consiste à indiquer que la question litigieuse excède les pouvoirs du tribunal arbitral, elle peut être soulevée au cours de la procédure arbitrale.

La partie, non satisfaite d'une décision du tribunal arbitral sur une exception peut encore saisir la Cour d'appel d'Antananarivo, dans un délai de trente jours à compter de la notification de la décision.
La Cour a, elle-même, un délai d'un maximum de trois mois à compter du dépôt de la demande, pour statuer.

La reprise des débats devant le tribunal arbitral, dépendra évidemment de la décision de la Cour.

106. Empêchement - Récusation - Pour prévenir les difficultés, puisque l'arbitre doit être impartial et indépendant, la personne, pressentie pour être désignée arbitre, doit signaler au préalable tout empêchement. C'est une démarche d'honnêteté élémentaire.

L'arbitre peut être récusé par l'une des parties si des raisons, mettant en cause son impartialité ou son indépendance, ou ses qualifications, sont découvertes.

Une partie ayant nommé un arbitre pourrait encore invoquer une cause de récusation après la nomination de cet arbitre.

Quant à la procédure de récusation d'un arbitre, les parties sont libres d'en convenir.

Si un tel accord préalable n'existe pas, une procédure spécifique est prévue. La partie qui a l'intention de récuser un arbitre expose par écrit ses motifs de récusation, dans les quinze jours où elle en a eu connaissance.

Une résistance de l'arbitre récusé peut se produire. Il peut refuser de se déporter ou bien c'est l'autre partie qui n'accepte pas la récusation.

On va retrouver le rôle de contrôle du premier président de la Cour d'appel d'Antananarivo, qui va être saisi par la partie cherchant à récuser.

Pendant cet examen, la procédure d'arbitrage se poursuit. La décision du premier président, sous forme d'ordonnance, n'est pas susceptible de recours.

Les parties pourraient avoir prévu ce cas de la récusation, en instituant une procédure supplémentaire et particulière d'arbitrage. Cette volonté des parties l'emporterait sur la compétence du premier président. Mais il s'agirait d'une procédure lourde.

En dehors des hypothèses de désaccord, le code de procédure civile prévoit le cas où un arbitre serait empêché de réaliser sa mission.
On peut imaginer des raisons de santé, mais, de manière plus large, des impossibilités de droit ou de fait sont visées, par exemple une arrestation, une condamnation...

En principe l'arbitre peut, de lui-même, se déporter. Les parties peuvent aussi mettre fin à sa mission.

De nouveau, une difficulté peut être soumise au premier président de la Cour d'Antananarivo qui statue par ordonnance de référé mais sans recours.

Un arbitre remplaçant va être nommé pour que l'arbitrage se poursuive et, dans ce cas, les règles de nomination prévues par les parties vont, à nouveau, être suivies.

III - LA COMPÉTENCE ET LA PROCÉDURE

107. Le tribunal juge de sa compétence - Comme toute institution juridictionnelle, le tribunal arbitral a pouvoir de statuer sur sa propre

compétence. Il procède ainsi en cas d'exception présentée sur la compétence.

Comme il est d'usage en procédure, l'exception d'incompétence est présentée en début de procédure et, au plus tard, lors du dépôt des premières conclusions en défense sur le fond.

Et la partie, qui a déjà participé à la nomination de l'arbitre, peut encore présenter des conclusions d'incompétence.

On peut penser que le tribunal arbitral devrait soulever d'office l'incompétence s'il constate qu'une question heurte l'ordre public ou une loi impérative.

L'admission de l'exception d'incompétence, parce qu'elle participe d'une bonne administration de la justice, et de l'intérêt des parties, est facilitée. En effet, le tribunal peut admettre une exception soulevée après le délai prévu, s'il estime qu'il existe une cause de retard valable.

Le code ne précise pas en quoi consiste cette cause de retard et le pouvoir d'appréciation du juge arbitral est large. Faudrait-il alors admettre la cause cachée à l'une des parties, la maladie...

108. Contrôle de la cour d'appel d'Antananarivo - Mais un contrôle subsiste, toujours celui de la Cour d'appel d'Antananarivo. En effet, l'une des parties peut, dans un délai de trente jours à compter de la date de la notification de la décision arbitrale sur la compétence, solliciter une décision de la Cour.

Pour ne pas prolonger inutilement l'attente, alors même que la procédure arbitrale se poursuit, la Cour doit statuer sur la demande au plus tôt, et dans tous les cas dans un délai de trois mois à compter du dépôt de la demande.

Si des exceptions étaient soulevées, après le prononcé de la sentence arbitrale ayant tranché sur ce recours près la Cour, elles seraient examinées avec le fond.

On voit que la procédure d'arbitrage, qui pouvait être prévue pour chercher une solution rapide, est susceptible de se prolonger.

109.Mesures provisoires ou conservatoires - Sauf convention contraire des parties, le tribunal arbitral peut, à la demande d'une partie, ordonner à une partie d'accepter une mesure provisoire ou conservatoire qu'il juge nécessaire en ce qui concerne le litige.

Ainsi, le tribunal arbitral peut-il exiger de toute partie le versement d'une provision qu'il considère comme appropriée.

110.Contradictoire - Droits des parties - Puis se déroule la procédure et l'on respecte les principes de base de protection des droits des parties. Ce sont les règles habituelles du contradictoire, les parties devant être traitées sur un pied d'égalité, nous indique le code.

Mais, sous réserve de respecter ces règles, qui participent de l'impartialité, les parties peuvent s'organiser comme elles l'entendent. Il leur suffit de respecter les droits de chacune. S'il est vrai que l'on ne parle plus de droits de la défense, il suffit que chacune puisse se faire entendre et être écoutée.

111.Organisation du tribunal arbitral - Dès lors, le tribunal arbitral peut prévoir ses réunions, leur lieu, décider de la recevabilité et de l'action et des preuves, ou de la pertinence des moyens produits.

Le lieu de l'arbitrage est dépendant du type de relation commerciale. Il peut avoir été prévu au préalable par les parties et elles peuvent l'aménager en accord.

Il peut ainsi se situer sur ou hors le territoire malgache. A défaut de précision des parties, le tribunal arbitral peut en décider. Pour cela, il peut choisir tout lieu qu'il estime adapté. Cela signifie qu'il existe des commodités pour recevoir ou entendre les parties, les témoins, les experts, ou même pour vérifier des marchandises, des biens ou des pièces.

Le tribunal arbitral constate la date de début de la procédure, qui dépend de l'initiative d'une partie. Il tient compte, sauf convention contraire des parties, de la date à laquelle le défendeur reçoit la demande de soumission d'un litige à l'arbitrage.

112.Déroulement de la procédure - Pour ce qui concerne les modalités de la procédure et des réunions, les parties sont libre du choix de la langue ou des langues à utiliser. A défaut d'accord préalable, c'est le tribunal arbitral qui en décide.

Ce choix va ensuite être appliqué à toute déclaration orale ou écrite, à toute communication, et aux sentences. Le plus compliqué, pour les parties, peut être une traduction des pièces exigée par le tribunal.

Comme en droit commun, c'est au demandeur d'énoncer les faits sur lesquels il fonde sa demande, de préciser l'objet du litige et les pièces sur lesquelles il s'appuie.

Et le défendeur présente ses moyens de défense sous forme de conclusions, éventuellement avec pièces à l'appui. les parties peuvent avoir précisé des éléments pertinents devant figurer dans les conclusions.

Dans tous les cas, les éléments de preuve sont invoqués à l'appui des conclusions, les parties doivent présenter les pièces qu'elles comptent produire à l'appui de leurs prétentions.

Le tribunal peut fixer des délais à la rédaction des conclusions et à la présentation des moyens. Mais les parties ont normalement le droit de faire valoir leurs arguments tout au long de la procédure.

Après, la procédure peut comporter des phases orales et écrites. Là

encore, les parties, puis le tribunal, peuvent se prononcer.

Le tribunal arbitral, qui décide de la procédure, va fixer l'organisation de phases orales pour présenter les arguments des parties ou les pièces. Mais il peut accorder plus d'importance à l'écrit et à la présentation matérielle des pièces. En réalité, tout dépend de la nature du litige.

La procédure orale n'est pas obligatoire, mais, si elle est sollicitée par l'une des parties, elle doit être organisée.
Comme toujours, une partie doit être prévenue suffisamment à l'avance des arguments et pièces de l'autre partie. nous avons déjà insisté sur ce nécessaire respect du contradictoire.

Cela suppose, non seulement l'information donnée par les parties entre elles, mais une communication des pièces, conclusions, documents d'expertise, arguments écrits suffisamment à l'avance, de manière à permettre une réponse.

Des sanctions sont prévues lorsque les parties ne respectent pas cette procédure.

Logiquement, s'il s'agit du demandeur, le tribunal cesse d'examiner la demande; s'il s'agit du défendeur, le tribunal poursuit l'examen mais s'efforce de discerner la vérité des allégations.

C'est la même chose lorsqu'une partie est négligente mais que cela ne porte pas préjudice à l'existence même de l'arbitrage.

Par exemple, une partie ne comparaît pas à l'audience ou ne produit pas ses documents. Le tribunal va statuer selon les éléments dont il dispose.

113. Expertises - Pour éclairer son jugement, le tribunal, sauf précision contraire des parties, peut nommer un ou des experts en leur confiant une mission précise.

Dès lors, se déroule une expertise qui ressemble à celle que nous connaissons en procédure civile.
Les parties collaborent et lui apportent tous documents ou pièces dont il aurait besoin.
Mais une partie peut demander à interroger l'expert dans une audience spéciale. le tribunal peut aussi prendre l'initiative d'une telle audience.

114. Collaboration du tribunal arbitral et des juridictions de droit commun - Il reste une possibilité de collaboration entre tribunal arbitral et juridictions de droit commun, et donc, on peut penser à une aide du procureur de la République.

Le tribunal arbitral peut, en effet, solliciter assistance pour l'obtention de preuves. Les règles légales d'obtention des preuves sont alors suivies.

115. Arbitrage procédure de droit - L'arbitrage reste une procédure statuant en droit. Il applique les règles de droit choisies par les parties en ce qui concerne l'appréciation du fond du litige.

Et dans ce cas, la désignation d'un système de droit d'un Etat vaut application des règles juridiques de fond de cet Etat.

Sinon, le tribunal recherche la règle applicable selon le conflit de lois, conformément à ce que nous avons vu précédemment. En tout cas, le tribunal apprécie quelle est la règle applicable.

116.Amiable compositeur - Lorsque les parties ont qualifié le tribunal d'amiable compositeur, il va rechercher une solution amiable, mais surtout appliquer l'équité et pas seulement le droit. Cette autorisation des parties élargit considérablement les pouvoirs du juge arbitre.

117.Contrat et usages du commerce - Mais, puisque nous sommes dans le domaine des affaires, le tribunal fait toujours références aux clauses du contrat et aux usages du commerce.
Certaines stipulations supposent d'ailleurs une interprétation conforme à ces usages.

118.Décision arbitrale - Majorité - Sous réserve de ces pratiques, la décision à intervenir va être prise à la majorité lorsque l'on trouve trois arbitres composant la juridiction.

C'est le principe, sauf si les parties ont prévu une autre règle. mais on suppose que ce n'est guère leur intérêt d'en décider ainsi. On constate encore leur grande latitude.

119.Procédure et fond - Il faut cependant distinguer entre questions de procédure et de fond. Pour la procédure, la question peut être tranchée par le président du tribunal arbitral s'il y a été autorisé par les parties ou par tous les membres du tribunal arbitral.

Le but de telles procédures étant, tout de même, de rechercher un accord des parties, cet accord peut intervenir à tout moment.

120.Accord des parties - Lorsque l'entente intervient pendant l'examen au fond de l'affaire, le tribunal peut en prendre acte, le constater par une sentence arbitrale.

L'avantage est d'homologuer, par une décision qui va devenir exécutoire, l'accord des parties.
Non seulement une telle sentence est fondée sur le consentement, mais elle va avoir la même force que la décision définitive.

121. **Forme écrite de la sentence - Signatures** - Quelle forme revêt la sentence? Une forme écrite bien sûr et elle est signée par le ou les arbitres.

En cas de pluralité d'arbitres, il suffirait même des signatures des arbitres composant la majorité du tribunal.

Cependant, pour la validité de la décision, la raison de l'omission des autres devrait être mentionnée.

122. **Motivation de la sentence** - En général, la décision, comme en droit commun, doit être motivée. Cependant, les parties pourraient expressément en dispenser les arbitres. Et ce n'est pas non plus obligatoire lorsqu'il s'agit d'une sentence rendue par accord des parties.

123. **Mentions obligatoires** - Parmi les mentions obligatoires, la sentence précise le lieu de l'arbitrage, la date.

Chaque partie en reçoit une copie signée.

124. **Sentence définitive et ordonnance de clôture** - La sentence définitive, ou une ordonnance de clôture prise par le tribunal, terminent la procédure.

L'ordonnance de clôture pourrait résulter de la demande des parties qui estiment que l'arbitrage n'est plus nécessaire ou que le retrait d'une partie est accepté par l'autre.

Dès lors, le mandat du tribunal prend fin.

125. **Rectifications matérielles de la sentence** - Des rectifications matérielles d'une décision restent possibles, à la suite d'erreurs. Bien entendu, il ne s'agit pas de remettre en cause la première décision.

126.Recours - La décision arbitrale prise, quels sont les recours possibles?

IV - LES RECOURS ENVISAGEABLES

127. Recours en annulation - Une sentence arbitrale n'est susceptible que d'un recours en annulation. C'est la Cour d'appel d'Antananarivo qui est compétente et selon une procédure particulière, et pour des raisons énumérées.

128. Causes du recours - L'auteur de la demande en annulation doit apporter la preuve qu'une partie à la convention d'arbitrage était frappée d'incapacité, que, par conséquent, la convention n'était pas valable.

Ou bien la loi applicable n'a pas été recherchée.

Ou encore, de manière protectrice des droits de la défense, une partie n'a pas pu faire valoir ses droits puisqu'elle n'a pas été informée de la nomination d'un arbitre ou pas été en mesure de présenter ses arguments.

Ou bien la sentence porte sur un cas non prévu et non autorisé par le compromis ou par la clause compromissoire.

L'annulation, dans ce cas, pourrait ne pas concerner la totalité de la décision.

On peut encore invoquer, comme cause d'annulation, le fait que la constitution du tribunal arbitral ou la procédure, n'ont pas été conformes au compromis, ou sont contraires à la règle de l'Etat choisi ou à une règle impérative ou à l'ordre public.

129. Délai du recours - La demande en annulation ne peut être présentée que dans le délai de trois mois après notification de la sentence.

130. **Exclusion du recours** - Les parties, qui n'ont à Madagascar aucun lien de domicile, résidence principal ou établissement, pourraient s'être engagées à exclure tout recours, total ou partiel, contre une sentence du tribunal arbitral.

131. **Régularisation de la procédure** - Si une demande d'annulation ne concernait qu'une sentence non définitive, la Cour pourrait laisser une chance au tribunal arbitral de régulariser la procédure en supprimant la cause d'annulation.

On peut penser que la cause ne touchait pas l'ordre public ou une loi impérative, sinon il y aurait vice radical.

132. **Substitution de la Cour** - Mais la Cour, saisie de la demande d'annulation, peut, à condition que toutes les parties le demandent, directement statuer au fond. C'est comme si elle se substitue au tribunal arbitral puisque, si ce dernier avait été autorisé par les parties à être amiable compositeur, elle pourrait jouer ce rôle.

133. **Rejet du recours** - Le rejet de la demande en annulation va conférer force exécutoire à la sentence attaquée.

134. **Nécessité de l'insertion de la décision arbitrale** - Enfin, il convient que les décisions soient insérées dans l'ordre interne pour pouvoir être exécutées.

135. **Exequatur** - C'est le système de l'exequatur.

V - L'EXÉCUTION DES DÉCISIONS D'ARBITRAGE

Conformément à l'article 463 du code de procédure civile, sont soumises au système de l'exequatur, en vue de leur reconnaissance ou de leur exécution à Madagascar, les sentences arbitrales rendues en matière d'arbitrage international dans n'importe quel pays, ainsi que, sous réserve de réciprocité, les sentences arbitrales étrangères.

136. Demande d'exequatur - Pour que la sentence arbitrale, intervenue dans un pays, soit reconnue comme ayant force obligatoire, il faut d'abord une requête écrite adressée à la Cour d'appel d'Antananarivo.

Il convient que la partie, qui demande l'exécution de la sentence arbitrale, en conserve l'original authentifié ou une copie certifiée conforme.

En cas de rédaction en langue étrangère, il faut joindre une traduction faite par un expert inscrit sur la liste des traducteurs experts judiciaires.

137. Contestations de la demande d'exequatur - Nous retrouvons, à l'occasion d'une contestation de la demande d'exécution, les mêmes causes que celles qui permettent l'annulation.

il s'agit ici de l'incapacité d'une partie lors de la convention d'arbitrage, le non respect du contradictoire ou des droits d'une partie dans la procédure d'arbitrage, le non respect du domaine de l'arbitrage qui a porté sur une matière non autorisée pour l'arbitrage, la contrariété avec les lois du pays d'exécution de la sentence ou du lieu ou a été rendue la décision, ou même avec l'ordre public international.

138. Garanties et sûretés - Si, malgré tout, une demande en annulation ou en suspension d'une sentence arbitrale a été présentée à la Cour, cette dernière peut décider de surseoir à statuer ou ordonner, à la demande d'une partie, à l'autre partie de fournir des sûretés convenables.

CHAPITRE V - L'APPLICATION DES DECISIONS JUDICIAIRES ETRANGERES

139. Effectivité de la décision arbitrale étrangère - Nous avons vu comment une décision arbitrale peut s'intégrer à l'ordre interne, alors qu'elle a un caractère international.

La question se pose naturellement de la force des décisions étrangères étatiques par rapport à un autre ordre interne national.

Par exemple, l'époux divorcé a changé de domicile et vit dans un autre pays. Il faut faire appliquer une décision obtenue ailleurs. Il n'est pas question de reprendre le procès indéfiniment.

De même, lorsque les parties ne sont pas dans le même pays, il faut exécuter la décision obtenue. C'est même parfois l'intérêt de la décision d'exequatur, de faire appliquer une décision étrangère lorsque le débiteur a des biens dans un autre pays. C'est pourquoi, il faut bien vérifier la régularité d'un jugement étranger.

I - LES RÈGLES DE DROIT COMMUN D'EXÉCUTION DES JUGEMENTS

140. Règles de droit commun d'exécution des jugements - En droit interne, le code de procédure civile rappelle les règles d'exécution des jugements.

D'après l'article 465, le jugement est exécutoire à partir du moment où il passe en force de chose jugée à moins que le débiteur bénéficie d'un délai de grâce ou le créancier de l'exécution provisoire.

Lorsqu'il a force de chose jugée, le jugement n'est susceptible d'aucun recours suspensif d'exécution.

Le jugement susceptible d'un recours suspensif d'exécution acquiert la même force si le recours n'a pas été exercé dans le délai.

Bien entendu, les procédures d'exécution doivent être observées. Le jugement doit, au préalable, avoir été notifié ou signifié.

On peut imaginer aussi une exécution volontaire lorsque le perdant au jugement accepte la décision.

Le code de procédure civile malgache précise que la présentation de la minute du jugement vaut notification.

Les jugements peuvent être exécutés dans un délai de trente ans à partir du moment où ils ont été rendus. Sinon, ils sont considérés comme périmés.

141. Voies d'exécution - Formule exécutoire - Une partie souhaitant faire exécuter la décision, peut solliciter le concours de l'Etat.
L'Etat ne peut refuser sauf à devoir une réparation.

Pour exiger l'exécution, le bénéficiaire du jugement doit obtenir l'expédition revêtue de la formule exécutoire et appelée grosse. Il peut ainsi solliciter l'appui de la force publique.

La formule exécutoire est une mention précise prévue au code de procédure civile :

"RÉPUBLIQUE DE MADAGASCAR" "Au nom du Peuple Malagasy" et complétée par la formule suivante : "En conséquence, la République de Madagascar mande et ordonne à tous huissiers, sur ce requis, de mettre ledit jugement (ou ledit arrêt, etc...) à exécution, aux procureurs généraux et aux procureurs de la République d'y tenir la main, à tous commandants et officiers de la force publique de prêter main forte lorsqu'ils en seront légalement requis. En foi de quoi le présent jugement (ou arrêt, etc...) a été signé par... "

142. Importance de l'exequatur - Qu'en est-il en matière internationale?

Une décision étrangère doit recevoir l'exequatur. Une décision du tribunal étatique reconnaît qu'une décision étrangère est régulière et conforme au droit interne. Dès lors, la formule exécutoire pourra être apposée sur la décision par le Greffe.

143. Critères de l'exequatur - Nous allons voir les critères du contrôle puis les cas où existent des conventions internationales.

II - LES CRITÈRES DU CONTRÔLE POUR L'EXÉCUTION D'UNE DÉCISION ÉTRANGÈRE

144. Evolution de l'admission de l'exequatur - L'admission d'une décision étrangère en droit interne n'a pas toujours été vue favorablement. Une évolution lente a permis de l'accepter même si, de fait, elle était indispensable.

En France, un arrêt Parker du 19 avril 1819 avait refusé de faire jouer des effets aux jugements étrangers sauf s'ils étaient revus par le juge de l'exequatur, à l'occasion d'une instance spécifique. En effet, les souverainetés pouvaient se heurter.

Avec l'arrêt Bulkley du 28 février 1860, on commençait à admettre que des jugements étrangers ne conduisant pas à des exécutions forcées, pouvaient être reconnus. Ainsi, il était possible d'accepter un jugement en vue d'un remariage.

145. Force de fait des certains jugements étrangers - Mais il est des cas où l'on ne peut pas ne pas reconnaître un jugement étranger, par exemple lorsqu'il prononce l'annulation d'un mariage. De fait, la décision devrait s'appliquer. Il en était ainsi, de manière générale, en matière de statut et de capacité des personnes.

146. Nécessité de la vérification par le juge national - En dehors de ces cas, certains jugements étrangers nécessitent une reconnaissance par une décision spécialement motivée.

En effet, ces jugements vont entraîner ensuite des mesures d'exécution, par exemple, un jugement validant une créance ou un contrat. Dès lors que la force exécutoire est recherchée, il est nécessaire que la décision étrangère obtienne l'exequatur.

147. Rôle du juge national dans l'exequatur - Pour la reconnaissance du jugement étranger, au départ il fallait une révision par le juge interne. C'était la position exprimée dans l'arrêt Parker précité.

Ce n'est que longtemps après, dans un arrêt Munzer du 7 janvier 1964, que la décision étrangère a pu être plus largement admise et que les critères du contrôle ont été posés.

Il ne s'agit pas d'exiger une identité entre le jugement étranger et un jugement national, mais une complémentarité ou une harmonie possible.

Le juge français va également vérifier que le juge étranger était le tribunal compétent, du moment qu'il n'y a eu aucune fraude. Le litige se rattache à un ordre étranger.

Dans ces conditions, le juge français va contrôler la régularité du procès qui est intervenu à l'étranger. Il va se demander si l'ordre public international français a bien été respecté, si les droits de la défense ont pu régulièrement s'exprimer.

Conformément, aujourd'hui, à une expression du système anglo-saxon, les parties doivent avoir bénéficié d'un procès équitable.

C'est ce que l'on retrouve dans la jurisprudence de la Cour européenne des droits de l'homme.

Non seulement, la décision est conforme à l'ordre public international français, mais elle respecte l'ordre public international. Les conceptions fondamentales de l'ordre public ne sont pas mises en cause.

Aucune fraude à la loi n'a pu être décelée.
Il ne faut pas que les parties ou l'une d'elles se soient rendues à l'étranger, juste pour obtenir une décision en fraude des droits d'autrui. Il s'agissait pour une partie d'obtenir une décision qu'elle n'aurait sans doute pas obtenue en France.

Dès lors, une partie lésée par la décision ainsi acquise en fraude, va pouvoir soulever l'inopposabilité de la décision étrangère, ou bien elle va s'opposer à l'exequatur.

148. Conventions internationales - Il s'agit là de la pratique de la reconnaissance des décisions étrangères, en particulier de l'exequatur, mais il existe parfois des conventions bilatérales ou multilatérales.

III - LES CONVENTIONS ENTRE ETATS

149. Accords bilatéraux et conventions multilatérales - Comme on l'a indiqué précédemment, des accords bilatéraux peuvent être passés.

Mais des dispositifs plus larges existent, et simplifient l'insertion d'une décision étrangère dans l'ordre interne, comme celui de la convention de Bruxelles complétée par celle de Lugano.

Ces conventions concernent l'état des personnes, souvent pour les conventions bilatérales. Mais la convention de Bruxelles touche les matières civile et commerciale. D'autres aspects sont relatifs aux dispositions matrimoniales, à la responsabilité parentale, aux obligations alimentaires.

En matière alimentaire, les décisions prises dans un Etat partie à la convention sont même applicables directement dans un autre Etat, depuis 2001. Cela suppose que les Etats aient accepté le protocole de La Haye du 23 novembre 2007 sur la loi applicable aux obligations alimentaires. l'avantage est de ne plus exiger d'exequatur.

Les conventions de Bruxelles ont permis la création d'une sorte d'espace judiciaire européen. Il faut dire que cela est possible dans des États à système de garanties comparables pour les individus. On en arrive à une dispense d'exequatur parce que les décisions étrangères sont présumées respecter l'ordre public interne.

Les procédures ont ainsi été simplifiées pour leur application dans un espace international. Mais si une décision heurtait l'ordre public interne, ou les règles posées par la Cour européenne des droits de l'homme, elle pourrait être contestée. par exemple si les droits de la défense n'avaient pas été respectés dans une instance.

TABLE ANALYTIQUE

INTRODUCTION

CHAPITRE I - LES SOURCES DU DROIT INTERNATIONAL PRIVÉ
I - LES SOURCES INTERNES
II - LES SOURCES INTERNATIONALES

CHAPITRE II - LA DÉTERMINATION DE LA JURIDICTION COMPÉTENTE

I - LA JURIDICTION ÉTATIQUE - LES JURIDICTIONS DE MADAGASCAR

1 - LES JURIDICTIONS DE DROIT PRIVÉ
A - LES TRIBUNAUX DE PREMIÈRE INSTANCE
B - LES COURS D'APPEL
C - LA COUR SUPRÊME

2 - LES JURIDICTIONS DE DROIT PUBLIC
A - LES TRIBUNAUX ADMINISTRATIFS ET LES TRIBUNAUX FINANCIERS
B - LE CONSEIL D'ETAT
C - LA COUR DES COMPTES
D - LA HAUTE COUR DE JUSTICE
E - LA HAUTE COUR CONSTITUTIONNELLE

II - LA COMPÉTENCE DES JURIDICTIONS ÉTATIQUES EN MATIÈRE INTERNATIONALE

1 - LE DROIT COMMUN DE LA COMPÉTENCE
2 - LES CONTESTATIONS DE COMPÉTENCE INTERNATIONALE D'UNE JURIDICTION ÉTATIQUE
3 - LES CONVENTIONS INTERNATIONALES SUR LA COMPÉTENCE

Exercice pratique : la compétence des juridictions en cas de refus de vente

CHAPITRE III - LES CONFLITS DE LOIS

I - LES METHODES DE DETERMINATION DE LA LOI APPLICABLE DANS L'ÉVOLUTION HISTORIQUE

II - LE CRITÈRE DE RATTACHEMENT

III - LES CONFLITS INTERNATIONAUX DE RATTACHEMENT

Exercices :

4. La notion d'ordre public en droit international privé

5. La notion de fraude à la loi dans la solution des conflits de lois

6. Cas pratique

CHAPITRE IV - L'ARBITRAGE INTERNATIONAL

I - LA DÉCISION DE RECOURIR À L'ARBITRAGE

II - LA COMPOSITION DU TRIBUNAL ARBITRAL

III - LA COMPÉTENCE ET LA PROCÉDURE

IV - LES RECOURS ENVISAGEABLES

V - L'EXÉCUTION DES DÉCISIONS D'ARBITRAGE

CHAPITRE V - L'APPLICATION DES DECISIONS JUDICIAIRES ETRANGERES

I - LES RÈGLES DE DROIT COMMUN D'EXÉCUTION DES JUGEMENTS

II - LES CRITÈRES DU CONTRÔLE POUR L'EXÉCUTION D'UNE DÉCISION ÉTRANGÈRE

III - LES CONVENTIONS ENTRE ETATS

Les questions ci-dessous feront l'objet d'une étude à venir particulière :

- LA NATIONALITÉ

- LA CONDITION DES ÉTRANGERS

Eléments de droit international privé à Madagascar

INDEX ALPHABÉTIQUE

Les chiffres renvoient aux numéros et non pas aux pages

alimentaire
10,37,53,81,83,139
annulation
23,26,127,128,129,131,132,133,137,138,145
arbitrage
3,9,19,31,53,84,85,86,87,88,89,92,93,95,96,97,98,99,100,101,102,103,
106,108,111,112,115,123,124,128,135,137
bonne foi
45,74
compromis, compromissoire
19,41,43,89,90,91
conflit de lois
5,56,57,63,66,79,115
conseil d'Etat
26
contredit
47
convention des Etats
2,8,9,10,11,14,29,30,50,51,53,54,56,70,81,88,89,93,148,149
convention des parties
19,31,33,95, 97,98,100,101,103,109,111,128,137,143
cour d'appel
20,21,47,73
cour de cassation
35,38,41,74,81
cour de justice des communautés européennes

cour de justice des droits de l'homme

cour de justice internationale
30
cour des comptes
22,25,27
cour haute cour constitutionnelle
29
cour haute cour de justice
28
cour permanente d'arbitrage de La Haye
10
cour suprême
5,22
déclinatoire
47
divorce
2,10,11,37,56,74,81,83,139
domicile
4,10,37,54,82,93,94,130,139
effectivité
2,139
Europe
10,11,12,52,70,80,81,149
exécutoire
120,133,140,141,142,146
exequatur
2,9,81,135,136,137,139,142,143,144,146,147,148,149
filiation
4,56,71
fraude
9,11,82,83,147
glossateur

59,60
grosse
141

implicite
15,43
incapacité
128,137
impartialité
106,110
légal, légalité
9,10,101,114,141
loi étrangère
62,64,77,79,81,82
majorité
118,121,128,137
mariage
2,4,10,66,67,71,74,81,82,144,145
nationalité
1,2,3,4,33,36,41,67,68,78,83,99,102
premier président cour d'appel
101,103,106
premier président cour suprême
22
putatif, putativité
74
rattachement
39,43,63,65,66,75,79
réception demande
94,103
référé premier président cour d'appel
101,103,106
référé tribunal administratif
23
rejet demande

46,133
rejet filiation
4

renvoi
77
préalable
10,48,87,89,106,111,112,140
préjudiciel
12
proper law
69
reconnaissance des décisions
2,9,10,33,53,86,88,135,145,146,147,148
répudiation
11,81
Savigny
63
soft law
16
statut
4,58,59,60,61,71,99,145
traditionnel
2,4,59,62,70,71
tribunal administratif
23
tribunal arbitral
19,86,102,104,105,107,109,111,112,113,114,115,116,117,119,120,121,
124,128,130,131,132
tribunal de commerce
48
tribunal financier
24,25
tribunal de grande instance
41,44,46,47,48,100,147

tribunal de première instance
20,33,41,46,47,48,100,142
vice
74,82,131

ANNEXES - TEXTES

1. Code civil, Madagascar, extraits

2. Code de procédure civile, Madagascar

      1.   Code civil, Madagascar, extraits

DISPOSITIONS GENERALES DE DROIT PRIVE

EXPOSE DES MOTIFS
Ordonnance n° 62-041 du 19 septembre 1962
(*J.O. n°244 du 28-9-62, p.1989*)

Le projet d'ordonnance que j'ai l'honneur de soumettre à votre approbation comporte un ensemble de *dispositions de droit interne et de droit international privé* qui doivent s'inscrire en tête du futur Code civil malgache.

Source du droit privé, le Code civil doit en effet contenir les prescriptions générales qui dépassent le cadre du droit civil et qui, d'une part, constituent des garanties fondamentales des droits et des libertés de chaque individu, d'autre part, prescrivent certaines règles générales s'appliquant à toute la loi.

Ces règles sont d'ailleurs déjà en vigueur et le projet n'apporte pas de modifications profondes.

TITRE PREMIER
Dispositions générales de droit interne

Les articles 1 à 7 concernent la promulgation, la publication, le caractère exécutoire, la rectification et la diffusion des lois et décrets : la distinction entre la promulgation qui rend la loi exécutoire et la publication qui la rend obligatoire est consacrée par les articles 1 et 2.

Les délais d'exécution des lois et décrets avaient fait l'objet à Madagascar d'un décret du 29 septembre 1934. Des circulaires d'application avaient prescrit l'ouverture, dans les chefs-lieux de district, de registres spéciaux sur lesquels étaient inscrits le jour et l'heure de l'arrivée de chaque numéro.

Ces mesures réglementaires ne semblent pas devoir être modifiées, mais il est apparu nécessaire d'introduire dans le Code civil la règle selon laquelle les lois sont obligatoires un jour après l'arrivée du *Journal officiel* au chef-lieu de la sous préfecture. Cette arrivée est constatée officiellement par l'apposition d'un timbre à date sur l'exemplaire arrivé.

Le cas des lois dont l'application requiert urgence (mobilisation générale, état de nécessité nationale par exemple) est prévu à l'article 4 : le texte de loi sera affiché dans les sous-préfectures et rendu applicable avant même d'avoir été publié au *Journal officiel*.

Il est toutefois prescrit que le texte de loi doit avoir été préalablement porté à la connaissance du public par tous les moyens appropriés.

La pratique des *errata* a donné lieu à une jurisprudence qui en a précisé les contours : il est apparu normal de la confirmer dans un article du Code civil : l'*erratum* porté sans promulgation spéciale à la connaissance du public par le *Journal officiel* ne doit avoir pour objet que de réparer une erreur purement matérielle, de combler une omission évidente ou de mettre le texte publié en conformité avec le texte promulgué.

L'un des soucis majeurs du Gouvernement est d'informer systématiquement la population sur les textes législatifs et réglementaires nouveaux. Aussi est-il précisé à l'article 7 du présent projet que, sur les instructions des autorités compétentes, une loi ou tout autre texte réglementaire ayant une portée générale sera diffusé par tous moyens appropriés. Plus qu'une obligation, le Code formule ici un vœu : celui de voir les textes nouveaux explicités, résumés, et vulgarisés par les moyens modernes de diffusion, par *kabary* et même par insertion dans les *dinam-pokonolona*, cette insertion permettant aux contractants de mieux connaître les lois et règlements malgaches.

L'article 8 règle le difficile problème de la non rétroactivité de la loi civile.

En principe, la loi ne dispose que pour l'avenir. Ce principe a toutefois donné lieu à de nombreuses difficultés lorsque la loi nouvelle porte atteinte à des situations juridiques établies : par exemple, lorsqu'une loi nouvelle sur le nom dispose que le nom patronyme est facultatif, alors que certaines personnes sont régies par une loi qui a rendu obligatoire le nom patronymique. Ces difficultés risquent de se multiplier à mesure que les nouvelles lois civiles malgaches seront promulguées.

Aussi a-t-il été jugé nécessaire d'apporter des précisions sur la portée du principe de la non rétroactivité.

Toute loi nouvelle, dès lors qu'elle ne porte pas atteinte à des situations juridiques contractuelles ou qu'elle ne modifie pas les *effets* produits par une situation juridique au temps où à la loi précédente était en vigueur, s'applique immédiatement. Par exemple, une loi nouvelle sur les régimes matrimoniaux s'applique immédiatement à toutes les personnes déjà mariées. Mais cette loi nouvelle ne s'appliquera ni aux époux dont le mariage est déjà dissous et la communauté déjà partagée - car il s'agit alors d' « effets produits par une situation juridique antérieure » - ni aux époux qui ont passé un contrat de mariage antérieurement à la loi nouvelle - car il s'agit alors d'une situation juridique contractuelle.

Par ailleurs, les lois d'interprétation ont en principe, par elles-mêmes, effet rétroactif.

L'article 9 reprend une disposition déjà appliquée à Madagascar : l'interdiction de déroger aux lois d'ordre public par des conventions privées.

L'article 10 consacre un principe général admis en droit malgache : la condamnation de l'abus de droit. Chaque individu a des droits et les exerce comme il l'entend, sous la protection de la loi. Mais dès lors que cet exercice est abusif ou plus généralement lorsqu'il est anormal, il n'est plus protégé par la loi et peut engager la responsabilité de son auteur. Cette disposition est susceptible de faire prédominer l'équité.

Les articles 11 et 12 ont pour objet de guider le juge dans l'examen et le règlement des litiges : nous n'ignorons pas que telles dispositions sur le déni de justice et sur l'interprétation de la loi ou d'un acte juridique sont d'une utilité contestable dans la pratique. Mais si cette observation est valable quand on se trouve en présence d'une magistrature chevronnée, elle apparaît inexacte lorsqu'on l'applique à une magistrature jeune et, dans ses débuts, plus ou moins expérimentée comme l'est la nouvelle magistrature malgache. Aussi, d'utiles recommandations sont-elles formulées dans les articles 11 et 12.

Il est à noter que le juge peut, en cas de difficultés, recourir aux traditions et aux coutumes pour trancher un différend, pourvu qu'il ait au préalable vérifié avec soin l'existence de ces coutumes.

L'article 13 introduit dans l'ordre juridique les principes énoncés dans le préambules de la Constitution malgache.

Enfin les articles 14 et 19 concernent l'exercice des droits civils et la protection de la personnalité. Ils confirment des règles déjà en vigueur ou contenues dans le préambule de la Constitution.

TITRE II
Dispositions générales de droit international privé

Traditionnellement, le doit international privé comprend les trois grandes parties suivantes : nationalité, condition des étrangers, théories des conflits.

Nous n'avons pas à nous préoccuper de la nationalité, puisque ce premier problème se trouve déjà réglé par la promulgation du Code de la nationalité malgache.

Il apparaît indispensable, au contraire, de poser les principes fondamentaux de la condition des étrangers à Madagascar. D'une part, en effet, les personnes et les capitaux étrangers ne demeureront dans la Grand Ile que si ces principes, générateurs d'un véritable ordre juridique international, se trouvent solennellement consacrés par la loi malgache elle-même. D'autre part, les citoyens et les sociétés malgaches établis en dehors de Madagascar ne bénéficieront de droits que dans la mesure où les mêmes droits seront reconnus aux étrangers résidant dans la Grande Ile.

De même il semble nécessaire d'énoncer les principes essentiels qui serviront de guide aux juges malgaches dans les conflits survenant entre la loi nationale e la loi étrangère. Il n'est évidemment pas question d'envisager tous les litiges possibles, mais plus simplement de rechercher les grandes solutions dans les principales matières du droit civil : droit des personnes, biens, contrats et obligations, régimes matrimoniaux, successions, libéralités.

Les dispositions générales de droit international privé font donc l'objet du plan suivant :
Chapitre I : Condition des étrangers ;
Chapitre II : Des conflits des lois.

La condition des étrangers doit être envisagée à un double point de vue : condition des personnes physiques (Section I) et condition des personnes morales (Section II).

En ce qui concerne les personnes physiques, l'article 20 pose le principe selon lequel l'étranger jouit à Madagascar de tous les droits qui ne lui sont pas expressément refusés par la loi. Cette disposition n'est que l'expression des tendances modernes du droit international privé, qui consistent à conférer à l'étranger un minimum de droits. Par contre, les droits politiques lui sont refusés, ce qui est conforme à la législation de tous les pays.

L'article 20 traite également de l'importante question de la réciprocité. Un étranger ne peut être admis à jouir d'un droit déterminé à Madagascar, si le même droit est refusé au Malgache résidant dans les pays de cet étranger. Le système proposé est celui de la « réciprocité législative », qui a l'avantage de la simplicité.

L'article 21 n'admet à domicile que les étrangers résidant habituellement à Madagascar et se conformant aux lois relatives au séjour desdits étrangers dans la Grande Ile. Rappelons, à cet égard, que les conditions d'admission, de séjour et d'expulsion des étrangers et des apatrides sont déjà réglementées par la loi n°62-006 du 6 juin 1962 fixant l'organisation et le contrôle de l'immigration (J.O.R.M du 16-6-62 , p1075) .

En ce qui concerne les personnes morales, en particulier les sociétés, u double critère a été adopté : 1.*Critère du siège social* : En principe, la société ne jouit des droits accordés aux Malgaches que si son siège social se trouve établi à Madagascar.

Dans le cas contraire, elle ne jouit que des droits reconnus aux étrangers (il lui faudra donc une autorisation ministérielle pour acheter ou vendre un immeuble) ;

2.*Critère du «contrôle»* : La notion précédente est écartée lorsqu'il apparaît que la société se trouve, en fait, contrôlée par des étrangers ou, au contraire, par des Malgaches. Dans le premier cas, la société sera considérée comme étant d'allégeance politique étrangère ; dans le second cas, elle apparaîtra comme étant malgache. Le soin de dégager cette notion moderne, mais délicate, de « contrôle » sera confié aux tribunaux ;

L'article 24 renverse le principe traditionnel selon lequel la personnalité morale conférée à une société par le pays de sa création ne s'impose pas dans l'Etat où cette société exerce ses activités. Cette solution, peut-être audacieuse, ne présente pas d'inconvénient, du fait que le deuxième paragraphe de l'article prévoit la possibilité de mettre fin aux activités d'une société par simple décret.

L'article 25 rappelle que ces règles peuvent toujours être écartées par voie diplomatique. Effectivement, la convention d'établissement franco-malgache contient, à l'égard des sociétés, des dispositions assez différentes.

Il n'a pas paru nécessaire d'envisager la question des associations, du fait que le régime des associations étrangères est défini par les articles 14 à 22 de l'ordonnance n° 60-133 du 3 octobre 1960 portant régime général des associations (J.O.R.M. du 15.10.60, p 2091).

*

Le problème des conflits de lois a fait l'objet d'un chapitre second, où l'on s'est efforcé de condenser les principes, les solutions actuellement admises dans la société internationale.

L'article 26 évoque la question célèbre du « *renvoi* ». Dans certains cas, en effet, la loi malgache elle-même va donner compétence à la loi étrangère. Mais si celle-ci refuse la compétence et si l'on se trouve ainsi en présence d'un « rapport de droit apatride » pour reprendre l'excellente expression du professeur Niboyet, la loi malgache redevient applicable, conformément au grand principe territorialité.

L'article 27 rappelle que les *lois pénales* s'appliquent à tous les habitants de Madagascar, sans distinction de nationalité.

L'article 28 reprend la règle fondamentale, selon laquelle *l'état et la capacité des personnes* demeurent soumis à leur loi nationale. En conséquence, les Malgaches, même résidant à l'étranger, seront régis par la loi malgache sur ce point, et inversement les étrangers installés à Madagascar relèveront en cette matière de leur loi nationale (à l'exception des apatrides).

L'article 29 soumet *tous les biens*, et en particulier les immeubles, à la loi du lieu où se trouvent ces immeubles.

L'article 30 consacre le principe de l'autonomie de la volonté dans le domaine des *obligations contractuelles* ou quasi contractuelles et des *régimes matrimoniaux*. Par contre, *délits* et *quasi-délits* obéissent à la « *lex loci delict* ».

L'article 31 règle les conflits de lois en matière *de successions*, en distinguant les successions immobilières («*lex rei sitae*») et les successions mobilières (loi du domicile).

L'article 32 soumet les *donations* à la loi du donateur.

L'article 33 n'est que la traduction de la règle «*locus regit actum* ».

L'article 34, enfin, réserve les situations juridiques antérieurement acquise.

On remarquera qu'en dehors de l'article 28, aucune règle ne concerne le droit des personnes (mariage, divorce et séparation de corps, filiation légitime, naturelle ou adoptive). Il nous a paru difficile, en effet, de poser des principes de droit international privé, alors que la commission de rédaction du Code civil n'a pas terminé l'étude du Code civil malgache. Par ailleurs, jurisprudence et doctrine se trouvent divisées sur cette matière, de telle sorte qu'il paraît malaisé de dégager des règles simples relatives aux conflits des lois dans le droit des personnes.

Telle est l'économie du projet soumis à votre approbation.

ORDONNANCE N°62-041 DU 19 SEPTEMBRE 1962
relative aux dispositions générales de droit interne et de droit international privé

(J.O n° 244 du 28-9-62, p1989), complétée par la loi n° 98-019 du 2 décembre 1998
(J.O. n° 2549 du 15.12.98, p. 3642 et 3654 ; Errata : *J.O. n° 2571 du 26.04.99, p. 1060)*

TITRE PREMIER
DISPOSITIONS GENERALES DE DROIT INTERNE

Article premier - Les lois acquièrent force exécutoire en vertu de la promulgation qui en est faite dans les formes constitutionnelles.

Art. 2 - La publication des lois résulte de leur insertion au *Journal officiel* de la République.

Art. 3 - Les lois ne deviennent obligatoires, qu'un jour franc après l'arrivée du *Journal officiel*, constatée à la sous-préfecture par l'apposition d'un timbre à date.

Art. 4 - En cas d'urgence déclarée par le Président de la République et sans préjudice de sa publication au Journal officiel, la loi devient obligatoire dans toute l'étendue du territoire de la République dès son affichage sur le tableau des actes administratifs de la sous-préfecture.

Sauf impossibilité résultant d'un cas de force majeure, le texte de loi doit avoir été porté préalablement à la connaissance du public par émission radiodiffusée, par *kabary* ou par tout autre mode de publicité.

Art. 5 - Les rectificatifs à une loi publiée au *Journal officiel* sont dépourvus d'effets s'ils n'ont pas fait l'objet d'une promulgation spéciale, à moins qu'ils n'aient simplement pour objet de réparer une erreur purement matérielle, de combler une omission évidente ou de mettre le texte publié en conformité avec le texte promulgué.

Art. 6 - La publication des décrets résulte de leur insertion au *Journal officiel* de la République.
Les décrets ne sont obligatoires que dans les conditions prévues aux articles 3, 4 et 5.
Les actes réglementaires autres que les décrets deviennent obligatoires un jour franc après la date à laquelle ils ont reçu une publicité suffisante.
En cas d'urgence déclarée dans l'acte, son auteur peut prescrire qu'il sera obligatoire aussitôt qu'il aura reçu cette publicité.

Art. 7 - Il pourra toujours être décidé que la loi ou tout autre acte administratif ou réglementaire ayant une portée générale sera en outre porté à la connaissance du public par d'autres moyens tels qu'émission radiodiffusée, *kabary*, insertion dans la presse ou dans les *dinam-pokonolona*.

Art. 8 - Toute loi nouvelle s'applique même aux situations établies et aux rapports juridiques formés avant son entrée en vigueur quand elle n'a pas pour résultat de modifier les effets produits par une situation juridique antérieure.

Sous la réserve qui précède, les lois de procédure s'appliquent aux instances en cours qui n'ont pas fait l'objet d'une décision au fond ;
Par exception, les lois d'interprétation ont par elles-mêmes effet rétroactif dès qu'il apparaît clairement que ce caractère lui a bien été attribué par le législateur. Mais elles ne peuvent, sauf disposition contraire du législateur, porter atteinte aux effets des décisions passées en force de chose jugée ou des transactions intervenues dans les formes légales.
Les lois antérieures à régir les effets des contrats en cours, sauf dérogation expresse du législateur.

Art. 9 - On ne peut déroger par des conventions particulières aux lois qui intéressent l'ordre public et les bonnes mœurs.

Art. 10 - Tout acte ou fait qui excède manifestement, par l'intention de son auteur, par son objet ou par les circonstances dans lesquelles il est intervenu, l'exercice normal d'un droit, n'est pas protégé par la loi et peut engager la responsabilité de son auteur.
La présente disposition ne s'applique pas aux droits qui, en raison de leur nature ou en vertu de la loi, peuvent être exercés de façon discrétionnaire.

Art. 11 - Aucun juge ne peut refuser de juger un différend qui lui est soumis, sous quelque prétexte que ce soit ; en cas de silence, d'insuffisance ou d'obscurité de la loi, le juge peut s'inspirer des principes généraux du droit et, le cas échéant, des coutumes et traditions des parties en cause, à condition que ces coutumes et traditions soient certaines , parfaitement établies et ne heurtent en rien l'ordre public et les bonnes mœurs.

Art. 12 - Pour rechercher les mobiles et l'esprit qui ont déterminé l'acte qui lui est soumis, en apprécier les suites comme les résultats, le juge, appelé à trancher un différend, peut également s'inspirer de ces coutumes et traditions.

Art. 13 - Les principes généraux contenus dans le préambule de la Constitution de la République Malgache s'imposent aux juges qui doivent, en tous les cas, en faire assurer le respect et l'observation dans le cadre de la législation en vigueur.

Art. 14 - Tout Malgache jouira des droits civils.

Art. 15 - La majorité civile est fixée à vingt et un ans.

Art. 16 - L'exercice et la jouissance des droits civils sont indépendants de l'exercice et de la jouissance des droits politiques, dont l'acquisition et la conservation sont déterminées par la Constitution et par les lois organiques.

Art. 17- Les droits de la personnalité sont hors commerce.
Toute limitation volontaire apportée à l'exercice de ces droits est nulle si elle est contraire à l'ordre public.
(Loi n° 98-019 du 02.12.98) Toutefois, il *(idem)* Na izany aza anefa, azo ekena ny est permis de comprometre sur ces droits fanaovana fifanekena fanelanelanana mikasika dans le cadre des articles 439 et suivants ireo zo ireo, ka ao anatin'ny voalazan'ny andininy
du Code de procédure civile.　　　　　　faha-439 sy ny manaraka amin'ny Fehezandalàna
　　　　　　　　　　　　　　　　　　momba ny paikady madio.

Art. 18 - Toute atteinte illicite à la personnalité donne à celui qui la subit le droit de demander qu'il y soit mis fin, sans préjudice de la responsabilité qui peut en résulter pour son auteur.

Art. 19 - Un national malgache ou étranger ne peut être privé de l'exercice de ses droits civils et de famille que par une décision de justice, dans les conditions prévues par la loi.

TITRE II
DISPOSITIONS GENERALES DE DROIT INTERNATIONAL PRIVE

CHAPITRE PREMIER
DE LA CONDITION DES ETRANGERS

SECTION I
CONDITION DES PERSONNES

Art. 20 - L'étranger jouit à Madagascar des mêmes droits que les nationaux à l'exception de ceux qui lui sont refusés expressément par la loi.

L'exercice d'un droit peut toutefois être subordonné à la réciprocité.

Sous réserve des dispositions des traités diplomatiques ou des accords de coopération, l'étranger ne jouit ni des droits d'électorat et d'éligibilité dans les assemblées politiques ou administratives, ni des droits d'exercer une fonction publique ou juridictionnelle ou de faire partie d'un organisme de gestion d'un service public.

Art. 21- L'étranger ne peut avoir de domicile à Madagascar, au sens de la loi malgache, que s'il satisfait aux obligations imposées par les lois relatives au séjour des étrangers à Madagascar.

SECTION II
CONDITION DES PERSONNES MORALES

Art. 22 - Les personnes morales, dont le siège social est à Madagascar, jouissent de tous les droits reconnus aux Malgaches et compatibles avec leur nature et leur objet.

Toutefois, si leur gestion est placée, de quelque manière que ce soit, sous le contrôle d'étranger ou d'organismes dépendant eux-mêmes d'étrangers, elles ne jouissent que des droits reconnus aux étrangers par l'article 20.

Art. 23 - Les personnes morales, dont le siège social est à l'étranger, ne jouissent que des droits reconnus aux étrangers par le même article.

Toutefois, si leur gestion est placée, de quelque manière que ce soit, sous le contrôle de Malgaches ou d'organismes dépendant eux-mêmes de Malgaches, elles jouissent de tous les droits reconnus aux Malgaches et compatibles avec leur nature et leur objet.

Art. 24 - La personnalité morale conférée aux sociétés par la loi du pays de leur création est de plein droit reconnue à Madagascar avec les effets fixés par cette loi.

Ces sociétés peuvent exercer leur activité à Madagascar, à moins qu'il n'en soit disposé autrement par décret.

Art. 25 - Les dispositions de la présente section ne s'appliquent que sous réserve des traités diplomatiques ou des accords de coopération conclu par la République Malgache.

CHAPITRE II[1]
DES CONFLITS DE LOIS

Art. 26 - Les dispositions du présent chapitre déterminent le domaine respectif des lois malgaches et étrangères.

Lorsque la loi étrangère applicable ne se reconnaît pas compétente, il doit être fait application de toute autre loi étrangère qui accepte cette compétence ou, à défaut, de la loi malgache.

Art. 27 - Les lois de police e de sûreté obligent tous ceux qui habitent le Territoire.

Art. 28 - L'état et la capacité des personnes demeurent soumis à leur loi nationale. Sont néanmoins régis par la loi malgache les apatrides domiciliés à Madagascar.

Art. 29 - Les biens relèvent de la loi du lieu de leur situation.

En particulier, les immeubles sis à Madagascar, même ceux possédés par des étrangers, sont régis par la loi malgache.

Art. 30 - En matière d'obligations contractuelles et quasi contractuelles, ainsi que de régimes matrimoniaux contractuels, la juridiction saisie recherche et applique la loi sous l'empire de la quelle les parties ont entendu se placer.

En matière d'obligations délictuelles et quasi délictuelles, la loi du lieu du délit ou quasi-délit est seule applicable.

Art. 31 - Les successions immobilières obéissent à la loi du lieu de situation des immeubles.

Art. 32 - Les donations relèvent de la loi du donateur.

Art. 33 - Tout acte juridique est valable lorsqu'il satisfait à la forme en vigueur au lieu de sa passation.

Art. 34 - Les dispositions du présent chapitre ne s'appliquent que sous réserve des situations juridiques antérieurement acquises.

Art. 35 - Sont abrogées toute dispositions antérieures contraires à la présente ordonnance.

---

[1] Ce chapitre doit être complété par les articles 6 à 11 ci-après de l'ordonnance n°60-171 du 3 octobre 1960 relative au ~~partage des compétences entre les juri~~dictions de droit moderne et les juridictions de droit traditionnel (J.O. n°131 du 05.11.60, p 2336), seules dispositions de ce texte à avoir été maintenues en vigueur par l'ordonnance n°62-058 du 24 septembre 1962 portant promulgation du Code de procédure civile (J.O. N°246 du 05.10.62, p .2141) :

Art.6 - Dans les affaires relatives à la validité du mariage, au régime matrimonial en l'absence de contrat de mariage, aux droits et obligations des époux, aux droits de puissance paternelle, à la dissolution de l'union conjugale et à ses conséquences, à la filiation légitime, il est salué conformément à la loi qui régit le statut du mari.

Néanmoins, les conditions requises pour contracter mariage sont appréciées, en ce qui concerne la femme, selon la loi qui régit son statut.

Art.7 - Les actions en recherche de paternité ou de maternité naturelle sont tranchées, lorsqu'elles sont admises, suivant la loi qui régit le statu du père ou de la mère prétendus.

Art.8 - En matière d'adoption, la loi du statut de l'adopté est seule applicable.

Néanmoins, les conditions requises pour adopter sont appréciées selon la loi qui régit le statut de l'adoptant.

Art.9 - Les successions sont régies par la loi du statut du défunt.

Art.10 - Les donations relèvent de la loi du statut du donateur .

Art.11 - En matière de contrats et d'obligations, la juridiction saisie recherche et applique la loi sous laquelle les parties ont entendu se placer.

1. Code de procédure civile, Madagascar

CODE DE PROCEDURE CIVILE

PREMIERE PARTIE

DE LA PROCEDURE DEVANT LES TRIBUNAUX

DISPOSITIONS LIMINAIRES

CHAPITRE PREMIER
DES PRINCIPES DIRECTEURS DU PROCES

SECTION I
De l'instance

Article premier (Loi n° 2001-022 du 09 avril 2003) - Seules les parties introduisent l'instance, hors les cas où la loi en dispose autrement.

Elles ont la liberté d'y mettre fin avant qu'elle ne s'éteigne par l'effet du jugement ou en vertu de la loi.

Art 2. (Loi n° 2001-022 du 09 avril 2003) - Les parties conduisent l'instance sous les charges qui leur incombent.

Il leur appartient d'accomplir les actes de la procédure dans les formes et délais requis.

Art 3. (Loi n° 2001-022 du 09 avril 2003) - Le juge veille au bon déroulement de l'instance.

Il a le pouvoir d'impartir les délais et d'ordonner les mesures nécessaires.

SECTION II

De l'objet du litige

Art 4. (Loi n° 2001-022 du 09 avril 2003) - L'objet du litige est déterminé par les prétentions respectives des parties.

Ces prétentions sont fixées par l'acte introductif d'instance et par les conclusions en défense.

L'objet du litige peut toutefois être modifié par des demandes incidentes lorsque celles-ci se rattachent aux prétentions originaires par un lien suffisant.

Art 5. (Loi n° 2001-022 du 09 avril 2003) - Le juge doit se prononcer sur tout ce qui est demandé et seulement sur ce qui est demandé.

SECTION III

Des faits

Art 6. (Loi n° 2001-022 du 09 avril 2003) - A l'appui de leurs prétentions, les parties ont la charge d'alléguer les faits propres à les fonder.

Art 7. (Loi n° 2001-022 du 09 avril 2003) - Le juge ne peut fonder sa décision sur des faits qui ne sont pas dans le débat.

Parmi les éléments du débat, le juge peut prendre en considération même les faits que les parties n'auraient pas spécialement invoqués au soutien de leurs prétentions.

Art 8. (Loi n° 2001-022 du 09 avril 2003) - Le juge peut inviter les parties à fournir les explications de fait qu'il estime nécessaires à la solution du litige.

SECTION IV

Des preuves

Art 9. - (Loi n° 2001-022 du 09 avril 2003) - Il incombe à chaque partie de prouver conformément à la loi les faits nécessaires au succès de sa prétention.

Art 10. - (Loi n° 2001-022 du 09 avril 2003) - Le juge a le pouvoir d'ordonner d'office toutes les mesures d'instruction légalement admissibles.

Art 11. - (Loi n° 2001-022 du 09 avril 2003) - Les parties sont tenues d'apporter leur concours aux mesures d'instruction sauf au juge à tirer toute conséquence d'une abstention ou d'un refus.

Si une partie détient un élément de preuve, le juge peut, à la requête de l'autre partie, lui enjoindre de le produire, au besoin à peine d'astreinte. Il peut, à la requête de l'une des parties, demander ou ordonner, au besoin sous la même peine, la production de tous documents détenus par des tiers s'il n'existe pas d'empêchement légitime.

SECTION V

Du droit

Art 12. - (Loi n° 2001-022 du 09 avril 2003) - Le juge tranche le litige conformément aux règles de droit qui lui sont applicables.

Il doit donner ou restituer leur exacte qualification aux faits et actes litigieux sans s'arrêter à la dénomination que les parties en auraient proposé.

Il peut relever d'office les moyens de droit quel que soit le fondement juridique invoqué par les parties.

Art 13. - (Loi n° 2001-022 du 09 avril 2003) - Le juge peut inviter les parties à fournir les explications de droit qu'il estime nécessaires à la solution du litige.

SECTION VI

De la contradiction

Art 14. - (Loi n° 2001-022 du 09 avril 2003) - Nulle partie ne peut être jugée sans avoir été entendue ou appelée.

Art 15. - (Loi n° 2001-022 du 09 avril 2003) - Les parties doivent se faire connaître mutuellement en temps utile les moyens de fait sur lesquels elles fondent leurs prétentions, les éléments de preuve qu'elles produisent et les moyens de droit qu'elles invoquent, afin que chacune soit à même d'organiser sa défense.

Art 16. - (Loi n° 2001-022 du 09 avril 2003) - Le juge doit, en toutes circonstances, faire observer et observer lui-même le principe de la contradiction.

Il ne peut retenir dans sa décision les moyens, les explications et les documents invoqués ou produits par les parties que si celles-ci ont été à même d'en débattre contradictoirement.

Art 17. - (Loi n° 2001-022 du 09 avril 2003) - Lorsque la loi permet ou la nécessité commande qu'une mesure soit ordonnée à l'insu d'une partie, celle-ci dispose d'un recours approprié contre la décision qui lui fait grief.

SECTION VII

De la défense

Art 18. - (Loi n° 2001-022 du 09 avril 2003) - Les parties peuvent se défendre elles-mêmes.

Art 19. - (Loi n° 2001-022 du 09 avril 2003) - Les parties choisissent librement leur défenseur dans le cadre de la loi.

Art 20. - (Loi n° 2001-022 du 09 avril 2003) - Le juge peut toujours convoquer les parties pour les entendre.

SECTION VIII

De la conciliation

Art 21. - (Loi n° 2001-022 du 09 avril 2003) - Il entre dans la mission du juge de concilier les parties.

Le juge saisi ne peut être désigné comme arbitre.

SECTION IX

Des débats

Art 22. - (Loi n° 2001-022 du 09 avril 2003) - Les débats sont publics sauf les cas où la loi exige ou permet qu'ils aient lieu en chambre du conseil.

Art 23. - (Loi n° 2001-022 du 09 avril 2003) - Le juge peut toujours recourir à un interprète.

SECTION X

De l'obligation de réserve

Art 24. - (Loi n° 2001-022 du 09 avril 2003) - Les parties sont tenues de garder en tout le respect dû à la justice.

CHAPITRE II

DES REGLES PROPRES A LA MATIERE GRACIEUSE

Art 25. - (Loi n° 2001-022 du 09 avril 2003) - Le juge statue en matière gracieuse lorsqu'en l'absence de litige, il est saisi d'une demande dont la loi exige, en raison de la nature de l'affaire ou de la qualité du requérant, qu'elle soit soumise à son contrôle.

Art 26. - (Loi n° 2001-022 du 09 avril 2003) - Le juge peut fonder sa décision sur tous les faits relatifs au cas qui lui est soumis, y compris ceux qui n'auraient pas été allégués.

Art 27. - (Loi n° 2001-022 du 09 avril 2003) - Le juge procède, même d'office, à toutes les investigations utiles.

Il a la faculté d'entendre, sans formalités, les personnes qui peuvent l'éclairer ainsi que celles dont les intérêts risquent d'être affectés par sa décision.

Art 28. - (Loi n° 2001-022 du 09 avril 2003) - Le juge peut se prononcer sans débat.

LIVRE PREMIER
DES DISPOSITIONS GENERALES

TITRE PREMIER
DE L'ACTION

CHAPITRE PREMIER
DES CONDITIONS DE L'ACTION

Article premier. - Toute personne peut agir en justice pour obtenir la reconnaissance ou, s'il y a lieu, la protection de son droit.

(Loi 66-022 du 19.12.66). Tout étranger même non résidant à Madagascar peut être cité devant les tribunaux malagasy pour l'exécution des obligations par lui contractées sur le territoire de la République avec des nationaux malagasy sauf clause ou convention contraire.

(Loi 66-022 du 19.12.66). Tout national malagasy peut être traduit devant un tribunal malagasy pour toutes les obligations contractées en pays étranger, même avec un étranger.

Art 2. - L'action n'est recevable que si le demandeur justifie d'un intérêt juridique, né et actuel, direct et personnel.

Art 3. - L'exercice de l'action en justice ne dégénère en faute pouvant donner lieu à des dommages intérêts que si elle constitue un acte de malice ou de mauvaise foi, ou, au moins, une erreur grossière équipollente au dol.

CHAPITRE II
DE LA CLASSIFICATION DES ACTIONS

Art 4. - L'action personnelle est celle qui tend à faire respecter ou exécuter un droit personnel.

Art 5. - L'action réelle est celle qui tend à faire respecter ou exécuter un droit sur une chose.

Art 6. - L'action mixte est celle qui sanctionne à la fois un droit personnel et un droit réel, issus de la même situation juridique.

Art 7. - L'action mobilière est celle qui tend à procurer à celui qui l'exerce une chose réputée meuble par nature ou par détermination de la loi.

Art 8. - L'action immobilière est celle qui tend à procurer à celui qui l'exerce un immeuble ou un droit immobilier.

TITRE II

DES DEFENSES ET DES EXCEPTIONS

CHAPITRE PREMIER

DES PRINCIPES GENERAUX

Art 9. - Est une défense au fond tout moyen par lequel le défendeur s'attaque au droit prétendu du demandeur, soutient que ce droit n'a jamais existé ou est éteint.

Art 10. - Est une exception, tout moyen par lequel le défendeur, sans s'attaquer au fond du droit, contredit la prétention de son adversaire ou y acquiesce, entrave son exercice et l'empêche d'aboutir.

Art 11. - Sous réserve des dispositions de l'article 12 ci-après, toute demande en nullité, toute fin de non-recevoir, toute exception sauf celle de communication de pièces, tout déclinatoire de compétence, du moment qu'ils ne sont pas d'ordre public, sont déclarés non recevables s'ils sont présentés après qu'il a été conclu au fond.

Au surplus, ils doivent être proposés simultanément et aucun ne sera reçu après un jugement statuant sur l'un d'eux.

CHAPITRE II

DE LA CAUTION A FOURNIR PAR LES ETRANGERS

Art 12. - Sous réserve des accords internationaux, tous étrangers demandeurs principaux ou intervenants sont tenus, si le défendeur le requiert, avant toute exception, de fournir caution de payer les frais et dommages intérêts auxquels ils pourraient être condamnés.

Art 13. - Le jugement qui ordonne la caution fixe la somme jusqu'à concurrence de laquelle elle est fournie ; le demandeur qui consigne cette somme à la caisse du trésor ou qui justifie que ses immeubles situés à Madagascar sont suffisants pour en répondre, est dispensé de fournir caution.

CHAPITRE III

DES EXCEPTIONS RELATIVES A LA COMPETENCE

Art 14. - Il ne peut être proposé d'exception d'incompétence, de litispendance, de connexité, de renvoi et de règlement de juges que dans les conditions prévues à l'article 11 et conformément aux dispositions des articles 82 à 86 et 89 à 94 du présent Code.

CHAPITRE IV

DE LA COMMUNICATION DES PIECES

Art 15. - Les parties peuvent respectivement demander, par simples conclusions, communication des pièces employées contre elles dans les trois jours ou lesdites pièces ont été signifiées ou employées.

Art 16. - La communication est faite par dépôt au greffe ; les pièces ne peuvent être déplacées, sauf si elles existent en minute ou si la partie y consent.

Art 17. - Le délai de la communication est fixé par le jugement qui l'a ordonné ; s'il n'est pas fixé, il est de trois jours.

CHAPITRE V

DES NULLITES

Art 18. (Loi n° 2001-022 du 09 avril 2003) - Aucun acte de procédure ne peut être déclaré nul pour vice de forme si la nullité n'en est pas expressément prévue par la loi, sauf en cas d'inobservation d'une formalité substantielle ou d'ordre public.

La nullité ne peut être prononcée qu'à charge pour l'adversaire qui l'invoque de prouver le grief que lui cause l'irrégularité, même lorsqu'il s'agit d'une formalité substantielle ou d'ordre public.

Art 18.1. (Loi n° 2001-022 du 09 avril 2003) - La nullité des actes de procédure peut être invoquée au fur et à mesure de leur accomplissement, mais elle est couverte si celui qui l'invoque a, postérieurement à l'acte critiqué, fait valoir des défenses au fond ou opposé une fin de non-recevoir sans soulever la nullité.

Art 19. - Tous les moyens de nullité contre un acte doivent être proposés en même temps.

Art 20. - Les procédures et actes nuls ou frustratoires sont à la charge des officiers publics ou ministériels qui les ont faits, lesquels, suivant l'exigence des cas, sont en outre passibles des dommages intérêts envers la partie lésée.

TITRE III

DE LA REPRESENTATION DES PARTIES

Art 21. - Toute partie peut plaider et se présenter pour soutenir elle-même la défense de ses intérêts personnels.

Art 22. - Elle peut aussi se faire représenter par son conjoint, ses parents ou alliés en ligne directe, ses parents ou alliés en ligne collatérale, jusqu'au troisième degré inclus, ou par une personne exclusivement attachée à son service ou à son entreprise (loi 66-022 du 19.12.66), pourvu que le représentant ne soit ni juge ni officier du ministère public en activité de service.

Art 23. - Hormis les cas prévus à l'article précédent, devant la cour suprême, la cour d'appel et les tribunaux de première instance et leurs sections, les avocats ont seuls qualité pour plaider et représenter les parties.

Art 24. - Les parties peuvent néanmoins, avec l'autorisation du Président du siège, se faire représenter par des fondés de pouvoir de leur choix, toutes les fois que, dans les chefs lieux d'arrondissement judiciaire, il n'existe pas d'avocat, ou que le nombre de ces derniers présents au chef-lieu est inférieur à un minimum fixé à six pour le tribunal de Tananarive, et à trois pour chacun des autres tribunaux de première instance et toutes les sections du ressort de la cour d'appel.

Art 25. – (Abrogé par la loi n° 2001-022 du 09 avril 2003)

Art 26. - Le fondé de pouvoir doit être agréé au préalable par le juge et doit justifier de son mandat, soit par un acte authentique, soit par un acte authentifié, soit par un acte sous seing privé, soit par la déclaration verbale de la partie comparaissant avec lui devant le juge.

Art 27. – L'individu privé du droit de témoigner en justice ne peut être admis comme mandataire d'une partie, non plus que celui qui a été condamné pour crime ou délit.

Les officiers publics ou ministériels destitués ne peuvent représenter les parties en justice.

Art 28. - La constitution d'un mandataire vaut élection de domicile chez celui-ci s'il a lui-même domicile élu ou réel dans le ressort.

Art 29. - Le mandat donné pour représenter une partie dans une instance comporte le droit de faire appel des jugements rendus, sauf stipulation contraire.

Art 30. - Le demandeur en cas d'éloignement peut solliciter d'être jugé sur pièces ou d'être entendu sur commission rogatoire.

La juridiction saisie peut toujours ordonner sa comparution personnelle.

Art 31. (Ord. 73-012 du 24.3.73) - Les collectivités territoriales et les établissements publics sont représentés conformément à la réglementation qui leur est applicable.

La représentation de l'Etat en justice est prévue par un texte particulier [1]

TITRE IV

DE L'ASSISTANCE JUDICIAIRE

Art 32. - L'assistance judiciaire peut être accordée en tout état de cause, à toute personne, ainsi qu'à tous établissements publics ou d'utilité publique, et aux associations privées ayant pour objet une œuvre d'assistance et jouissant de la personnalité civile, lorsque, à raison de l'insuffisance de leurs ressources, ces personnes, établissements et associations se trouvent dans l'impossibilité d'exercer leurs droits en justice, soit en demandant soit en défendant.

Elle est applicable :

1° A tous litiges portés devant les tribunaux civils, les juges des référés, la chambre du conseil, les tribunaux de commerce, les tribunaux du travail, les tribunaux de sous-préfecture et d'arrondissement, les cours d'appel, la cour suprême et aux parties civiles devant les juridictions de répression et d'instruction ;

2° En dehors de tous litiges, aux actes de juridiction gracieuse et aux actes conservatoires.

Art 33. - L'assistance judiciaire s'étend de plein droit aux actes et procédures d'exécution à opérer en vertu des décisions en vue desquelles elle a été accordée ; elle peut en outre être accordée pour tous actes et procédures d'exécution à opérer en vertu des décisions obtenues sans le bénéfice de cette assistance ou de tous actes, même conventionnels, si les ressources de la partie qui poursuit l'exécution sont insuffisantes.

Art 34. - L'admission à l'assistance judiciaire est prononcée par des bureaux d'assistance judiciaire dont la composition et le fonctionnement sont fixés par décret.

Art 35. - Tout demandeur qui réclame l'assistance judiciaire adresse requête sur papier libre au magistrat du parquet qui instruit la demande et la transmet au bureau compétent.

Art 36. - Le bureau, après avoir recueilli toutes les informations nécessaires, rend une décision contenant l'exposé sommaire des faits et moyens et la déclaration que l'assistance est accordée ou refusée, sans expression de motifs dans le premier cas ; mais si le bénéfice de l'assistance judiciaire est refusé, le bureau doit faire connaître les causes de son refus.

Les décisions du bureau ne sont susceptibles d'aucun recours.

Art 37. (Loi n° 2001-022 du 09 avril 2003) - Les dispositions du Code Général des Impôts en la matière demeurent applicables.

Art 38. - Les modalités d'application du présent titre sont prises par décret.

TITRE V

DE LA COMMUNICATION AU MINISTERE PUBLIC

Art 39. (Loi 66-022 du 19-12-66) - Le ministère public surveille l'exécution des lois, des arrêts, des jugements et des ordonnances.

Il poursuit d'office cette exécution dans toutes les dispositions qui intéressent l'ordre public.

En ce qui concerne les particuliers, il peut sur la demande qui lui en est faite, soit enjoindre aux huissiers de prêter leur ministère, soit ordonner les ouvertures des portes, soit requérir la force publique lorsqu'elle sera nécessaire.

Art 39 bis. - Sont communiquées au Procureur de la République les causes suivantes, quand elles sont pendantes, soit devant le tribunal de première instance, soit devant une de ses sections :

1° Celles qui concernent l'ordre public, l'Etat, le domaine, les collectivités publiques, les communes, les établissements publics, les dons et legs au profit des pauvres ;

2° Celles qui concernent l'état des personnes et les tutelles ;

3° Les déclinatoires sur incompétence ;

4° Les règlements de juges et les récusations et renvois pour parenté et alliance ;

5° Les prises à partie ;

6° Les causes concernant les personnes présumées absentes.

Le Procureur de la République peut néanmoins demander communication de toutes les autres causes dans lesquelles il estime son ministère nécessaire ; de même le tribunal ou la section peut ordonner d'office cette communication.

Art 40 à 42- (Abrogés par la loi n° 2001-022 du 09 avril 2003)

TITRE VI

DE LA RECUSATION

Art 43. - Tout juge, juge délégué, conseiller ou président peut être récusé pour les causes ci-après :

1° S'il est parent ou allié des parties, ou de l'une d'elles, jusqu'au degré de cousin issu de germain inclusivement ;

2° Si la femme du magistrat est parente ou alliée de l'une des parties ou si le magistrat est parent ou allié de la femme de l'une des parties, au degré ci-dessus, lorsque la femme est vivante ou qu'étant décédée, il en existe des enfants ; si elle est décédée et qu'il n'y ait point d'enfant, le beau-père, le gendre ni les beaux-frères ne peuvent juger.

La disposition relative à la femme décédée s'applique à la femme divorcée, s'il existe des enfants du mariage dissous ;

3° Si le magistrat, sa femme, leurs ascendants et descendants, ou alliés dans la même ligne, ont un différend sur pareille question que celle dont il s'agit entre les parties ;

4° S'ils ont un procès en leur nom dans un tribunal où d'une des parties est magistrat ; s'ils sont créanciers, ou débiteurs d'une des parties ;

5° Si, dans les cinq ans qui ont précédé la récusation, il y a eu procès criminel entre eux et l'une des parties, ou son conjoint, ou ses parents ou alliés en ligne directe ;

6° S'il y a procès civil entre le magistrat, sa femme, leurs ascendants et descendants ou alliés dans la même ligne, et l'une des parties, et que ce procès, s'il a été intenté par la partie, l'ait été avant l'instance dans laquelle la récusation est proposée ; si ce procès étant terminé, il ne l'a été que dans les six mois précédant la récusation;

7° Si le magistrat est tuteur, subrogé tuteur ou curateur, héritier présomptif, ou donataire, maître ou commensal de l'une des parties ; s'il est administrateur de quelque établissement, société ou direction, partie dans la cause ; si l'une des parties est sa présomptive héritière ;

8° Si le magistrat a donné conseil, plaidé ou écrit sur le différend ; s'il en a précédemment connu comme magistrat ou comme arbitre ; s'il a sollicité, recommandé ou fourni aux frais du procès ; s'il a déposé comme témoin ; si, depuis le commencement du procès, il a bu ou mangé avec l'une ou l'autre des parties dans leur maison, ou reçu d'elle des présents ;

9° S'il y a inimitié capitale entre lui et l'une des parties ;

10° S'il y a eu de sa part, agression, injures ou menaces, verbalement ou par écrit, depuis l'instance ou dans les six mois précédant la récusation proposée.

Art 44. - Tout juge qui sait que l'une des causes de récusation existe entre lui et l'une des parties, doit la déclarer au premier président de la Cour d'appel.

Il sera décidé en assemblée générale s'il y a lieu ou non à abstention.

Art 45. - Les causes de récusation relatives aux juges sont applicables au ministère public lorsqu'il est partie jointe, mais il n'est pas récusable lorsqu'il est partie principale.

Art 46. - Celui qui veut récuser un magistrat doit, à peine de nullité, présenter requête au premier président de la Cour d'appel.

Art 47. - La requête doit désigner nommément le ou les magistrats récusés et contenir l'exposé des moyens invoqués avec toutes les justifications utiles à l'appui de la demande.

Art 48. - La récusation doit être demandée, avant le commencement de la plaidoirie ou avant que l'instruction soit achevée, sauf lorsque la demande de récusation est fondée sur une cause survenue postérieurement.

Art 49. - Le premier président notifie en la forme administrative la requête dont il a été saisi au magistrat récusé en l'invitant à lui adresser ses explications.

La requête ne dessaisit pas le magistrat qu'elle vise. Toutefois le premier président peut, après avis du Procureur général, ordonner qu'il sera provisoirement sursis à tous jugements et à toutes opérations.

Si l'une des parties prétend que l'opération est urgente et qu'il y a péril dans le retard, le premier président peut décider.

Art 50. - Le premier président communique au procureur général la requête en récusation, le mémoire complémentaire du demandeur s'il y a lieu et le mémoire du magistrat dont la récusation est proposée.

Après avis du Procureur général, et délibération de la Cour en assemblée générale, il statue sur la requête par une ordonnance qui n'est susceptible d'aucune voie de recours.

Ladite ordonnance est immédiatement notifiée au demandeur et exécutée.

Art 51. - Toute demande de récusation visant le premier président de la Cour d'appel est faite par requête adressée au premier président de la Cour suprême. Celui-ci, après avis du Procureur général et délibération de la Cour en assemblée générale, statue par une ordonnance qui n'est susceptible d'aucune voie de recours.

Les dispositions des deux articles précédents sont applicables à l'instruction d'une telle demande.

Art 52. (Loi n° 2001 - 022 du 09 avril 2003) - Toute ordonnance rejetant une demande de récusation peut condamner le demandeur à une amende civile de 100 000 à 1 000 000 Fmg.

TITRE VII

DE LA PRISE A PARTIE

Art 53. - Les juges peuvent être pris à partie dans les cas suivants :

1° S'il y a dol, fraude, concussion ou faute lourde professionnelle, qu'on prétend avoir été commis, soit dans le cours de l'instruction, soit lors des jugements ;

2° Si la prise à partie est expressément prononcée par la loi ;

3° Si la loi déclare les juges responsables, à peine de dommages et intérêts ;

4° S'il y a déni de justice.

L'Etat est civilement responsable des condamnations en dommages intérêts qui sont prononcées à raison de ces faits, contre les magistrats sauf son recours contre ces derniers.

Art 54. - Il y a déni de justice, lorsque les juges refusent de répondre aux requêtes ou négligent de juger les affaires en état ou en tour d'être jugées.

Art 55. - Le déni de justice est constaté par deux réquisitions notifiées aux juges à personne on à domicile de huitaine en huitaine.

Tout huissier ou tout greffier en chef requis est tenu de faire ces réquisitions à peine d'interdiction à l'encontre du premier et de révocation à l'encontre du second.

Art 56. - Après les deux réquisitions le juge peut être pris à partie.

Art 57. - La prise à partie formée contre un magistrat est portée devant la Cour d'appel. Si elle est formée contre la Cour d'appel ou l'une de ses chambres, elle est portée devant la chambre de cassation de la Cour suprême.

Art 58. - Néanmoins aucun magistrat ne peut être pris à partie sans une autorisation préalable du premier président qui l'accorde ou la refuse par ordonnance après avis du Procureur général.

En cas de refus qui est motivé, la partie plaignante peut saisir la chambre de cassation de la Cour suprême. Elle est dispensée du ministère d'avocat.

La chambre de cassation statue, en la forme ordinaire et en audience publique, après avoir entendu les observations du conseil de la partie plaignante, le cas échéant, et les conclusions du ministère public.

L'arrêt n'est motivé qu'en cas de refus.

Art 59. - La prise à partie est présentée par requête signée de la partie ou de son fondé de pouvoir désigné par procuration authentique et spéciale, laquelle procuration est annexée à la requête ainsi que les pièces justificatives s'il y en a, à peine de nullité.

Art 60. - Il ne peut être employé aucun terme injurieux contre les juges, à peine de telle amende qu'il appartiendra contre la partie, et sans préjudice des peines disciplinaires pouvant être appliquées aux avocats.

Art 61. (Loi n° 2001 - 022 du 09 avril 2003) - Si la requête est rejetée, le demandeur peut être condamné à une amende civile de 100 000 à 1 000 000 Fmg, sans préjudice de dommages intérêts envers les parties, s'il y a lieu.

Art 62. - Si la requête est admise, elle est communiquée dans les trois jours au juge pris à partie, qui est tenu de fournir ses défenses dans la huitaine.

Il s'abstient de la connaissance du différend ; il s'abstient même jusqu'au jugement définitif de la prise à partie, de toutes causes que le demandeur ; ou ses parents en ligne directe, ou son conjoint, peuvent avoir dans son tribunal, à peine de nullité des jugements.

Il est dans ce cas pourvu à son remplacement par délibération de la Cour d'appel sur la proposition du premier président.

Art 63. - La prise à partie est portée à l'audience sur conclusions du demandeur, elle doit être jugée par d'autres juges que ceux qui l'ont admise.

LIVRE II

DES JURIDICTIONS

TITRE PREMIER

DE L'ORGANISATION JUDICIAIRE

Art 64. - Les Juridictions de l'ordre judiciaire sont :

1° les Tribunaux de première instance ;

2° les Cours d'Appel ;

3° la Cour de Cassation.

Art 65. - Sont également régis par les dispositions du présent Code :

1° Les tribunaux de commerce ;

2° Les tribunaux du travail.

Art 66. - L'organisation et le fonctionnement de ces juridictions sont fixés par les lois sur l'organisation judiciaire et sur la cour suprême.

Art 67. - Le siège et le ressort des juridictions sont fixés par décret.

Art 68. - La détermination du rang et de l'effectif des magistrats et greffiers affectés à ces juridictions est également fixée par décret.

TITRE II

DE LA COMPETENCE

CHAPITRE PREMIER

DE LA COMPETENCE D'ATTRIBUTION

SECTION PREMIERE

Des tribunaux de première instance

§1 - Compétence des tribunaux de Première instance

Art 69. - Les tribunaux de première instance sont juges de droit commun en premier ressort. Ils connaissent :

- De toutes les affaires civiles sauf ce qui est dit en l'article 76 du présent Code ;

- Des oppositions à l'immatriculation d'immeubles et du refus d'acquiescer à l'inscription des droits immobiliers ;

- De toutes les affaires commerciales lorsqu'il n'existe pas de juridiction commerciale ;

- Et plus généralement, de toutes les affaires pour lesquelles compétence n'est pas attribuée expressément à une autre juridiction en raison de la nature de l'affaire et du montant de la demande.

Art 70. - (Abrogé par la loi n°2001 – 022 du 09 avril 2003)

Art 71. (Loi n° 2001 – 022 du 09 avril 2003) - Les Tribunaux de première instance statuent :

1° en matière civile, en premier et dernier ressort sur les demandes n'excédant pas le montant fixé par arrêté du Ministre de la Justice, à charge d'appel sur les demandes excédant ces chiffres ou indéterminées ;

2° en matière d'immatriculation, à charge d'appel sur les actions relatives à l'immatriculation.

§2.- Compétence des sections du tribunal de Première instance

Art 72. - La section a dans son ressort même compétence qu'un tribunal de première instance.

Toutefois, elle ne connaît pas de l'appel des jugements rendus en premier ressort par les tribunaux de sous-préfecture ou d'arrondissement.

SECTION II

Des tribunaux de commerce

Art 73. - Les tribunaux de commerce, à leur défaut, les tribunaux de première instance et leurs sections ont compétence pour statuer :

1° Sur tous les litiges qui ont leur cause dans un acte de commerce ;

2° En matière de contestation entre associés à raison d'une société commerciale ;

3° En matière de faillite et de règlement judiciaire ;

4° En matière d'acte mixte si l'acte est commercial à l'égard du défendeur.

5° (Loi 99-018 du 02.08.99) Ne sont pas de la compétence du tribunal de commerce les actions intentées contre un propriétaire, éleveur, cultivateur ou vigneron pour vente de denrées provenant de son cru, ni les actions intentées contre un commerçant pour paiement des denrées et marchandises achetées pour son usage particulier.

Art 74. (Loi n° 2001 - 022 du 09 avril 2003) - Ils statuent en premier et dernier ressort sur les demandes n'excédant pas le montant fixé par arrêté du Ministre de la Justice, à charge d'appel sur les demandes excédant ces chiffres ou indéterminées.

SECTION III

Des tribunaux du travail

Art 75. - La compétence d'attribution des tribunaux du travail est fixée par la loi sur l'organisation judiciaire et les lois sur le Code du travail et la procédure devant ces juridictions.

SECTION IV

Des tribunaux de sous-préfecture et d'arrondissement

Art 76. - (Abrogé par la loi n° 2001 - 022 du 09 avril 2003).

SECTION V

Des Cours d'appel

Art 77. (Loi n° 2001 - 022 du 09 avril 2003) - Outre les attributions qui leur sont dévolues par les lois et règlements, les cours d'appel statuent sur les appels interjetés contre les décisions rendues par :

1° les tribunaux de première instance statuant en matière civile et en premier ressort ; 2° les tribunaux de première instance statuant en matière d'immatriculation ;

3° les tribunaux de commerce, les tribunaux de première instance statuant en matière commerciale et en premier ressort ;

4° les tribunaux du travail statuant en premier ressort ;

5° les présidents des tribunaux de première instance ou de commerce statuant en matière gracieuse et contentieuse civile et commerciale.

SECTION VI

De la cour suprême

Art 78. (Loi n° 2001 - 022 du 09 avril 2003) - La compétence d'attribution de la Cour de Cassation est fixée par la loi organique relative à la Cour de Cassation.

CHAPITRE II

DE LA COMPETENCE TERRITORIAL

Art 79. - La compétence territoriale appartient au tribunal du domicile réel ou du domicile élu à Madagascar du défendeur ou si celui-ci n'y a qu'une résidence, au tribunal de sa résidence.

S'il y a plusieurs défendeurs, le demandeur peut saisir à son choix le tribunal du domicile ou de la résidence de l'un d'eux.

Art 80. - Toutefois, les actions sont portées :

- En matière de pension alimentaire, l'instance peut être portée devant le tribunal de l'ascendant demandeur ;

- Les contestations relatives à des fournitures, travaux, locations, louages d'ouvrage ou d'industrie, peuvent être portées devant le juge du lieu où la convention a été contractée ou exécutée, lorsqu'une des parties est domiciliée en ce lieu ;

- S'il y a plusieurs défendeurs, devant le tribunal du domicile de l'un d'eux au choix du demandeur ;

- En matière réelle, devant le tribunal de la situation de l'objet litigieux ;

- En matière de société, jusqu'à a sa liquidation définitive, devant le juge du lieu où elle a son siège ou le siège d'une de ses succursales ;

- En matière de faillite et de règlement judiciaire, devant le juge du domicile du failli ou du bénéficiaire du règlement judiciaire ;

- En matière de garantie, devant le juge où la demande originaire est pendante ;

- En cas d'élection de domicile pour l'exécution d'un acte, devant le tribunal du domicile élu ou devant le tribunal du domicile réel du défendeur ;

- En matière commerciale, sauf convention contraire, devant le tribunal du domicile du défendeur ;

- La demande en réparation du dommage causé par un délit, une contravention ou un quasi-délit, peut être portée devant le tribunal du lieu où le fait dommageable s'est produit ;

- En matière de contrat de travail, nonobstant toute clause d'attribution de juridiction, le tribunal du lieu où s'exécute le contrat peut toujours être valablement saisi, par l'une ou l'autre des parties contractantes, de toute action découlant dudit contrat d'engagement.

Art 81. - Les demandes formées pour frais par les officiers ministériels sont portées au tribunal où les frais ont été faits.

CHAPITRE III

DE LA PROROGATION DE COMPETENCE

SECTION PREMIERE

De la prorogation légale de compétence, De la litispendance et de la connexité

Art 82. - S'il a été formé précédemment devant un autre tribunal une demande ayant le même objet, ou si la contestation est connexe à une cause déjà pendante devant un autre tribunal, le renvoi peut être ordonné d'office ou à la demande d'une partie par la juridiction saisie en second lieu.

Art 83. - La décision ordonnant ou rejetant le renvoi ne peut être frappée d'appel.

Si la demande de renvoi est rejetée, il est sursis à statuer tant par la juridiction qui a rejeté l'exception que par celle précédemment saisie, et il y a lieu à règlement de juges ainsi qu'il est dit à la section II du chapitre suivant (Articles 91 à 95).

Art 84. -Toutefois, il ne peut être dérogé aux règles de compétence d'attribution qu'au profit des seuls tribunaux de première instance et de leurs sections.

Art 85. - Dans le concours de deux juridictions, l'une ordinaire, l'autre exceptionnelle, lorsqu'il s'agit de chefs distincts, mais connexes, la juridiction ordinaire prévaut sur la juridiction exceptionnelle et doit être saisie de l'entier litige.

Art 86. - La jonction, à raison de leur connexité, d'instances pendantes devant le même tribunal est prononcée, soit d'office, soit sur la demande des parties.

SECTION II

De la prorogation volontaire de compétence

Art 87 et 88 - (Abrogés par la loi n° 2001 - 022 du 09 avril 2003)

CHAPITRE IV

DES CONTESTATIONS RELATIVES A LA COMPETENCE

SECTION PREMIERE

Des conflits de compétence

Art 89. (Loi 66-022 du 19-12-66) - S'il est prétendu que la juridiction saisie est incompétente, la partie qui soulève cette exception doit faire connaître en même temps, à peine d'irrecevabilité devant quelle juridiction elle demande que l'affaire soit portée.

Le tribunal peut statuer sur la compétence par jugement distinct ou sur la compétence et le fond par un seul jugement, mais en deux dispositions différentes. Toutefois, les dispositions sur la compétence sont toujours en premier ressort.

Si le tribunal statue par un jugement distinct sur la compétence ou si le jugement est en dernier ressort sur le fond, la partie qui entend contester le jugement du chef de la compétence, devra se pourvoir par la voie d'un contredit inscrit sur le registre des déclarations d'appel, à peine de forclusion, dans les trois jours du prononcé du jugement, et notifié à l'autre partie.

A cet effet, le dossier du tribunal contenant les conclusions et notes des parties ainsi que la copie du jugement, objet du contredit, sont aussitôt transmis par le président de la juridiction saisie au président de la juridiction d'appel.

Il est statué par celle-ci dans le mois de la réception de la procédure tant sur la régularité du contredit, si elle est contestée, que sur la compétence. La décision est notifiée sans délai aux parties.

La juridiction déclarée compétente est obligatoirement saisie de l'affaire au fond sur acte introductif de la partie la plus diligente, sauf si elle avait été primitivement saisie, auquel cas, le dossier ainsi qu'une copie de la décision, sont renvoyés par le greffier en chef au président de cette juridiction, et l'instance est continuée.

La partie qui succombe dans son exception ou qui y renonce en cours de procédure, sans accord de l'autre partie, est condamnée à une amende civile de 2 000 à 50 000 francs sauf si la juridiction d'appel l'en dispense par décision motivée, sans préjudice au surplus de dommages intérêts pour procédure abusive, qui pourront être prononcés par la juridiction déclarée compétente.

Ces dispositions ne sont pas applicables à la matière des référés ni lorsque la juridiction revendiquée est de l'ordre administratif.

Art 89 bis. (Loi 66-022 du 19-12-66) - Si le tribunal statue sur la compétence et le fond par un seul et même jugement et si ce jugement est susceptible d'appel sur le fond, seule est ouverte la voie de l'appel conformément aux articles 398 et suivants.

Art 90. (Loi 66-022 du 19-12-66) - Le renvoi peut être demandé par toutes les parties ou le ministère public, et même prononcé d'office par le tribunal en cas d'incompétence a raison de la matière.

La procédure suivie à ces fins est celle fixée par les articles 89 et 89 bis.

SECTION II

Des règlements de juges

Art 91. - Il y a lieu à règlement de juges lorsque deux ou plusieurs tribunaux sont saisis d'un même litige.

Art 92. - (Abrogé par la loi n° 2001 - 022 du 09 avril 2003).

Art 93. (Loi n° 2001 - 022 du 09 avril 2003) - Si le différend est porté devant deux ou plusieurs tribunaux de première instance ressortissant à la même Cour d'Appel, le règlement de juges est porté à cette Cour.

Art 94. - Si les tribunaux de première instance respectivement saisis relèvent de cours d'appel différentes, le règlement de juges est porté à la cour suprême.

Il en est de même si le différend est porté devant deux cours d'appel.

Art 95. - La juridiction compétente pour le règlement de juges doit statuer dans le mois de la réception des pièces.

SECTION III

Du renvoi d'une juridiction à une autre

Art 96. - En matière civile et commerciale, la cour suprême peut dessaisir toute juridiction et renvoyer la connaissance de l'affaire à une autre juridiction du même ordre, soit si la juridiction normalement compétente ne peut être légalement composée ou si le cours de la justice s'y trouve autrement interrompu, soit pour cause de suspicion légitime ou de sûreté publique.

Art 97. - La requête aux fins de renvoi peut être présentée soit par le procureur général près la cour suprême, soit par le ministère public prés la juridiction saisie, soit par une partie.

Art 98. - La requête doit être signifiée à toutes les parties intéressées qui ont un délai de dix jours pour déposer un mémoire au greffe de la cour suprême.

La présentation de la requête n'a point d'effet suspensif à moins qu'il n'en soit autrement ordonné par la cour suprême.

Art 99. - En cas de rejet d'une demande pour cause de suspicion légitime, la cour peut cependant ordonner le renvoi devant une autre juridiction dans l'intérêt d'une bonne administration de la justice.

Art 100. - Tout arrêt qui statue sur une demande en renvoi pour l'une des causes précitées sera signifié aux parties intéressées à la diligence du procureur général près la cour suprême.

TITRE III

DES AUXILIAIRES DE JUSTICE

CHAPITRE PREMIER

DES GREFFIERS ET DES NOTAIRES

Art 101. - Il est institué auprès de chaque tribunal et section de tribunal un service du greffe qui est assumé par un greffier en chef, des greffiers en nombre suffisant pour la prompte expédition des affaires courantes.

Art 102. - La détermination de l'effectif et du rang des greffiers en chef et greffiers est fixée par décret.

Art 103. - En dehors des chefs-lieux où sont créées des charges de notaires, ces fonctions sont exercées par les greffiers en chef des tribunaux de première instance et des sections.

Art 104. - Un greffier résident peut être nommé au siège des tribunaux de sous-préfecture ou d'arrondissement, lorsque le nombre des affaires le justifie.

Art 105. - Les greffiers et notaires prêtent le serment prescrit pour l'exercice des fonctions qu'ils sont appelés à remplir.

Art 106. - Nul ne peut faire partie du greffe d'un tribunal si l'un des magistrats ou membres du ministère public de ce tribunal est son parent ou allié jusqu'au degré d'oncle et neveu inclusivement.

En cas de nécessité absolue du service, il peut toutefois être accordé des dispenses par arrêté du Garde des Sceaux, Ministre de la Justice.

Art 107. - Il est interdit, à peine de nullité, à tous greffiers, notaires comme aussi à tous les magistrats, de se rendre acquéreurs ou cessionnaires, soit par eux-mêmes, soit par personnes interposées, des droits litigieux qui sont de la compétence des tribunaux dans le ressort desquels ils exercent leurs fonctions ; il leur est également interdit, à peine de nullité, de se rendre, soit par eux-mêmes, soit par personne interposée, acquéreurs ou cessionnaires des biens, droits et créances dont ils peuvent poursuivre ou autoriser la vente, de les prendre à charge ou de le recevoir en nantissement.

Indépendamment de l'action en nullité, toute infraction aux dispositions qui précèdent donne lieu à des poursuites disciplinaires.

Art 108. - Aucun greffier notaire ne peut procéder à un acte de ses fonctions :

- Lorsqu'il s'agit de ses propres intérêts, de ceux de sa femme, de ses parents ou alliés en ligne directe ou en ligne collatérale jusqu'au troisième degré inclusivement ;

- Lorsqu'il s'agit des intérêts d'une personne dont il est le représentant légal ou le mandataire ;

L'officier public qui est dans l'un de ces cas en avise immédiatement le magistrat sous la surveillance duquel il est placé.

Toute infraction aux dispositions qui précèdent donne lieu à des poursuites disciplinaires.

Art 109. - Les greffiers et notaires sont personnellement responsables des dommages causés par leur dol ou par des fautes lourdes dans l'exercice de leurs fonctions.

Les greffiers responsables d'un greffe d'une juridiction et les notaires doivent contracter une assurance pour se couvrir de leurs fautes.

L'État ne peut être poursuivi à raison de ces dommages.

Art 110. - L'exercice des professions de greffiers et notaires est réglementé par des textes particuliers.

CHAPITRE II
DES INTERPRETES ET DES EXPERTS

Art 111. - Il est institué près des cours et tribunaux des tableaux d'interprètes judiciaires.

Ces tableaux sont arrêtés annuellement par la juridiction d'appel et complétés, s'il y a lieu, en cours d'année.

A défaut d'interprètes inscrits au tableau, le juge saisi d'un litige peut désigner un interprète spécialement en vue de ce litige.

Les interprètes sont assermentés.

Art 112. - Des experts judiciaires sont, pour chaque spécialité, désignés de la manière prévue à l'article précédent pour les interprètes.

Ils sont également assermentés,

Art 113. - S'il est besoin d'effectuer une traduction de langue française en langue malgache ou vice versa, le juge désigne, pour ce faire, un greffier ou un agent en service auprès de la juridiction :

- L'interprète doit être âgé de 21 ans au moins ;

- Il prête serment de traduire fidèlement les écrits ou les discours à transmettre entre ceux qui ne parlent pas les mêmes langues.

Les prohibitions et pénalités de l'article 108 lui sont applicables.

CHAPITRE III
DES AVOCATS, DES HUISSIERS ET DES AGENTS D'AFFAIRES

Art 114. - Est réglementé par des dispositions législatives particulières l'exercice des professions d'avocats, d'huissiers et d'agents d'affaires.

LIVRE III

DE LA PROCEDURE DEVANT LES TRIBUNAUX

TITRE PREMIER

DE LA PROCEDURE ORDINAIRE

CHAPITRE PREMIER

DE L'INTRODUCTION DE L'INSTANCE

Art 115. - L'instance est introduite soit par requête, soit par assignation.

SECTION I

De la requête introductive d'instance

Art 116. - La demande introduite par requête peut être écrite ou verbale.

Si elle est faite oralement, il est dressé procès-verbal des déclarations du demandeur par le greffier.

Art 117. - La requête doit être datée des jour, mois et an.

Elle doit indiquer les nom, prénoms usuels, domicile et qualité du demandeur, les nom, prénoms usuels, demeure et qualité du défendeur.

Elle doit préciser les motifs, l'objet de la demande et s'il y a lieu le quantum de la demande, lorsque celle-ci est susceptible d'évaluation.

Elle doit être signée du requérant, ou porter ses empreintes digitales.

Art 118. (Loi 66-022 du 19-12-66) - Le demandeur domicilié loin de la juridiction peut adresser sa requête par la poste et solliciter le bénéfice des dispositions de l'article 30.

Art 119. - La requête présentée, soit par l'administration, soit par les particuliers, doit être accompagnée d'une ou plusieurs copies certifiées conformes par le demandeur, destinées à être notifiées à la partie ou aux parties défenderesses.

Ces copies peuvent être établies par le greffe sur la demande et aux frais du requérant.

Lorsqu'aucune copie n'est produite ou que le nombre des copies n'est pas égal à celui des parties ayant un intérêt distinct, auxquelles la communication doit être faite, et que le requérant n'en demande pas l'établissement par le greffier, ce dernier invite le requérant à produire ces copies avant de recevoir sa requête.

Art 120. - Le greffier transmet immédiatement la requête au Président du tribunal qui en prescrit l'enrôlement ainsi qu'il est dit à article 152 du présent Code.

Il donne l'ordre de convoquer les parties et de notifier copie de la requête aux parties défenderesses.

Art 121. - Toutefois, si la requête ne lui parait pas suffisamment explicite, il peut, avant d'en prescrire l'enrôlement et d'ordonner la convocation des parties, inviter le demandeur à fournir toutes précisions nécessaires.

SECTION II

Des convocations et des notifications

Art 122. - La convocation est rédigée par le greffier.

Elle contient les indications suivantes :

1° Les nom, prénoms usuels, profession, domicile ou résidence de la partie citée ;

2° La juridiction ou le juge devant lequel l'intéressé doit comparaître ;

3° Les lieu, jour et heure de la comparution ;

4° L'objet de la comparution ou la référence de la requête jointe ;

5° L'avis d'avoir à faire, s'il y a lieu, élection de domicile, au siège de la juridiction ;

6° Eventuellement, l'invitation à déclarer si la partie citée, entend être jugée sur pièces ;

7° La signature et le sceau du greffier.

La copie de la requête est jointe à la convocation.

Art 123. (Loi n° 2001 - 022 du 09 avril 2003) - La remise de la convocation est effectuée à la diligence du greffier.

Si elle ne peut être servie par le greffier lui-même et si le destinataire réside à Madagascar, elle est transmise, soit par la voie administrative, soit par la voie postale par lettre recommandée avec demande d'avis de réception.

Si le destinataire de nationalité malgache demeure à l'étranger, la convocation peut lui être transmise par la voie administrative et adressée directement aux agents diplomatiques ou consulaires malgaches ou aux autorités désignées par les conventions diplomatiques.

Art 124. - La convocation est remise valablement :

1° A la personne à qui elle est destinée, si elle peut être trouvée à son domicile ou en tout autre lieu de la localité;

2° Au domicile de la personne à qui elle est destinée, entre les mains des parents, serviteurs, concierges ou de toute autre personne habitant la même demeure, si la personne destinataire est absente de son domicile ;

3° Au maire, ou à défaut, à un adjoint, à un conseiller municipal, au secrétaire de la mairie, au chef de village, s'il n'y a personne au domicile de l'intéressé ou si la personne citée ou toute autre personne présente au domicile refuse de recevoir l'acte ; le réceptionnaire est invité à la remettre au destinataire

4° Au parquet, soit au procureur de la République, soit au substitut soit au magistrat de la section du tribunal, soit à un secrétaire de parquet, si la personne à qui elle est destinée est sans domicile ni résidence connus.

Art 125. - Toute résidence, à défaut de domicile à Madagascar, vaut domicile.

Art 126. (Loi n° 2001 - 022 du 09 avril 2003) - A la convocation, est annexé un certificat indiquant à qui elle a été remise et à quelle date.

Ce certificat est signé, soit de la partie, soit de la personne à qui la remise a été faite. Si celui qui reçoit le pli ne veut pas ou ne peut signer le certificat, mention en est faite par l'agent ou l'autorité qui assure la remise. Cet agent ou cette autorité signe dans tous les cas le certificat et le fait parvenir directement au greffier du tribunal, le cas échéant, par l'intermédiaire du demandeur.

Art 127. - Sauf dans le cas de remise à l'intéressé, la convocation est délivrée dans les formes prévues à l'article 146 du présent Code.

Art 128. (Ord. 73-012 du 24.3.73) - Sont convoqués :

1° L'Etat, en la personne de son représentant tel qu'il est désigné par la réglementation relative à la représentation de l'Etat en justice ;

2° Le Trésor public en la personne du trésorier principal ou à son bureau ;

3° Les établissements publics, en leurs bureaux, dans le lieu où se trouve le siège de leur administration dans les autres lieux, en la personne ou au bureau de leur préposé ;

4° Les communes en la personne ou au domicile du maire ou de leurs adjoints ;

5° Les sociétés de commerce, jusqu'à leur liquidation définitive, en leur maison sociale ou au lieu de leur principal établissement et, s'il n'y en a pas, en la personne ou au domicile de leurs associés ;

6° Les unions et directions des créanciers en la personne ou au domicile de l'un des syndics ou directeurs ;

7° Ceux qui n'ont aucun domicile connu à Madagascar, au lieu de leur résidence actuelle. Si le lieu n'est pas connu, la convocation est remise au parquet ainsi qu'il est dit à l'article 124,

4° et copie est affichée à la principale porte de l'auditoire du tribunal où la demande est portée ;

8° Ceux qui habitent à l'étranger, au magistrat du parquet de la juridiction où la demande est portée qui envoie la copie au Ministre des affaires étrangères ou à toute autre autorité déterminée par les conventions diplomatiques.

Art 129. (Loi n° 2001 - 022 du 09 avril 2003) - Le délai entre la délivrance de la convocation et le jour indiqué pour la comparution est fixé comme suit :

1° huit jours, si la partie convoquée demeure dans la sous-préfecture où siège la juridiction appelée à connaître de l'affaire ;

2° quinze jours, si elle demeure dans une sous-préfecture limitrophe ;

3° un mois, si elle demeure dans une autre sous-préfecture de Madagascar ;

4° deux mois, si elle demeure hors de Madagascar.

Art 130. - (Abrogé par la loi n° 2001 - 022 du 09 avril 2003)

Art 131. - (Abrogé par la loi 66-022 du 19.12.66).

Art 132. - (Abrogé par la loi 66-022 du 19.12.66).

Art 133. (Loi 66-022 du 19.12.66) - Lorsque les parties ont déclaré s'en remettre aux diligences du greffier, les actes de procédure et les décisions de justice sont notifiés par celui-ci tant aux parties qu'aux tiers en intervention forcée ou aux personnes qui doivent en assurer l'exécution dans les conditions prévues aux articles 123 à 127.

SECTION III

De l'avertissement

Art 134. - Les parties peuvent toujours comparaître volontairement ou sur simple avertissement oral.

Elles peuvent renoncer aux délais prévus aux articles 129 et 130 du présent Code.

SECTION IV

De l'assignation

Art 135. - La demande introduite par assignation est servie par huissier.

Art 136. (Loi n° 2001 - 022 du 09 avril 2003) - L'assignation doit, à peine de nullité, contenir :

1° la date où elle a été servie ;

2° les noms, prénoms usuels, qualité et domicile du demandeur, éventuellement la constitution d'un mandataire et l'élection de domicile ;

3° les noms, prénoms usuels, qualité et domicile du défendeur ;

4° les motifs, l'objet de la demande et s'il y a lieu, le quantum de la demande lorsque celle-ci est susceptible d'évaluation ;

5° l'indication du tribunal qui doit connaître de la demande, la date et l'heure de la comparution et le lieu où l'audience doit être tenue ;

6° éventuellement, la déclaration d'intention de la partie d'être jugée sur pièces.

L'assignation vaut conclusion.

Elle contient l'indication des pièces sur lesquelles la demande est fondée.

Art 137. - L'assignation est servie dans les conditions déterminées aux articles 143 à 149 du présent Code.

Elle doit être établie conformément aux prescriptions des articles 139 à 142.

SECTION V

Des exploits et des significations

Art 138. - Toute assignation ou signification, sauf disposition contraire de la loi, est faite par exploit d'huissier.

Art 139. (Loi n° 2001 - 022 du 09 avril 2003) - Tout exploit d'huissier contient à peine de nullité :

1° la date où il a été servi ;

2° les noms, prénoms, profession et domicile du requérant éventuellement la constitution d'un mandataire et l'élection de domicile ;

3° les noms, prénoms et adresse de l'étude de l'huissier ainsi que l'indication de son inscription au tableau des huissiers ou de l'acte de nomination en qualité d'huissier provisoire ;

4° les noms, prénoms et domicile de la personne à qui il est signifié ;

5° la désignation de la personne à laquelle copie de l'exploit est laissée ; 6° l'objet

de l'acte ;

7° la signature de l'huissier.

Art 140. - L'exploit doit être rédigé sans blanc, lacune, interligne ni abréviation.

Art 141. - L'exploit doit être timbré et enregistré conformément aux dispositions du code de l'enregistrement.

Art 142. - L'huissier est tenu de mettre à la fin de l'original et de la copie de l'exploit le coût de celui-ci à peine d'une amende civile de 2 000 à 10 000 francs. Cette amende est prononcée par le président de la juridiction saisie de l'affaire.

Art 143. (Loi 66 - 022 du 19-12-66) - Aucune signification ou exécution d'exploit ne peut être faite avant cinq heures du matin et après sept heures du soir, non plus que les jours de fête légale si ce n'est en vertu d'une permission du juge, dans les cas où il y aurait péril en la demeure.

Art 144. - L'exploit peut être délivré soit à la personne de l'intéressé, soit à son domicile, soit en mairie, soit au parquet suivant les cas ci-après :

1° Si l'huissier trouve la personne visée par l'exploit soit à son domicile soit en tout autre lieu, il lui en remet une copie en précisant que l'exploit a été délivré à personne ;

2° Si cette personne est absente de son domicile, l'huissier remet la copie de l'exploit à la personne présente au domicile en indiquant sur l'acte les nom, prénoms, qualité de cette personne et en précisant que l'exploit a été délivré au domicile de la personne à qui l'acte doit être signifié ;

3° Si l'huissier ne trouve aucune personne au domicile de l'intéressé, ou si la personne visée à l'exploit ainsi que toute autre personne présente au domicile refuse de recevoir la copie de l'exploit, il remet celle-ci au maire, ou à défaut, à un adjoint, à un conseiller municipal, à un secrétaire de mairie en l'invitant à délivrer l'acte à l'intéressé sur sa demande. L'huissier précise sur l'acte que la copie a été délivrée en mairie ;

4° Si la personne visée par l'exploit est sans domicile ni résidence connus, ou si elle demeure hors du territoire Malgache, l'huissier remet une copie au parquet soit au procureur de la République, soit au substitut, soit au magistrat de la section de tribunal, soit à un secrétaire de parquet, en précisant que la citation a été délivrée à parquet.

Art 145. - Les dispositions des articles 125 et 128 sont applicables aux exploits d'huissier.

Art 146. - Sauf le cas de remise à la personne de l'intéressé, la copie de l'exploit est délivrée sous enveloppe fermée ne portant d'autres indications d'un côté que les nom, prénoms, surnom, adresse du destinataire et de l'autre que le cachet de l'étude apposé sur la fermeture du pli et la signature de l'huissier.

Art 147. - L'huissier doit toujours mentionner sur l'original de l'exploit ses diligences ainsi que les réponses faites à ses différentes interpellations.

Il doit adresser ou à défaut remettre dans les trois jours de sa régularisation l'original de son exploit à la partie requérante.

Art 148. (Loi 66-022 du 19-12-66) - Les délais normaux des assignations sont ceux fixés par les articles 129, 130, 794, 795 et 796 du présent Code.

Art 149. - Lorsque la citation doit être délivrée dans une localité située au-delà d'un rayon de vingt kilomètres de la résidence de l'huissier instrumentaire, celui-ci peut la faire signifier par la voie postale ou par la voie administrative dans les conditions fixées par arrêté du Ministre de la justice. L'huissier doit remettre à la partie requérante l'original de son exploit et le certificat constatant la remise ou le retour de la copie de l'exploit.

Art 150. - L'huissier ne peut instrumenter pour ses parents et alliés, ceux de sa femme, en ligne directe à l'infini, ni pour ses parents et alliés collatéraux, jusqu'au degré de cousin issu de germain inclusivement, le tout à peine d'une amende de 25 000 francs, sans préjudice de l'annulation de l'acte par application de l'article 18 du présent Code.

Art 150.1. (Loi n° 2001 - 022 du 09 avril 2003 - Les frais afférents aux actes inutiles sont à la charge des huissiers de justice qui les ont faits, sans préjudice des dommages - intérêts qui seraient réclamés.

Il en est de même des frais afférents aux actes nuls par l'effet de leur faute.

SECTION VI

Des dispositions communes à tous les actes introductifs d'instance

Art 151. (Loi n° 2001 - 022 du 09 avril 2003) - Dès réception de l'acte introductif d'instance qui vaut conclusion du demandeur, le greffier avise le demandeur du montant approximatif des frais du procès et du moment auquel ils devront être versés.

Il peut faire consigner une provision d'un montant égal au montant des droits fixes d'enregistrement, des frais et débours de greffe et d'expédition de jugement.

Art 152. - Tout acte introductif d'instance est porté sur un registre tenu au greffe sous numéro d'ordre chronologique de l'année en cours.

Sont mentionnés sous cette inscription la date du dépôt ou d'arrivée de l'acte introductif d'instance. les noms et adresses des parties, l'objet de la demande, la date du premier appel de l'affaire à l'audience, la date et le numéro des décisions avant dire droit ou sur le fond intervenues ainsi que des recours exercés.

Art 153. - Il est tenu au greffe de chaque tribunal un dossier par affaire inscrite au rôle et qui porte les noms et domiciles des parties et s'il y a lieu des mandataires, le numéro et la date de leur inscription au registre.

Sont déposés dans ce dossier et cotés par le greffier :

- L'acte introductif d'instance ;

- Les conclusions échangées entre les parties, après qu'elles ont été soumises au visa du président ;

- La copie de tous jugements avant dire droit ;

- La copie des procès-verbaux ou rapports dressés en exécution de ces jugements ;

- La copie des jugements mettant fin au litige ;

- Eventuellement le double des convocations ou notifications et des certificats de remise.

Il est dressé un bordereau sur lequel mention est faite par le greffier au fur et à mesure de la remise qui lui en est faite, du dépôt de chacun des documents mis au dossier.

Mention est également faite des remises de cause accordées à l'audience.

CHAPITRE II
DE LA CONCILIATION

Art 154. (Loi n° 2001 - 022 du 09 avril 2003) - Les parties peuvent, tout au long de l'instance, se concilier d'elles-mêmes ou à l'initiative du juge. Le juge saisi ne peut être désigné comme arbitre.

Art 155. (Loi n° 2001 - 022 du 09 avril 2003) - Lorsqu'elle est à l'initiative du juge, la conciliation est tentée, sauf disposition particulière, aux lieu et moment qu'il estime favorables.

Art 156. (Loi n° 2001 - 022 du 09 avril 2003) - Les parties peuvent toujours demander au juge de constater leur conciliation.

Art 157. (Loi n° 2001 - 022 du 09 avril 2003) - La teneur de l'accord, même partiel, est constatée dans un procès-verbal signé par le juge et les parties.

Si elles ne savent signer, il en est fait mention.

Ce procès-verbal n'est susceptible d'aucune voie de recours.

Art 158. (Loi n° 2001 - 022 du 09 avril 2003) - Des extraits du procès-verbal constatant la conciliation peuvent être délivrés.

Revêtus de la formule exécutoire, ils valent titre exécutoire.

CHAPITRE III
DES AUDIENCES ET DU JUGEMENT

SECTION PREMIERE

Des audiences

§ 1er. - De la tenue des audiences

Art 159. (Loi n° 2001 - 022 du 09 avril 2003) - Le rôle de chaque audience est arrêté par le Président du tribunal ; il est communiqué au ministère public et est affiché à la porte de la salle d'audience.

Art 160. - L'audience est publique sauf la faculté pour le tribunal de prononcer le huis clos lorsque la publicité est dangereuse.

Art 161. - Le président a la police de l'audience.

Les parties sont tenues de s'expliquer avec modération et de garder en tout le respect qui est dû à la justice. Si elles y manquent, le président les y rappelle d'abord par un avertissement ; en cas de récidive, elles peuvent être condamnées à une amende civile de 1 000 francs.

Le président peut toujours en cas de trouble ou de scandale, ordonner l'expulsion tant d'une partie ou de son mandataire que de toute autre personne présente à l'audience.

Dans le cas d'insulte ou d'irrévérence grave envers le président, celui-ci en dresse procès-verbal. Il peut condamner son auteur à un emprisonnement de trois jours au plus ou à une amende pénale qui ne peut dépasser 10 000 francs.

Les jugements dans les cas prévus au présent article sont exécutoires par provision.

Art 162. - Dans le cas où des discours injurieux, outrageants ou diffamatoires seraient tenus par des avocats, le tribunal peut appliquer à ceux-ci, par jugement séparé, les peines disciplinaires de l'avertissement et de la réprimande et même celle de l'interdiction temporaire pour une durée n'excédant pas deux mois ou six mois en cas de récidive dans l'année.

Art 163. - Il peut également, suivant la gravité des circonstances, dans les causes dont il est saisi, prononcer, même d'office, des injonctions, supprimer des écrits, les déclarer calomnieux et ordonner l'impression et l'affichage de ses jugements.

§ 2.- De la mise en état

Art 164. (Loi n° 2001 - 022 du 09 avril 2003) - L'affaire est instruite sous le contrôle du magistrat saisi qui en assure la mise en état.

Celui-ci a pour mission de veiller au déroulement loyal de la procédure, en particulier, à la ponctualité de l'échange des conclusions ou moyens et de la communication des pièces ou de leur dépôt au greffe de la juridiction.

Il peut entendre les parties ou leurs défenseurs et leur faire toutes communications utiles. Il peut également leur adresser des injonctions.

Art 164.1 (Loi n° 2001 - 022 du 09 avril 2003) - Le juge de la mise en état fixe, au fur et à mesure, les délais nécessaires à l'instruction de l'affaire. A cet effet, il tient compte de la nature, de l'urgence et de la complexité de l'affaire et après avoir, le cas échéant, provoqué l'avis des parties ou de leurs avocats ou autres représentants.

Il peut accorder des prorogations de délai.

Il peut également renvoyer l'affaire à une audience de mise en état ultérieure en vue de faciliter le règlement du litige.

Art 164.2 (Loi n° 2001 - 022 du 09 avril 2003) - Le juge de la mise en état peut inviter les parties ou leurs défenseurs à répondre aux moyens sur lesquels ils ne se seraient pas expliqués.

Il peut également les inviter à fournir les explications de fait ou de droit nécessaires à la solution du litige.

Il peut se faire communiquer l'original des pièces versées aux débats ou en demander la remise en copie.

Il fait transcrire les prétentions et les moyens exposés oralement par les parties. Le greffe en avise les parties non comparantes.

Art 164.3 (Loi n° 2001 - 022 du 09 avril 2003) - Le juge de la mise en état peut inviter toute partie à mettre en cause, dans le délai qu'il fixe, les tiers dont la présence lui paraît nécessaire à la solution du litige.

Art 164.4 (Loi n° 2001 - 022 du 09 avril 2003) - Les décisions prises en application des articles 164 à 164.2 ci-dessus sont des mesures d'administration judiciaire.

Art 165. (Loi n° 2001 - 022 du 09 avril 2003) - Le juge de la mise en état décide des jonctions et disjonctions d'instance.

Art 166. (Loi n° 2001 - 022 du 09 avril 2003) - Le juge de la mise en état peut, même d'office, entendre les parties.

L'audition des parties a lieu contradictoirement à moins que l'une d'elles, dûment convoquée, ne se présente pas.

Art 166.1 (Loi n° 2001 - 022 du 09 avril 2003) - Le juge de la mise en état peut constater la conciliation, même partielle, des parties conformément aux dispositions des articles 154 à 158.

Art 167. (Loi n° 2001 - 022 du 09 avril 2003) - Le juge de la mise en état constate l'extinction de l'instance.

Art 167.1 (Loi n° 2001 - 022 du 09 avril 2003) - Le juge de la mise en état exerce tous les pouvoirs nécessaires à la communication, à l'obtention et à la production des pièces.

Il peut assortir sa décision d'une astreinte.

Art 168. (Loi n° 2001 - 022 du 09 avril 2003) - Le juge de la mise en état a compétence exclusive pour :

1° statuer sur les exceptions tendant à suspendre l'instance ;

2° statuer sur les nullités pour vice de forme ;

3° allouer une provision pour assumer les charges du procès ;

4° accorder toute ou partie de la somme à titre provisionnel au créancier lorsque l'existence de l'obligation n'est pas sérieusement contestable ; le juge de la mise en état peut subordonner l'exécution de sa décision à la constitution d'une garantie dans les conditions prévues aux articles 192 à 193.1 ;

5° ordonner toutes autres mesures provisoires, à l'exception des saisies-arrêts, des saisies conservatoires et des hypothèques et nantissements provisoires ;

6° modifier ou compléter, en cas de survenance d'un fait nouveau, les mesures qui auraient déjà été ordonnées ;

7° ordonner, même d'office, toute mesure d'instruction. En ce cas, le juge peut fixer la date de l'audience de mise en état à laquelle l'affaire sera de nouveau appelée.

Art 168.1 (Loi n° 2001 - 022 du 09 avril 2003) - Le juge de la mise en état peut statuer sur les dépens.

Art 169. (Loi n° 2001 - 022 du 09 avril 2003) - Les mesures prises par le juge de la mise en état font l'objet d'une simple mention au dossier ; avis en est donné aux parties ou à leurs défenseurs.

Toutefois, dans les cas prévus aux articles 165 à 168.1, le juge de la mise en état statue par ordonnance motivée, sous réserve des règles particulières aux mesures d'instruction.

Art 169.1 (Loi n° 2001 - 022 du 09 avril 2003) - L'ordonnance est rendue immédiatement, s'il y a lieu, les parties ou leurs défenseurs entendus ou appelés.

Les parties ou leurs avocats ou autres représentants sont convoqués par le juge à son audience de mise en état.

Une partie peut, le cas échéant, inviter par notification entre avocats, l'autre à se présenter devant le juge aux jour, heure et lieu fixés par celui-ci.

Art 169.2 (Loi n° 2001 - 022 du 09 avril 2003) - Les ordonnances du juge de la mise en état n'ont pas, au principal, l'autorité de la chose jugée.

Art 169.3 (Loi n° 2001 - 022 du 09 avril 2003) - Les ordonnances du juge de la mise en état ne peuvent être frappées d'opposition, d'appel ou de pourvoi en cassation qu'avec le jugement sur le fond.

Toutefois, elles sont immédiatement susceptibles d'appel dans les cas et conditions prévus en matière d'expertise ou de sursis à statuer.

Elles sont aussi immédiatement susceptibles d'appel ou d'opposition, dans les quinze jours à compter de leur notification :

1° lorsqu'elles ont pour effet de mettre fin à l'instance ou lorsqu'elles constatent son extinction ;

2° lorsqu'elles ont trait aux mesures provisoires ordonnées en matière de divorce ; 3°

lorsqu'elles ont trait aux provisions visées au 4° de l'article 168.

Art 169.4 (Loi n° 2001 - 022 du 09 avril 2003) - Le juge de la mise en état contrôle l'exécution des mesures d'instruction qu'il ordonne.

Art 169.5 (Loi n° 2001 - 022 du 09 avril 2003) - Dès l'exécution de la mesure d'instruction ordonnée, l'instance poursuit son cours à la diligence du juge de la mise en état.

Art 170. (Loi n° 2001 - 022 du 09 avril 2003) - Le juge de la mise en état, lorsqu'il estime l'instruction terminée, rend une ordonnance de clôture par laquelle il renvoie l'affaire à l'audience pour être jugée au fond à la date qu'il fixe.

Art 170.1 (Loi n° 2001 - 022 du 09 avril 2003) - Le juge de la mise en état demeure saisi jusqu'à l'ouverture des débats.

Art 170.2 (Loi n° 2001 - 022 du 09 avril 2003) - Si l'une des parties n'a pas accompli les actes de la procédure dans le délai imparti, le renvoi à l'audience et la clôture de l'instruction peuvent être décidés par le juge, d'office ou à la demande d'une autre partie ; en ce dernier cas, le juge motive son refus éventuel par ordonnance non susceptible de recours.

Art 170.3 (Loi n° 2001 - 022 du 09 avril 2003) - Si les parties s'abstiennent d'accomplir les actes de la procédure dans les délais impartis, le juge de la mise en état peut, d'office, après avis donné aux parties ou à leurs avocats ou autres représentants, prendre une ordonnance de radiation motivée non susceptible de recours.

Copie de cette ordonnance peut être adressée à chacune des parties par lettre simple adressée à leur domicile réel ou à leur résidence.

Art 171. (Loi n° 2001 - 022 du 09 avril 2003) - L'ordonnance de clôture n'est pas motivée. Elle n'est

susceptible d'aucun recours.

Copie de cette ordonnance est adressée par lettre simple aux parties ou délivrée aux défenseurs.

Art 171.1 (Loi n° 2001 - 022 du 09 avril 2003) - Après l'ordonnance de clôture, aucune conclusion ni nouvelle demande ne peut être déposée, aucun moyen nouveau soulevé ni aucune pièce produite aux débats à peine d'irrecevabilité prononcée d'office.

Sont cependant recevables :

1° les demandes en intervention volontaire ;

2° les demandes relatives aux loyers, arrérages, intérêts et autres accessoires échus ;

3° les demandes relatives aux débours faits jusqu'à l'ouverture des débats, si leur décompte ne peut être l'objet d'aucune contestation sérieuse ;

4° les demandes de révocation de l'ordonnance de clôture ;

5° les demandes tendant à la reprise de l'instance en l'état où celle-ci se trouvait au moment de son interruption.

Art 171.2 (Loi n° 2001 - 022 du 09 avril 2003) - L'ordonnance de clôture ne peut être révoquée que s'il se révèle une cause grave depuis qu'elle a été rendue ; la comparution d'une partie postérieurement à la clôture ne constitue pas, en soi, une cause de révocation.

Si une demande en intervention volontaire est formée après la clôture de l'instruction, l'ordonnance de clôture n'est révoquée que si le tribunal ne peut immédiatement statuer sur le tout.

Le jugement de révocation de l'ordonnance de clôture, rendu d'office ou à la demande des parties, doit être motivé.

Art 171.3 (Loi n° 2001 - 022 du 09 avril 2003) - Les mesures d'instruction ordonnées par le tribunal sont exécutées, selon le cas, par le juge de la mise en état ou sous son contrôle.

Dès l'accomplissement des mesures d'instruction ainsi ordonnées et si aucune date de renvoi n'a été fixée, le juge auquel l'affaire a été distribuée la renvoie à l'audience pour être immédiatement jugée ou devant le juge de la mise en état pour qu'il achève l'instruction.

Si une date de renvoi a été fixée, l'affaire est immédiatement jugée à l'audience ou renvoyée à la mise en état.

§ 3. - Des conclusions et des mémoires

Art 172. (Loi n° 2001 - 022 du 09 avril 2003) - Les parties ou leurs mandataires ne peuvent prendre connaissance des pièces de l'affaire qu'au greffe de la juridiction.

Toutefois, le juge de la mise en état peut exceptionnellement autoriser le déplacement de pièces pendant un délai qu'il détermine et sur la demande des seuls avocats chargés d'assister les parties.

Le récépissé des pièces ainsi communiquées est signé de l'avocat et porte son engagement de les rendre dans le délai fixé.

Art 173. (Loi n° 2001 - 022 du 09 avril 2003) - Les mémoires en défense, les répliques et tous autres mémoires et conclusions sont établis par les parties en trois exemplaires au moins ou davantage et, dans ce cas, en autant d'exemplaires qu'il y a de parties en cause ayant des intérêts distincts.

Art 174. (Loi n° 2001 - 022 du 09 avril 2003) - Les parties peuvent se communiquer directement avant l'audience de mise en état tous mémoires en défense, répliques et conclusions.

Elles peuvent aussi les déposer au greffe ou sur le bureau du juge de la mise en état où leurs adversaires peuvent en prendre communication.

Le greffier appose un timbre à date sur les pièces lors de leur dépôt.

La communication ou le dépôt doit toujours être effectuée dans les délais impartis par le juge de la mise en état.

Art 175. - (Abrogé par la loi n° 2001 - 022 du 09 avril 2003)

Art 175. (Loi n° 2001 - 022 du 09 avril 2003) - Au jour fixé pour l'audience, le demandeur qui a introduit l'affaire par voie de requête est tenu de conclure verbalement ou par écrit si l'affaire est complexe.

Art 175.1 (Loi n° 2001 - 022 du 09 avril 2003) - Si le défenseur fait valoir ses moyens de défense sur le champ et que les parties conviennent que l'affaire est en état d'être jugée, le tribunal doit retenir l'affaire.

Art 175.2 (Loi n° 2001 - 022 du 09 avril 2003) - Si le défendeur comparaît et que l'affaire n'est pas en état de recevoir jugement, le Président ordonne son renvoi à une audience de mise en état.

Art 175.3 (Loi n° 2001 - 022 du 09 avril 2003) - Si le défendeur a régulièrement été convoqué ou assigné et ne comparaît pas, le Président procède comme il est dit à l'article 184.

Si le certificat de remise ou l'accusé de réception de la convocation n'ont pas été retournés à la date de l'appel de la cause et que le défendeur ne comparaît pas, le Président ordonne une nouvelle convocation ou l'assignation du défendeur. Il peut en outre informer l'intéressé, par lettre simple des conséquences de son abstention.

Au rappel de la cause au jour nouveau fixé, si le défendeur ne comparaît pas, le tribunal doit statuer comme il est dit à l'article 184.

SECTION II

Du jugement

§ 1. - Des formes du jugement

Art 176. - Avant les plaidoiries, les parties peuvent présenter, soit par elles-mêmes, soit par leurs avocats ou fondés de pouvoir, des observations orales à l'appui de leurs observations écrites.

Art 177. - Après la clôture des débats, le ministère public ayant été entendu s'il y a lieu, le président du tribunal rend la décision sur-le-champ, ou met l'affaire en délibéré, après avoir indiqué aux parties la date à laquelle la décision sera rendue.

Art 178. - La durée du délibéré ne pourra excéder un mois, sauf circonstances exceptionnelles dont il sera rendu compte au président du tribunal de première instance dont ils relèvent par les magistrats des sections, des tribunaux de district ou de poste, ou au premier président par les magistrats des tribunaux de première instance.

Le délibéré a lieu hors la présence des parties.

Art 179. - Les jugements des tribunaux de première instance, de section, de sous-préfecture et d'arrondissement sont rendus par un juge unique.

Art 180. - Ils mentionnent les noms et demeures des parties, de leurs avocats ou mandataires, le visa des pièces produites et, le cas échéant, des procès-verbaux des mesures d'instruction auxquelles il a été procédé, ainsi que le visa des principales dispositions législatives dont il est fait application et le nom du magistrat qui a rendu la décision.

Ils contiennent mention de l'audition des parties ou de leurs représentants, et, éventuellement, visa des citations, des certificats de convocations, des notifications ou communications faites aux parties.

Ils sont motivés ; mention y est faite qu'ils ont été rendus en audience publique, et, le cas échéant, que le ministère public a été entendu ou a déposé des conclusions.

Art 181. - La minute du jugement est signée par le président et le greffier et déposée au greffe dans les huit jours du prononcé.

Si, par suite de décès ou pour toute autre cause grave, l'un des deux signataires de la minute est mis dans l'impossibilité de le faire, mention est faite de la circonstance au bas du jugement.

Art 182. - Le greffier transcrit à l'audience, sur un plumitif coté et paraphé par le juge, le dispositif du jugement au moment même où il est prononcé. Il prend également note sur son plumitif des incidents qui pourraient se produire au cours de l'audience.

Art 183. - Les jugements sont rédigés en minute et conservés au greffe du tribunal.

§ 2. - Nullité, interprétation et rectification des jugements

Art 183.1 (Loi n° 2001 - 022 du 09 avril 2003) - L'omission ou l'inexactitude d'une mention destinée à établir la régularité du jugement ne peut entraîner la nullité de celui-ci s'il est établi par les pièces de la procédure, par le plumitif ou par tout autre moyen que les prescriptions légales ont été, en fait, observées.

Art 183.2 (Loi n° 2001 - 022 du 09 avril 2003) - La nullité d'un jugement ne peut être demandée que par les voies de recours prévues par la loi.

Art 183.3 (Loi n° 2001 - 022 du 09 avril 2003) - Il appartient à tout juge d'interpréter sa décision si elle n'est pas frappée d'appel.

La demande en interprétation est formée par simple requête de l'une des parties ou par requête commune. Le juge se prononce, les parties entendues ou appelées.

Art 183.4 (Loi n° 2001 - 022 du 09 avril 2003) - Les erreurs et omissions purement matérielles qui affectent un jugement, même passé en force de chose jugée, peuvent toujours être réparées par la juridiction qui l'a rendu ou par celle à laquelle il est déféré, selon ce que le dossier révèle ou, à défaut, ce que la raison commande.

Le juge est saisi par simple requête de l'une des parties, ou par requête commune ; il peut aussi se saisir d'office.

Le juge statue après avoir entendu les parties ou celles-ci appelées ou après avoir recueilli leurs observations.

La décision rectificative est mentionnée sur la minute et sur les expéditions du jugement. Elle est notifiée ou signifiée comme le jugement.

Si la décision rectifiée est passée en force de chose jugée, la décision rectificative ne peut être attaquée que par la voie du recours en cassation.

Art 183.5 (Loi n° 2001 - 022 du 09 avril 2003) - La juridiction qui a omis de statuer sur un chef de demande peut également compléter son jugement sans porter atteinte à la chose jugée quant aux autres chefs, sauf à rétablir, s'il y a lieu, le véritable exposé des prétentions respectives des parties et de leurs moyens.

La demande doit être présentée un an au plus tard après que la décision est passée en force de chose jugée ou, en cas de pourvoi en cassation de ce chef, à compter de l'arrêt d'irrecevabilité.

Le juge est saisi par simple requête de l'une des parties, ou par requête commune.

Le juge statue après avoir entendu les parties ou celles-ci appelées ou après avoir recueilli leurs observations.

La décision est mentionnée sur la minute et sur les expéditions du jugement. Elle est notifiée ou signifiée comme le jugement et donne ouverture aux mêmes voies de recours que celui-ci.

Art 183.6 (Loi n° 2001 - 022 du 09 avril 2003) - Les dispositions de l'article précédent sont applicables si le juge s'est prononcé sur des choses non demandées ou s'il a été accordé plus qu'il n'a été demandé.

Art 183.7 (Loi n° 2001 - 022 du 09 avril 2003) - Lorsque le jugement peut être rectifié en vertu des articles 183.5 et 183.6, le pourvoi en cassation n'est ouvert, dans les cas prévus par ces articles, qu'à l'encontre du jugement statuant sur la rectification.

§ 3. - De la nature des jugements
A. Des jugements sur le fond

Art 183.8 (Loi n° 2001 - 022 du 09 avril 2003) - Le jugement qui tranche dans son dispositif toute ou partie du principal, ou celui qui statue sur une exception de procédure, une fin de non-recevoir ou tout autre incident a, dès son prononcé, l'autorité de la chose jugée relativement à la contestation qu'il tranche.

L'autorité de la chose jugée est régie par les articles 301 à 313 de la Loi sur la Théorie Générale des Obligations.

Le principal s'entend de l'objet du litige tel qu'il est déterminé par l'article 4.

Art 183.9 (Loi n° 2001 - 022 du 09 avril 2003) - Le jugement, dès son prononcé, dessaisit le juge de la contestation qu'il tranche.

Toutefois, le juge a le pouvoir de rétracter sa décision en cas d'opposition, de tierce opposition ou de requête civile.

Il peut également l'interpréter ou la rectifier sous les distinctions établies aux articles 183.3 à 183.6.

B. Des jugements avant dire droit

Art 183.10 (Loi n° 2001 - 022 du 09 avril 2003) - Le jugement qui se borne, dans son dispositif, à ordonner une mesure d'instruction ou une mesure provisoire n'a pas, au principal, l'autorité de la chose jugée.

Art 183.11 (Loi n° 2001 - 022 du 09 avril 2003) - Le jugement avant dire droit ne dessaisit pas le juge.

§ 2.- Des jugements rendus en la présence et hors la présence des parties

Art 184. (Loi n° 2001 - 022 du 09 avril 2003) - Si, au jour fixé pour l'audience, le défendeur bien que touché personnellement par la convocation ou assigné à personne ne comparaît pas et ne justifie d'aucun motif légitime de non comparution, le tribunal statue à son égard par un jugement réputé contradictoire. Il en est de même lorsque le défendeur a fait connaître son intention d'être jugé sur pièces.

Le juge ne fait droit à la demande que dans la mesure où il l'estime régulière, recevable et bien fondée.

Si, au contraire, il n'a pas été touché personnellement par la convocation ni assigné à personne, il est statué à son égard par défaut, à moins que la décision ne soit susceptible d'appel, auquel cas il est également statué à son égard par un jugement réputé contradictoire.

Art 185. (Loi n° 2001 - 022 du 09 avril 2003) - En cas de pluralité de défendeurs, si l'un d'eux ou plusieurs ou tous ne comparaissent pas, alors qu'ils ont été dûment convoqués ou assignés à personne, le tribunal statue à l'égard de tous par un jugement réputé contradictoire. Il en est de même, lorsque, le défendeur a fait connaître son intention d'être jugé sur pièces.

Si, au contraire, tous les défendeurs sont défaillants, il est statué à l'égard de tous par défaut à moins que le jugement ne soit susceptible d'appel, auquel cas, il est statué à l'égard de tous par jugement réputé contradictoire.

Art 186. - Si, parmi les défendeurs défaillants, quelques-uns seuls ont été convoqués ou assignés à personne, ceux d'entre eux qui ne l'ont pas été seront, soit réassignés, soit convoqués par le soin du greffier à jour nouveau, fixé par, le tribunal; avertissement leur étant donné dans la réassignation comme dans la convocation que le jugement à intervenir contre eux aura les effets d'un jugement contradictoire.

Art 187. - Au rappel de la cause au jour nouveau fixé, il sera statué par un seul jugement contradictoire entre toutes les parties qu'elles soient ou non présentes ou représentées.

Art 188. - La réassignation par huissier commis sera faite par ordonnance du président.

Art 189. - Si, au jour auquel la cause est appelée pour la première fois, le demandeur, bien que dûment convoqué ou assigné à personne ne comparait pas et ne justifie d'aucun motif légitime de non comparution, le tribunal a la faculté d'ordonner la radiation de l'affaire par simple inscription au plumitif d'audience à moins que le demandeur n'ait déclaré vouloir être jugé sur pièces.

Toutefois, si le défendeur requiert jugement et si le tribunal estime disposer des éléments d'appréciation suffisants, il statue sur le fond par un jugement réputé contradictoire à l'égard du demandeur.

Art 189.1 (Loi n° 2001 - 022 du 09 avril 2003) - Sauf pour les décisions exécutoires de plein droit, l'exécution provisoire ne peut être poursuivie si elle n'a pas été ordonnée.

Sont notamment exécutoires de plein droit à titre provisoire :

1° les ordonnances de référé ;

2° les ordonnances sur requête ;

3° les décisions qui prescrivent des mesures provisoires pour le cours de l'instance ;

4° les décisions qui ont un caractère alimentaire ;

5° les décisions qui ordonnent des mesures conservatoires ;

6° les ordonnances du juge de la mise en état qui accordent une provision au créancier.

§ 3.- De l'exécution provisoire

Art 190. (Loi n° 2001 - 022 du 09 avril 2003) - Hors les cas où elle est de droit, l'exécution provisoire ne peut être ordonnée que si toutes les conditions suivantes sont réunies :

1° qu'il y ait urgence ;

2° que le juge l'estime compatible avec la nature de l'affaire ;

3° qu'elle ne soit pas interdite par la loi.

L'urgence doit être motivée par des circonstances de fait articulées dans la décision.

L'exécution provisoire est ordonnée à la demande des parties. Elle peut aussi l'être d'office à titre exceptionnel.

Elle peut être ordonnée pour toute ou partie de la condamnation.

L'exécution provisoire ne peut être ordonnée pour les dépens.

Art 191. (Loi n° 2001 - 022 du 09 avril 2003) - L'exécution provisoire ne peut être ordonnée que par la décision qu'elle est destinée à rendre exécutoire, sous réserve des articles 196 et 196.1.

Art 192. (Loi n° 2001 - 022 du 09 avril 2003) - L'exécution provisoire peut être subordonnée à la constitution d'une garantie, réelle ou personnelle, suffisante pour répondre de toutes restitutions ou réparations.

Art 192.1. (Loi n° 2001 - 022 du 09 avril 2003) - La nature, l'étendue et les modalités de la garantie sont précisées dans la décision qui prescrit la constitution.

Art 192.2. (Loi n° 2001 - 022 du 09 avril 2003) - Lorsque la garantie consiste en une somme d'argent, celle-ci est déposée à la Caisse des Dépôts et Consignations.

Art 193. .(Loi n° 2001 - 022 du 09 avril 2003) - La partie condamnée peut éviter que l'exécution provisoire soit poursuivie en consignant, sur autorisation du juge, les espèces ou les valeurs suffisantes pour garantir, en principal, intérêts et frais, le montant de la condamnation.

Toutefois, cette possibilité est exclue lorsque la condamnation a un caractère alimentaire ou que la somme a été allouée à titre de réparation d'un dommage corporel, de rente indemnitaire ou de provision.

En cas de condamnation au versement d'un capital en réparation d'un dommage corporel, le juge peut aussi ordonner que le débiteur versera périodiquement à la victime la part du capital que le juge détermine.

Art 193.1. (Loi n° 2001 - 022 du 09 avril 2003) - Le juge peut, à tout moment, autoriser la substitution d'une garantie équivalente à la garantie primitive.

Art 194. (Loi n° 2001 - 022 du 09 avril 2003) - Les demandes relatives à l'application des articles 192 à 193 1 ne peuvent être portées, en cas d'appel, que devant le Premier Président ou dans les cas prévus aux articles 196 et 196-1 devant le magistrat de la mise en état dès lors qu'il est saisi.

Art 195. (Loi n° 2001 - 022 du 09 avril 2003) – Lorsque l'exécution provisoire a été ordonnée, sa suspension ne peut être demandée qu'après appel ou opposition contre le jugement l'ordonnant.

Art 195.1 (Loi n° 2001 - 022 du 09 avril 2003) - La demande est portée, en cas d'appel, devant le Premier Président ou en cas d'opposition, devant le juge qui a rendu la décision.

Art 195.2 (Loi n° 2001 - 022 du 09 avril 2003) - Le Premier Président est saisi par assignation remise au greffe de la Cour, accompagnée d'une expédition du jugement et d'un certificat d'appel.

En cas d'opposition, l'assignation est remise au greffe du tribunal, accompagnée d'une expédition du jugement et d'un certificat d'opposition.

Il est statué comme en matière de référé.

Art 195.3 (Loi n° 2001 - 022 du 09 avril 2003) - L'exécution provisoire est suspendue à compter de l'assignation.

Art 195.4 (Loi n° 2001 - 022 du 09 avril 2003) - L'arrêt de l'exécution provisoire ne peut être ordonné que dans les cas suivants :

1° si elle est interdite par la loi ;

2° si elle risque d'entraîner des conséquences manifestement excessives ; dans ce dernier cas, le Premier Président ou le juge peut aussi prendre les mesures prévues aux articles 192 à 193.1.

Art 195.5 (Loi n° 2001 - 022 du 09 avril 2003) - L'exécution provisoire de droit doit être arrêtée en cas d'erreur grossière de droit, de violation grave des droits de la défense, d'absence totale de motivation ou d'excès de pouvoir manifeste.

Les mesures prévues au troisième alinéa de l'article 193 et à l'article 193.1 peuvent toujours être prises.

La procédure est celle prévue aux articles 194 à 195.2.

Art 196. (Loi n° 2001 - 022 du 09 avril 2003) - Lorsque l'exécution provisoire a été refusée, elle ne peut être demandée, en cas d'appel, qu'au Premier Président statuant en référé ou dès lors qu'il est saisi, au magistrat chargé de la mise en état et à condition qu'il y ait urgence.

En cas d'opposition, elle est demandée au juge saisi qui statue comme juge de la mise en état.

Art 196.1 (Loi n° 2001 - 022 du 09 avril 2003) - Lorsque l'exécution provisoire n'a pas été demandée ou si, l'ayant été, le juge a omis de statuer, elle ne peut être demandée, en cas d'appel, qu'au Premier Président statuant en référé ou dès lors qu'il est saisi, au magistrat chargé de la mise en état et à condition qu'il y ait urgence.

En cas d'opposition, elle est demandée au juge saisi qui statue comme juge de la mise en état.

Art 196.2 (Loi n° 2001 - 022 du 09 avril 2003) - Les dispositions du présent paragraphe sont applicables devant toutes les juridictions de l'ordre judiciaire y compris lorsqu'il s'agit d'une juridiction répressive statuant sur les intérêts civils.

Art 196.3 (Loi n° 2001 - 022 du 09 avril 2003) - Lorsque l'exécution provisoire est de droit ou a été ordonnée, la minute de la décision doit être établie dans les trois jours de son prononcé.

§ 4.- Des dépens

Art 197. - Toute partie qui succombe, qu'il s'agisse d'un particulier ou d'une administration publique, est condamnée aux dépens.

Les dépens peuvent, en raison des circonstances de l'affaire, être compensés en tout ou en partie ou additionnés et mis pour une quote-part à la charge de chaque partie.

En cas de désistement, les dépens sont mis à la charge de la partie qui se désiste, sauf convention contraire entre les parties.

Art 198. - Le montant des dépens liquidés est mentionné dans le jugement qui statue sur le litige, à moins qu'il n'ait pu être procédé à la liquidation avant que le jugement ait été rendu.

La liquidation des dépens est faite par ordonnance du président qui demeure annexée aux pièces de la procédure.

Art 199. - Si les dépens comprennent les vacations et frais d'un expert ou d'un interprète, une expédition de l'ordonnance de taxe, visée pour exécution par le président, est remise à l'expert ou à l'interprète.

Le montant de la somme restant due après versement d'avances est indiqué, s'il y a lieu, sur l'expédition de l'ordonnance.

Pour le paiement de ladite somme, toutes les parties sont débitrices solidaires à l'égard de l'expert ou de l'interprète.

Toutefois, et par exception à la règle de solidarité, les parties non condamnées ne pourront être poursuivies qu'en cas d'insolvabilité de la partie condamnée.

Art 200. - L'expert et l'interprète peuvent dans les trois jours à dater de la notification de l'ordonnance de taxe, faire opposition à la taxe devant le président du tribunal.

L'ordonnance rendue sur cette opposition est susceptible d'appel dans les formes ordinaires.

Art 201. - Si le témoin requiert taxe, il est procédé comme il est dit à l'alinéa 1er de l'article 199.

Art 202. - Si le jugement sur le fond est par défaut, les parties peuvent faire opposition pour contester la seule liquidation des dépens. Il est statué dans les formes ordinaires de l'opposition.

Si le jugement sur le fond est à charge d'appel, les parties ne peuvent contester la liquidation des dépens que par la voie de l'appel. Elles peuvent limiter leur appel à ce chef de demande.

§5. - De la force exécutoire des jugements

Art 203 à 214. - (Abrogés par la loi 66-022 du 19-12-66).

(Voir Deuxième Partie - Livre premier - Des règles générales pour l'exécution des jugements et des actes **Art** 465 et suivants).

(Voir aussi Troisième Partie - Titre Premier : De la délivrance des copies et expéditions d'actes ou de jugements).

TITRE II
DES PROCEDURES EXCEPTIONNELLES

CHAPITRE PREMIER
DE LA PROCEDURE DEVANT LA CHAMBRE DU CONSEIL

Art 215. - La Chambre du conseil est constituée dans chaque tribunal de première instance, de sous-préfecture et d'arrondissement ou section de tribunal par le ou les magistrats du siège jugeant en audience non publique.

Art 216. - La Chambre du conseil statue :

1° En matière gracieuse, sur toutes les demandes ne comportant aucun adversaire et ne pouvant donner lieu à aucune contestation de la part des tiers, et, en outre, sur celles dans lesquelles, les parties n'étant pas en désaccord, sont tenues par leurs qualités ou par la nature de l'affaire d'obtenir une décision du tribunal ;

2° En matière contentieuse, dans tous les cas prévus par la loi et, en outre, si la demande tend à la nomination d'un mandataire de justice, justifiée par les éléments de la cause, en vue de la conservation des biens d'un incapable ou encore des biens constituant le gage d'un créancier ou d'une collectivité de créanciers.

Art 217. (Loi n° 2001 - 022 du 09 avril 2003) - En matière gracieuse, la demande est présentée par voie de requête au Président de la juridiction.

Un tiers peut être autorisé par le juge à consulter le dossier de l'affaire et à s'en faire délivrer copie, à ses frais, s'il justifie d'un intérêt légitime.

Art 218. - La communication au ministère public n'est pas obligatoire quand la juridiction saisie est une section du tribunal, un tribunal de sous-préfecture ou un tribunal d'arrondissement.

Art 219. - En matière contentieuse, le demandeur saisit la Chambre du conseil suivant les formes prescrites au chapitre I du titre premier du présent livre. (Articles 115 à 153).

Les débats ont lieu en Chambre du conseil ; le jugement est rendu en audience publique.

Art 220. - Les jugements rendus en vertu des dispositions du présent chapitre en matière gracieuse comme en matière contentieuse sont susceptibles de voies de recours conformément aux dispositions du droit commun.

Art 221. - L'appel est porté devant la Chambre de la juridiction d'appel qui instruit et statue suivant les règles prescrites par les articles 217, 218 et 219 ci-dessus.

Art 222. - Les jugements et arrêts rendus par la Chambre du conseil, même en juridiction gracieuse, sont exécutoires contre les tiers dans les conditions prévues à l'article 209 du présent Code.

CHAPITRE II
DE LA JURIDICTION DU PRESIDENT DU TRIBUNAL

SECTION PREMIERE
Des référés

Art 223. - Dans tous les cas d'urgence ou lorsqu'il s'agit de statuer provisoirement sur les difficultés relatives à l'exécution d'un titre exécutoire ou d'un jugement, l'affaire est portée devant le président du tribunal ou le juge qui le remplace, statuant comme juge des référés.

Art 223.1 (Loi n° 2001 - 022 du 09 avril 2003) - Dans les cas où l'existence de la créance n'est pas sérieusement contestable, le juge des référés peut, à titre provisionnel, accorder toute ou partie de la somme au créancier.

Art 224. - Les jours et heures des audiences des référés sont indiqués à l'avance par le président du tribunal.

En dehors des jours et heures indiqués pour les référés, la demande peut, s'il y a extrême urgence, être présentée au juge des référés, soit au siège du tribunal, même avant l'inscription sur le registre tenu au greffe du tribunal, soit à son domicile.

Le juge fixe immédiatement les jour et heure auxquels il sera statué.

Il peut statuer même les dimanches et jours fériés.

Art 225. - La demande peut être portée devant le juge des référés par assignation ou par requête.

Art 226. - Le référé sur procès-verbal à la diligence de l'officier public ou sur simple dire d'une partie au cours d'une procédure d'exécution et, généralement, de toute opération judiciaire, est introduit de la même manière. Dans ce cas, il peut être porté sur l'heure devant le juge des référés sans sa permission.

Art 227. - Les ordonnances sur référés n'ont qu'un caractère provisoire et ne préjugent pas ce qui sera décidé au fond.

Art 228. - Les ordonnances sur référés sont exécutoires, sans caution s'il n'en a été autrement ordonné par le juge.

Dans le cas où la loi autorise l'appel, cet appel doit être formé dans les huit jours de la notification ou de la signification de l'ordonnance.

L'appel est jugé d'urgence.

Art 229. - Dans les cas d'absolue nécessité, le juge peut prescrire l'exécution de son ordonnance sur minute.

Art 230. - Le juge des référés peut statuer sur les dépens.

Art 231. - Les ordonnances de référés sont déposées au greffe.

SECTION II

Des ordonnances sur requête

Art 232. - Le président du tribunal, peut, dans les cas prévus par la loi, statuer par ordonnance rendue sur requête, après communication, s'il y a lieu, au procureur de la République.

Art 233. - Il le peut également dans tous les cas qui présentent un caractère d'urgence exceptionnelle, à la condition, s'il s'agit d'une mesure contentieuse, de réserver aux parties absentes, la faculté de lui en référer, en cas de difficultés.

Art 234. - L'ordonnance sur requête n'a qu'un caractère provisoire et ne préjuge pas ce qui sera décidé au fond.

Art 235. - Sauf disposition contraire de la loi, la partie à qui l'ordonnance fera grief, peut demander sa rétractation ou sa réformation par la voie de l'opposition ou de l'appel (Loi 66 022 du 19 12 66).

Ces recours sont exercés dans les huit jours de la notification ou de la signification de l'ordonnance.

CHAPITRE III

DE LA PROCEDURE DEVANT LES TRIBUNAUX DE COMMERCE OU LES JURIDICTIONS EN TENANT LIEU

Art 236. - Toutes les dispositions du présent Code se rapportant à la procédure devant les tribunaux sont également applicables à la procédure devant les juridictions mixtes de commerce ou devant les juridictions en tenant lieu en tant qu'elles ne sont pas contraires aux dispositions ci-dessous.

Art 236.1 (Loi n° 2001 - 022 du 09 avril 2003) - L'instance est introduite par voie d'assignation lorsque la demande dépasse en principal le montant fixé par arrêté du Ministre de la Justice.

Art 237. - Dans les cas qui requièrent célérité, le président du tribunal de commerce ou le juge qui le remplace peut abréger les délais de citation et permettre de citer, même dans le jour et à l'heure indiqués.

Il peut recevoir la demande avant l'inscription sur le registre tenu au greffe. **Art** 238. -

(Abrogé par la loi 66-022 du 19-12-66).

Art 239. - Le président du tribunal de commerce ou le juge qui le remplace peut être saisi par la voie du référé, dans tous les cas d'urgence, à la condition qu'ils entrent dans la compétence du tribunal de commerce.

Les articles 223 à 231 sont applicables aux référés en matière commerciale.

Art 240. - Dans les affaires maritimes où il existe des parties non domiciliées et dans celles où il s'agit d'agrès, victuailles, équipages et radoubs, de vaisseaux prêts à partir, et autres matières urgentes et provisoires, l'assignation de jour à jour et d'heure à heure peut être donnée sans ordonnance et le défaut peut être jugé sur-le-champ. Les assignations données à bord à la personne assignée sont valables.

Art 241. - Si une pièce produite est méconnue, déniée ou arguée de faux et que la partie persiste à s'en servir, le tribunal renvoie devant la Chambre civile du tribunal de première instance ou de section qui doit en connaître, et il est sursis au jugement de la demande principale.

Néanmoins, si la pièce n'est relative qu'à un des chefs de la demande, il peut être passé outre au jugement des autres chefs.

CHAPITRE IV

DU RECOUVREMENT DE PETITES CREANCES COMMERCIALES ET CIVILES

SECTION PREMIERE

Du recouvrement de certaines créances commerciales

Art 242. (Loi n° 2001 - 022 du 09 avril 2003) - Toute demande en payement d'une somme d'argent peut être soumise à la procédure d'injonction de payer réglée au présent chapitre :

1° en matière commerciale :

a) lorsque la demande a une cause contractuelle et ne dépasse pas le montant fixé par arrêté du Ministre de la Justice ;

b) lorsque l'engagement résulte d'une lettre de change acceptée, d'un warrant, d'un billet à ordre ou d'un chèque ;

2° en matière civile :

c) lorsque la demande a une cause contractuelle et ne dépasse pas le montant fixé par arrêté du Ministre de la Justice ;

d) lorsque l'engagement résulte d'un billet à ordre ou d'un chèque.

Art 243. (Loi n° 2001 - 022 du 09 avril 2003) - Le demandeur dépose au greffe du tribunal, en personne ou par mandataire ou adresse au Président du tribunal par lettre recommandée avec demande d'avis de réception une requête contenant l'indication précise du montant de la somme réclamée et de sa cause ainsi que :

1° pour les personnes physiques, les noms, prénoms, professions et domiciles des parties ;

2° pour les personnes morales, leur forme, dénomination sociale, siège social et l'organe qui les représente légalement.

A l'appui de la requête, il est joint tous documents de nature à justifier de l'existence et du montant de la créance et à en établir le bien fondé, notamment, tous écrits émanant du débiteur et visant la reconnaissance de la dette ou un engagement de payer.

Art 244. (Loi n° 2001 - 022 du 09 avril 2003) - Le Président du tribunal, par une simple mention au bas de la requête, autorise la signification d'une ordonnance d'injonction de payer si la créance lui paraît justifiée ; dans le cas contraire, il rejette la requête sans voie de recours possible pour le créancier, sauf à celui-ci à procéder selon les voies du droit commun.

La requête qui est revêtue de l'injonction de payer reste, jusqu'à l'apposition de la formule exécutoire prévue par les articles 247 et 248, à titre de minute entre les mains du greffier qui peut en délivrer un extrait sous forme de certificat mentionnant les noms, prénoms, professions et domiciles des créanciers et débiteurs, la date de l'injonction de payer, le montant et la cause de la dette, le numéro de l'inscription au registre prévu à l'article 251 et, le cas échéant, la mention de l'enregistrement de l'original.

Art 245. - Aucune injonction de payer n'est accordée si le débiteur n'a pas de domicile ou de résidence connus à Madagascar ou si elle doit être signifiée à l'étranger.

Art 246. (Loi n° 2001 - 022 du 09 avril 2003) - Avis de l'injonction de payer accordée par le Président est notifié à chacun des débiteurs par lettre recommandée avec demande d'avis de réception. En l'absence d'avis de réception constatant la délivrance à chaque destinataire, elle est notifiée par voie d'huissier.

La notification contient l'extrait prévu à l'article 244 alinéa 2, avec sommation à chaque débiteur d'avoir, dans le délai d'un mois et sous peine d'y être contraint par toutes les voies de droit, à satisfaire à la demande du créancier avec ses accessoires, en intérêts et frais dont le montant est précisé.

Elle doit, à peine de nullité, reproduire le texte de l'article 247 alinéa 1 et de l'article 248.

A peine de nullité, la notification contient en outre avertissement à chaque débiteur que, s'il a des moyens de défense tant sur la compétence que sur le fond à faire valoir, il doit dans le mois suivant la réception de la lettre ou de la notification, formuler un contredit à l'injonction de payer, sinon celle-ci est rendue exécutoire.

Art 247. (Loi n° 2001 - 022 du 09 avril 2003) – Le contredit se fait par une simple lettre remise au greffier du tribunal saisi de l'injonction.

Le contredit doit, à peine d'irrecevabilité, contenir les moyens de défense tant sur la compétence que sur le fond. Le greffier doit délivrer récépissé, sous réserve de consignation préalable des frais par le contredisant.

Aussitôt, le greffier convoque par lettre recommandée avec demande d'avis de réception, les parties, y compris les débiteurs non contredisants, à comparaître devant le tribunal à la première audience en observant, entre l'envoi de la convocation et le jour de l'audience, un délai de :

- huit jours lorsque les parties sont domiciliées dans la sous-préfecture ou dans les sous-préfectures limitrophes ;

- quinze jours lorsqu'elles sont domiciliées dans les autres sous-préfectures de Madagascar ; - un mois

lorsqu'elles sont domiciliées hors de Madagascar.

Le tribunal saisi d'un contredit statue, même d'office, après avoir constaté le retour de l'avis de réception, par un jugement qui a les effets d'un jugement contradictoire.

En cas de rejet pur et simple du contredit ou de désistement, l'ordonnance qui est revêtue de la formule exécutoire par le greffier sortira son plein et entier effet.

Art 248. (Loi n° 2001 - 022 du 09 avril 2003) - S'il n'a pas été formé de contredit dans le délai prescrit, l'injonction de payer est, sur la réquisition du créancier, visée sur l'original de la requête par le Président du tribunal et revêtue par le greffier de la formule exécutoire. Ladite réquisition se fait par simple lettre.

L'injonction de payer produit alors tous les effets d'un jugement contradictoire. Elle n'est susceptible ni d'opposition ni d'appel, même si elle accorde des délais de paiement.

Art 249. - Toute ordonnance contenant injonction de payer, non frappée de contredit et non visée pour exécutoire dans les six mois de sa date, est périmée et ne produit aucun effet.

Art 250. (Loi n° 2001 - 022 du 09 avril 2003) - La procédure d'injonction de payer est de la compétence exclusive du tribunal du domicile d'un ou des débiteurs, nonobstant toute clause attributive de juridiction.

L'incompétence de tout autre tribunal peut être soulevée en tout état de cause et peut être soulevée d'office par le Président.

Art 251. (Loi n° 2001 - 022 du 09 avril 2003) - Mention est faite sur le plumitif d'audience des requêtes présentées en vertu de l'article 243 ci-dessus.

Cette mention comprend :

1° les noms, prénoms, professions et domiciles des créanciers et débiteurs ;

2° la date de l'injonction de payer ou celle de refus de l'accorder ;

3° le montant et la cause de la dette ;

4° la date de la délivrance de l'exécutoire ;

5° la date du contredit s'il en est formé ;

6° la date de la convocation des parties ;

7° la date du jugement.

Art 251.1 (Loi n° 2001 - 022 du 09 avril 2003) - Les certificats dont la délivrance est nécessitée par l'exécution du présent chapitre sont dispensés de timbre et d'enregistrement.

La signification par huissier est dispensée de timbre et enregistrée gratis ; elle porte mention expresse du présent article.

Les ordonnances portant condamnation à paiement sont enregistrées à un droit fixe, à l'exclusion de tout autre droit.

SECTION II

Du recouvrement de petites créances civiles

Art 252 à 262- (Abrogés par la loi n° 2001 - 022 du 09 avril 2003)

CHAPITRE V

DE LA PROCEDURE DEVANT LES TRIBUNAUX DU TRAVAIL

Art 263. - La procédure suivie devant les tribunaux du travail est fixée par une loi particulière.

CHAPITRE VI
DES DISPOSITIONS COMMUNES

Art 264. - Tous actes et procès-verbaux du ministère du juge, qu'il s'agisse de jugements ou d'ordonnances, seront faits au lieu où siège la juridiction.

Le juge y sera toujours assisté du greffier qui gardera les minutes et délivrera expéditions.

En cas d'urgence, le juge pourra répondre en sa demeure même sans l'assistance du greffier aux requêtes qui lui seront présentées ; le tout, sauf l'exécution des dispositions portées à la section I du chapitre II.

TITRE III
DE L'ADMINISTRATION JUDICIAIRE DE LA PREUVE

CHAPITRE PREMIER
DES INCIDENTS RELATIFS A LA PREUVE

Art 265. - (Loi n° 2001 - 022 du 09 avril 2003) - Le tribunal peut, soit sur la demande des parties, soit d'office, ordonner par un jugement avant dire droit une ou plusieurs mesures destinées à forger sa conviction, à lui démontrer le bien ou le mal fondé des prétentions respectives des parties.

CHAPITRE PREMIER
DES PIECES

SECTION PREMIERE

De la communication des pièces entre les parties

Art 266. (Loi n° 2001 - 022 du 09 avril 2003) - La partie qui fait état d'une pièce s'oblige à la communiquer à toute autre partie à l'instance.

La communication des pièces doit être spontanée.

En cause d'appel, une nouvelle communication des pièces déjà versées aux débats de première instance n'est pas exigée. Toute partie peut néanmoins la demander.

Art 266.1 (Loi n° 2001 - 022 du 09 avril 2003) - La partie qui ne restitue pas les pièces communiquées peut y être contrainte, éventuellement sous astreinte, par le conseiller de la mise en état.

SECTION II

De l'obtention des pièces détenues par un tiers

Art 266.2 (Loi n° 2001 - 022 du 09 avril 2003) - Si, dans le cours d'une instance, une partie entend faire état d'un acte authentique ou sous seing privé auquel elle n'a pas été partie ou d'une pièce détenue par un tiers, elle peut demander au juge saisi de l'affaire d'ordonner la délivrance d'une expédition ou la production de l'acte ou de la pièce.

Art 266.3 (Loi n° 2001 - 022 du 09 avril 2003) - La demande est faite sans forme.

Le juge, s'il estime cette demande fondée, ordonne la délivrance ou la production de l'acte ou de la pièce, en original, en copie ou en extrait selon le cas, dans les conditions et sous les garanties qu'il fixe, au besoin à peine d'astreinte.

Art 266.4 (Loi n° 2001 - 022 du 09 avril 2003) - La décision du juge est exécutoire à titre provisoire, sur minute s'il y a lieu.

Art 266.5 (Loi n° 2001 - 022 du 09 avril 2003) - En cas de difficulté ou s'il est invoqué quelque empêchement légitime, le juge qui a ordonné la délivrance ou la production peut, sur la demande sans forme qui lui en serait faite, rétracter ou modifier sa décision.

Le tiers peut interjeter appel de la nouvelle décision dans les quinze jours de son prononcé.

SECTION III

De la production des pièces détenues par une partie

Art 266.6 (Loi n° 2001 - 022 du 09 avril 2003) - Les demandes de production des éléments de preuve détenus par les parties sont faites et leur production a lieu conformément aux dispositions des articles 266.2 et 266.3.

CHAPITRE II

DES MESURES D'INSTRUCTION

SOUS-CHAPITRE I

Dispositions générales

SECTION I

Des décisions ordonnant les mesures d'instruction

Art 267. (Loi n° 2001 - 022 du 09 avril 2003) - Les faits dont dépend la solution du litige peuvent, à la demande des parties ou d'office, être l'objet de toute mesure d'instruction légalement admissible.

Art 267.1 (Loi n° 2001 - 022 du 09 avril 2003) - Les mesures d'instruction peuvent être ordonnées en tout état de cause dès lors que le juge ne dispose pas d'éléments suffisants pour statuer.

Art 267.2 (Loi n° 2001 - 022 du 09 avril 2003) - S'il existe un motif légitime de conserver ou d'établir avant tout procès la preuve de faits dont pourrait dépendre la solution d'un litige, les mesures d'instruction légalement admissibles peuvent être ordonnées à la demande de tout intéressé, sur requête ou en référé.

Art 267.3 (Loi n° 2001 - 022 du 09 avril 2003) - Une mesure d'instruction ne peut être ordonnée sur un fait que si la partie qui l'allègue ne dispose pas d'éléments suffisants pour le prouver.

En aucun cas, la mesure d'instruction ne peut être ordonnée en vue de suppléer la carence de la partie dans l'administration de la preuve.

Le juge doit limiter le choix de la mesure à ce qui est suffisant pour la solution du litige, en s'attachant à retenir ce qui est le plus simple et le moins onéreux.

Art 267.4 (Loi n° 2001 - 022 du 09 avril 2003) - Le juge peut conjuguer plusieurs mesures d'instruction.

Il peut, à tout moment et même en cours d'exécution, décider de joindre toute autre mesure nécessaire à celles qui ont déjà été ordonnées.

Art 267.5 (Loi n° 2001 - 022 du 09 avril 2003) - Le juge peut, à tout moment accroître ou restreindre l'étendue des mesures prescrites.

Art 267.6 (Loi n° 2001 - 022 du 09 avril 2003) - La décision qui ordonne ou modifie une mesure d'instruction n'est pas susceptible d'opposition ; elle ne peut être frappée d'appel ou de pourvoi en cassation indépendamment du jugement sur le fond que dans les cas spécifiés par la loi.

Il en est de même de la décision qui refuse d'ordonner ou de modifier une mesure.

Art 267.7 (Loi n° 2001 - 022 du 09 avril 2003) - Lorsqu'elle ne peut être l'objet de recours indépendamment du jugement sur le fond, la mesure peut revêtir la forme d'une simple mention au dossier ou au plumitif d'audience.

Art 267.8 (Loi n° 2001 - 022 du 09 avril 2003) - La décision qui, en cours d'instance, se borne à ordonner ou à modifier une mesure d'instruction n'est pas notifiée. Il en est de même de la décision qui refuse d'ordonner ou de modifier la mesure.

Le greffier adresse copie de la décision par simple lettre aux parties défaillantes ou absentes lors du prononcé de la décision.

Art 267.9 (Loi n° 2001 - 022 du 09 avril 2003) - La décision qui ordonne une mesure d'instruction ne dessaisit pas le juge.

Art 267.10 (Loi n° 2001 - 022 du 09 avril 2003) - Les mesures d'instruction sont mises à exécution, à l'initiative du juge ou de l'une des parties, selon les règles propres à chaque matière, au vu d'un extrait ou d'une copie certifiée conforme du jugement ou de la mention.

SECTION II

De l'exécution des mesures d'instruction

Art 268. (Loi n° 2001 - 022 du 09 avril 2003) - La mesure d'instruction est exécutée sous le contrôle du juge qui l'a ordonnée, lorsqu'il n'y procède pas lui-même.

Lorsque la mesure est ordonnée par une juridiction statuant en formation collégiale, le contrôle est exercé par le juge qui était chargé de l'instruction ; à défaut, il l'est par le Président s'il n'a été confié à l'un des juges de cette formation.

Art 268.1 (Loi n° 2001 - 022 du 09 avril 2003) - Le juge peut se déplacer hors de son ressort pour procéder à une mesure d'instruction ou pour en contrôler l'exécution.

Art 268.2 (Loi n° 2001 - 022 du 09 avril 2003) - Lorsque l'éloignement des parties ou des personnes qui doivent apporter leur concours à la mesure ou l'éloignement des lieux, rend le déplacement trop difficile ou onéreux, le juge peut charger une autre juridiction de degré égal ou inférieur de procéder à toute ou partie des opérations ordonnées.

La décision est transmise avec tous documents utiles par le greffe de la juridiction commettante à la juridiction commise. Dès réception, il est procédé aux opérations prescrites à l'initiative de la juridiction commise ou du juge que le Président de cette juridiction désigne à cet effet.

Les parties ou les personnes qui doivent apporter leur concours à l'exécution de la mesure d'instruction sont directement convoquées ou avisées par la juridiction commise.

Sitôt, les opérations accomplies, le greffe de la juridiction qui y a procédé transmet à la juridiction commettante les procès-verbaux accompagnés des pièces et objets annexés ou déposés.

Art 268.3 (Loi n° 2001 - 022 du 09 avril 2003) - Si plusieurs mesures d'instruction ont été ordonnées, il est procédé simultanément à leur exécution chaque fois qu'il est possible.

Art 268.4 (Loi n° 2001 - 022 du 09 avril 2003) - La mesure d'instruction ordonnée peut être exécutée sur-le-champ.

Art 268.5 (Loi n° 2001 - 022 du 09 avril 2003) - Les parties et les tiers qui doivent apporter leur concours aux mesures d'instruction sont convoqués, selon le cas, par le greffier du juge qui y procède ou par le technicien commis. La convocation est faite par lettre recommandée avec demande d'avis de réception. Les parties peuvent également être convoquées par remise à leur défenseur d'un simple billet de convocation.

Les parties et les tiers peuvent aussi être convoqués verbalement s'ils sont présents lors de la fixation de la date d'exécution de la mesure.

Les défenseurs des parties sont avisés par simple lettre s'ils ne l'ont pas été verbalement ou par billet de convocation.

Les parties défaillantes sont avisées par simple lettre.

Art 268.6 (Loi n° 2001 - 022 du 09 avril 2003) - Les parties peuvent se faire assister lors de l'exécution d'une mesure d'instruction.

Elles peuvent se dispenser de s'y rendre si la mesure n'implique pas leur audition personnelle.

Art 268.7 (Loi n° 2001 - 022 du 09 avril 2003) - Celui qui représente ou assiste une partie devant la juridiction qui a ordonné la mesure peut, même en l'absence de la partie :

- en suivre l'exécution, quel qu'en soit le lieu ;

- formuler des observations ;

- présenter toutes les demandes relatives à cette exécution.

Art 268.8 (Loi n° 2001 - 022 du 09 avril 2003) - Le ministère public peut toujours être présent lors de l'exécution des mesures d'instruction, même s'il n'est pas partie principale.

Art 268.9 (Loi n° 2001 - 022 du 09 avril 2003) - Les mesures d'instruction exécutées devant la juridiction le sont en audience publique ou en chambre du conseil selon les règles applicables aux débats sur le fond.

Art 268.10 (Loi n° 2001 - 022 du 09 avril 2003) - Le juge peut, pour procéder à une mesure d'instruction ou assister à son exécution, se déplacer sans être assisté de son greffier.

Art 268.11 (Loi n° 2001 - 022 du 09 avril 2003) - Le juge chargé de procéder à une mesure d'instruction ou d'en contrôler l'exécution peut ordonner telle autre mesure d'instruction que rendrait opportune l'exécution de celle qui a déjà été ordonnée.

Art 268.12 (Loi n° 2001 - 022 du 09 avril 2003) - Les difficultés auxquelles, se heurterait l'exécution d'une mesure d'instruction sont réglées, à la demande des parties, à l'initiative du technicien commis ou d'office, soit par le juge qui y procède, soit par le juge chargé du contrôle de son exécution.

Art 268.13 (Loi n° 2001 - 022 du 09 avril 2003) - Le juge se prononce sur le champ si la difficulté survient au cours d'une opération à laquelle il procède ou assiste.

Dans les autres cas, le juge saisi sans forme fixe la date pour laquelle les parties et, s'il y a lieu, le technicien commis, seront convoqués par le greffe.

Art 268.14 (Loi n° 2001 - 022 du 09 avril 2003) - En cas d'intervention d'un tiers à l'instance, le greffe en avise aussitôt le juge ou le technicien chargé d'exécuter la mesure d'instruction.

L'intervenant est mis en demeure de présenter ses observations sur les opérations auxquelles il a déjà été procédé.

Art 268.15 (Loi n° 2001 - 022 du 09 avril 2003) - Les décisions relatives à l'exécution d'une mesure d'instruction ne sont pas susceptibles d'opposition.

Elles ne peuvent être frappées d'appel ou de pourvoi en cassation qu'en même temps que le jugement sur le fond.

Elles revêtent la forme, soit, d'une simple mention au dossier ou au plumitif d'audience, soit, en cas de nécessité, d'une ordonnance ou d'un jugement.

Art 268.16 (Loi n° 2001 - 022 du 09 avril 2003) - Les décisions prises par le juge commis ou par le juge chargé du contrôle n'ont pas au principal l'autorité de la chose jugée.

Art 268.17 (Loi n° 2001 - 022 du 09 avril 2003) - Dès que la mesure d'instruction est exécutée, l'instance se poursuit à la diligence du juge. L'affaire est appelée à l'audience lorsque sa date aura été fixée par la décision qui l'ordonne.

Le juge peut, dans les limites de sa compétence, entendre immédiatement les parties en leurs observations ou explicitations, même sur les lieux et statuer aussitôt sur leurs prétentions.

Art 268.18 (Loi n° 2001 - 022 du 09 avril 2003) - Les procès verbaux, avis ou rapports établis à l'occasion ou à la suite de l'exécution d'une mesure d'instruction sont adressés ou remis en copie à chacune des parties par le greffe de la juridiction qui les a établis ou par le technicien qui les a rédigés. Mention en est faite sur l'original.

Art 268.19 (Loi n° 2001 - 022 du 09 avril 2003) - Le juge peut faire établir un enregistrement sonore, visuel ou audiovisuel de toute ou partie des opérations d'instruction auxquelles il procède.

L'enregistrement est conservé au greffe de la juridiction. Chaque partie peut demander qu'il lui en soit remis, à ses frais, un exemplaire, une copie ou une transcription.

SECTION III

Des nullités

Art 269. (Loi n° 2001 - 022 du 09 avril 2003) - La nullité des décisions et actes d'exécution relatifs aux mesures d'instruction est soumise aux règles qui régissent la nullité des actes de procédure.

Art 269.1 (Loi n° 2001 - 022 du 09 avril 2003) - La nullité ne frappe que celles des opérations qu'affecte l'irrégularité.

Art 269.2 (Loi n° 2001 - 022 du 09 avril 2003) - Les opérations peuvent être régularisées ou recommencées, même sur le champ, si le vice qui les entache peut être écarté.

Art 269.3 (Loi n° 2001 - 022 du 09 avril 2003) - L'omission ou l'inexactitude d'une mention destinée à établir la régularité d'une opération ne peut entraîner la nullité de celle-ci s'il est établi, par tout moyen, que les prescriptions légales ont été, en fait, observées.

SOUS-CHAPITRE II

Des vérifications personnelles du juge

Art 270. (Loi n° 2001 - 022 du 09 avril 2003) - Le juge peut, afin de les vérifier lui-même, prendre en toute matière une connaissance personnelle des faits litigieux, les parties présentes ou appelées.

Il procède aux constatations, évaluations, appréciations ou reconstitutions qu'il estime nécessaires, en se transportant si besoin est, sur les lieux.

Art 270.1 (Loi n° 2001 - 022 du 09 avril 2003) - S'il n'y procède pas immédiatement, le juge fixe les lieu, jour et heure de la vérification ; le cas échéant, il désigne pour y procéder un autre membre de la juridiction.

Art 270.2 (Loi n° 2001 - 022 du 09 avril 2003) - Le juge peut, au cours des opérations de vérification, à l'audience ou en tout autre lieu, se faire assister d'un technicien, entendre les parties elles-mêmes et toute personne dont l'audition paraît nécessaire à la manifestation de la vérité.

Art 270.3 (Loi n° 2001 - 022 du 09 avril 2003) - Il est dressé procès-verbal des constatations, évaluations, appréciations, reconstitutions ou déclarations.

La rédaction du procès-verbal peut toutefois être suppléée par une mention dans le jugement si l'affaire est immédiatement jugée en dernier ressort.

Art 270.4 (Loi n° 2001 - 022 du 09 avril 2003) - Le juge qui exécute une autre mesure d'instruction peut procéder aux vérifications personnelles que rendrait opportune l'exécution de cette mesure.

SOUS-CHAPITRE III

De la comparution personnelle des parties

Art 271. (Loi n° 2001 - 022 du 09 avril 2003) - Le juge peut, en toute matière, faire comparaître personnellement les parties ou l'une d'elles.

Art 271.1 (Loi n° 2001 - 022 du 09 avril 2003) - La comparution personnelle ne peut être ordonnée que par la juridiction saisie ou par le magistrat chargé de l'instruction de l'affaire.

Art 271.2 (Loi n° 2001 - 022 du 09 avril 2003) - Lorsque la comparution personnelle est ordonnée par une formation collégiale, celle-ci peut décider qu'elle aura lieu devant l'un de ses membres.

Lorsqu'elle est ordonnée par le juge chargé de l'instruction, celui-ci peut y procéder lui-même ou décider que la comparution aura lieu devant la juridiction de jugement.

Art 271.3 (Loi n° 2001 - 022 du 09 avril 2003) - Le juge, en l'ordonnant, fixe les lieu, jour et heure de la comparution personnelle, à moins qu'il n'y soit procédé sur-le-champ.

Art 271.4 (Loi n° 2001 - 022 du 09 avril 2003) - La comparution personnelle peut toujours avoir lieu en chambre du conseil.

Art 271.5 (Loi n° 2001 - 022 du 09 avril 2003) - Les parties sont interrogées en présence l'une de l'autre, à moins que les circonstances n'exigent qu'elles le soient séparément. Elles doivent être confrontées si l'une des parties le demande.

Lorsque la comparution d'une seule des parties a été ordonnée, cette partie est interrogée en présence de l'autre à moins que les circonstances n'exigent qu'elle le soit immédiatement ou hors de sa présence. La partie absente, a le droit d'avoir immédiatement connaissance des déclarations de la partie entendue.

L'absence d'une partie n'empêche pas d'entendre l'autre.

Art 271.6 (Loi n° 2001 - 022 du 09 avril 2003) - Les parties peuvent être interrogées en présence d'un technicien et confrontées avec les témoins.

Art 271.7 (Loi n° 2001 - 022 du 09 avril 2003) - Les parties répondent en personne aux questions qui leur sont posées sans pouvoir lire aucun projet.

Art 271.8 (Loi n° 2001 - 022 du 09 avril 2003) - La comparution personnelle a lieu en présence des défenseurs de toutes les parties ou ceux-ci appelés.

Art 271.9 (Loi n° 2001 - 022 du 09 avril 2003) - Le juge pose, s'il l'estime nécessaire, les questions que les parties lui soumettent après l'interrogatoire.

Art 271.10 (Loi n° 2001 - 022 du 09 avril 2003) - Il est dressé procès-verbal des déclarations des parties, de leur absence ou de leur refus de répondre.

La rédaction du procès-verbal peut toutefois être suppléée par une mention dans le jugement si l'affaire est immédiatement jugée en dernier ressort.

Art 271.11 (Loi n° 2001 - 022 du 09 avril 2003) - Les parties interrogées signent le procès-verbal, après lecture ou le certifient conforme à leurs déclarations auquel cas, mention en est faite au procès-verbal. Le cas échéant, il y est indiqué que les parties refusent de le signer ou de le certifier conforme.

Le procès-verbal est en outre daté et signé par le juge et, s'il y a lieu, par le greffier.

Art 271.12 (Loi n° 2001 - 022 du 09 avril 2003) - Si l'une des parties est dans l'impossibilité de se présenter, le juge qui a ordonné la comparution ou le juge commis par la juridiction de jugement à laquelle il appartient peut se présenter auprès d'elle après avoir convoqué la partie adverse.

Art 271.13 (Loi n° 2001 - 022 du 09 avril 2003) - Le juge peut faire comparaître les incapables sous réserve des règles relatives à la capacité des personnes et à l'administration de la preuve, ainsi que leurs représentants légaux ou ceux qui les assistent.

Il peut faire comparaître les personnes morales, y compris les collectivités publiques et les établissements publics, en la personne de leurs représentants qualifiés.

Il peut, en outre, faire comparaître tout membre ou agent d'une personne morale pour être interrogé tant sur les faits qui lui sont personnels que sur ceux qu'il a connus en raison de sa qualité.

Art 271.14 (Loi n° 2001 - 022 du 09 avril 2003) - Le juge peut tirer toute conséquence de droit des déclarations des parties, de l'absence ou de refus de répondre de l'une d'elles et en faire état comme équivalant à un commencement de preuve par écrit.

SOUS-CHAPITRE IV

Des déclarations des tiers

Art 272. (Loi n° 2001 - 022 du 09 avril 2003) - Lorsque la preuve testimoniale est admissible, le juge peut recevoir des tiers les déclarations de nature à l'éclairer sur les faits litigieux dont ils ont personnellement connaissance.

Ces déclarations sont faites par attestations ou recueillies par voie d'enquête selon qu'elles soient écrites ou orales.

SECTION I

Des attestations

Art 273. (Loi n° 2001 - 022 du 09 avril 2003) - Les attestations sont produites par les parties ou à la demande du juge.

Le juge indique aux parties qu'elles peuvent prendre connaissance au greffe de celles qui lui sont directement adressées.

Art 273.1 (Loi n° 2001 - 022 du 09 avril 2003) - Les attestations doivent être établies par des personnes qui remplissent les conditions requises pour être entendues comme témoins.

Art 273.2 (Loi n° 2001 - 022 du 09 avril 2003) - L'attestation contient la relation des faits auxquels son auteur a assisté ou qu'il a personnellement constatés.

Elle mentionne :

- les nom, prénoms, date et lieu de naissance, demeure et profession de son auteur ;

- s'il y a lieu, son lien de parenté ou d'alliance avec les parties, de subordination à leur égard, de collaboration ou de communauté d'intérêts avec elles.

Elle indique en outre qu'elle est établie en vue de sa production en justice et que son auteur a connaissance qu'une fausse attestation de sa part l'expose à des sanctions pénales.

L'attestation est écrite, datée et signée de la main de son auteur. Celui-ci doit lui annexer, en original ou en photocopie, tout document officiel justifiant de son identité et comportant sa signature.

Art 273.3 (Loi n° 2001 - 022 du 09 avril 2003) - Le juge peut toujours procéder par voie d'enquête à l'audition de l'auteur d'une attestation.

SECTION II

De l'enquête

Sous-section I

Dispositions générales

Art 274. (Loi n° 2001 - 022 du 09 avril 2003) - Lorsque l'enquête est ordonnée, la preuve contraire peut être rapportée par témoins sans nouvelle décision.

Art 274.1 (Loi n° 2001 - 022 du 09 avril 2003) - Chacun peut être entendu comme témoin, à l'exception des personnes qui sont frappés d'une incapacité de témoigner en justice.

Les personnes qui ne peuvent témoigner peuvent, cependant, être entendues dans les mêmes conditions, mais sans prestations de serment. Toutefois, sauf décision contraire du juge, les descendants ne peuvent pas être entendus sur les griefs invoqués par les époux à l'appui d'une demande en divorce.

Art 274.2 (Loi n° 2001 - 022 du 09 avril 2003) - Est tenu de déposer quiconque en est légalement requis.

Peuvent être dispensées de déposer, les personnes qui justifient d'un motif légitime.

Peuvent s'y refuser, les parents ou alliés en ligne directe de l'une des parties ou son conjoint, même divorcé.

Art 274.3 (Loi n° 2001 - 022 du 09 avril 2003) - Les témoins défaillants peuvent être cités à leurs frais si leur audition est jugée nécessaire.

Les témoins défaillants et ceux qui, sans motif légitime, refusent de déposer ou de prêter serment peuvent être condamnés à une amende civile de 100 000 à 1 000 000 Fmg.

Celui qui justifie n'avoir pas pu se présenter au jour fixé pourra être déchargé de l'amende et des frais de citation.

Art 274.4 (Loi n° 2001 - 022 du 09 avril 2003) - Le juge entend les témoins en leur déposition séparément et dans l'ordre qu'il détermine.

Les témoins sont entendus en présence des parties ou celles-ci appelées. Par exception, le juge peut, si les circonstances l'exigent, inviter une partie à se retirer sous réserve du droit pour celle-ci d'avoir immédiatement connaissance des déclarations des témoins entendus hors de sa présence.

Le juge peut, s'il y a risque de dépérissement de la preuve, procéder sans délai à l'audition d'un témoin après avoir, si possible, appelé les parties.

Art 274.5 (Loi n° 2001 - 022 du 09 avril 2003) - L'enquête a lieu en présence des défenseurs de toutes les parties ou ceux-ci appelés.

Art 274.6 (Loi n° 2001 - 022 du 09 avril 2003) - Les témoins déclarent : - leurs nom,

prénoms, date et lieu de naissance, demeure et profession ;

- s'il y a lieu, leur lien de parenté ou d'alliance avec l'une des parties, de subordination à leur égard, de collaboration ou de communauté d'intérêts avec elles.

Art 274.7 (Loi n° 2001 - 022 du 09 avril 2003) - Les personnes qui sont entendues en qualité de témoins prêtent serment de dire la vérité. Le juge leur rappelle qu'elles encourent des peines d'amende et d'emprisonnement en cas de faux témoignage.

Les personnes qui sont entendues sans prestation de serment sont informées de leur obligation de dire la vérité.

Art 274.8 (Loi n° 2001 - 022 du 09 avril 2003) - Les témoins ne peuvent lire aucun projet.

Art 274.9 (Loi n° 2001 - 022 du 09 avril 2003) - Le juge peut entendre ou interroger les témoins sur tous les faits dont la preuve est admise par la loi, alors même que ces faits ne seraient pas indiqués dans la décision prescrivant l'enquête.

Art 274.10 (Loi n° 2001 - 022 du 09 avril 2003) - Les parties ne doivent, ni interrompre, ni interpeller, ni chercher à influencer les témoins qui déposent, ni s'adresser directement à eux, à peine d'exclusion.

Le juge pose, s'il l'estime nécessaire, les questions que les parties lui soumettent après l'interrogation des témoins.

Art 274.11 (Loi n° 2001 - 022 du 09 avril 2003) - Le juge peut entendre à nouveau les témoins, les confronter entre eux ou avec les parties ; le cas échéant, il procède à l'audition en présence d'un technicien.

Art 274.12 (Loi n° 2001 - 022 du 09 avril 2003) - A moins qu'il ne leur ait été permis ou enjoint de se retirer après avoir déposé, les témoins restent à la disposition du juge jusqu'à la clôture de l'enquête ou des débats. Ils peuvent, jusqu'à ce moment, apporter des additions ou des changements à leur déposition.

Art 274.13 (Loi n° 2001 - 022 du 09 avril 2003) - Si un témoin justifie qu'il est dans l'impossibilité de se déplacer au jour indiqué, le juge peut lui accorder un délai ou se transporter pour recevoir sa déposition.

Art 274.14 (Loi n° 2001 - 022 du 09 avril 2003) - Le juge qui procède à l'enquête peut, d'office ou à la demande des parties, convoquer ou entendre toute personne dont l'audition paraît utile à la manifestation de la vérité.

Art 274.15 (Loi n° 2001 - 022 du 09 avril 2003) - Les dépositions sont consignées dans un procès-verbal.

Toutefois, si elles sont recueillies au cours des débats, il est seulement fait mention dans le jugement du nom des personnes entendues et du résultat de leurs dépositions lorsque l'affaire doit être immédiatement jugée en dernier ressort.

Art 274.16 (Loi n° 2001 - 022 du 09 avril 2003) - Le procès-verbal doit faire mention de : 1° la présence ou de l'absence des parties ;

2° des noms, prénoms, date et lieu de naissance, demeure et professions des personnes entendues ;

3° s'il y a lieu, du serment prêté par elles et de leurs déclarations relatives à leur lien de parenté ou d'alliance avec les parties, de subordination à leur égard, de collaboration ou de communauté d'intérêts avec elles.

Chaque personne entendue signe le procès-verbal de sa déposition, après lecture. Le cas échéant, il y est indiqué qu'elle ne peut ou refuse de le signer.

Le juge peut consigner dans ce procès-verbal ses constatations relatives au comportement du témoin lors de son audition.

Les observations des parties sont consignées dans le procès-verbal ou lui sont annexées lorsqu'elles sont écrites.

Les documents versés à l'enquête sont également annexés.

Le procès-verbal est daté et signé par le juge et, s'il y a lieu, par le greffier.

Art 274.17 (Loi n° 2001 - 022 du 09 avril 2003) - Le juge autorise le témoin, sur sa demande, à percevoir les indemnités auxquelles il peut prétendre.

Sous-section II

De l'enquête ordinaire

§ 1. - De la détermination des faits à prouver

Art 275. (Loi n° 2001 - 022 du 09 avril 2003) - La partie qui demande une enquête doit préciser les faits dont elle entend rapporter la preuve.

Il appartient au juge qui ordonne l'enquête de déterminer les faits pertinents à prouver.

§ 2. - De la désignation des témoins

Art 276. (Loi n° 2001 - 022 du 09 avril 2003) - Il incombe à la partie qui demande une enquête d'indiquer les nom, prénoms et demeure des personnes dont elle sollicite l'audition.

La même charge incombe aux adversaires qui demandent l'audition de témoins sur les faits dont la partie prétend rapporter la preuve.

La décision qui ordonne l'enquête énonce les nom, prénoms et demeure des personnes à entendre.

Art 276.1 (Loi n° 2001 - 022 du 09 avril 2003) - Si les parties sont dans l'incapacité d'indiquer d'emblée les personnes à entendre, le juge peut néanmoins les autoriser, soit à se présenter sans autre formalité à l'enquête avec les témoins qu'elles désirent faire entendre, soit à faire connaître au greffe de la juridiction, dans le délai qu'il fixe, les nom, prénoms et demeure des personnes dont elles sollicitent l'audition.

Lorsque l'enquête est ordonnée d'office, le juge, s'il ne peut indiquer dans sa décision les noms des témoins à entendre, enjoint aux parties de procéder comme il est indiqué à l'alinéa précédent.

§ 3. - De la détermination du mode et du calendrier de l'enquête

Art 277. (Loi n° 2001 - 022 du 09 avril 2003) - La décision qui ordonne l'enquête précise si elle aura lieu devant la juridiction de jugement, devant un membre de cette formation ou, en cas de nécessité, devant tout autre juge du siège de la juridiction.

Art 277.1 (Loi n° 2001 - 022 du 09 avril 2003) - Lorsque l'enquête a lieu devant le juge qui l'ordonne, la décision indique les jour, heure et lieu où il y sera procédé.

Art 277.2 (Loi n° 2001 - 022 du 09 avril 2003) - En cas de commission d'un autre juge de la même juridiction, la décision qui ordonne l'enquête peut se borner à indiquer le délai dans lequel il y sera procédé.

En cas de commission d'une autre juridiction, la décision précise le délai dans lequel il devra être procédé à l'enquête. Ce délai peut être prorogé par le Président de la juridiction commise qui en informe le juge ayant ordonné l'enquête.

Le juge commis fixe les jour, heure et lieu de l'enquête.

§ 4. - De la convocation des témoins

Art 278. (Loi n° 2001 - 022 du 09 avril 2003) - Les témoins sont convoqués par le greffe de la juridiction huit jours au moins avant la date de l'enquête.

Art 278.1 (Loi n° 2001 - 022 du 09 avril 2003) - Les convocations mentionnent les nom et prénoms des parties et reproduisent les dispositions des deux premiers alinéas de l'article 274.3.

Art 278.2 (Loi n° 2001 - 022 du 09 avril 2003) - Les parties sont avisées de la date de l'enquête verbalement ou par simple lettre.

§ 5. - De l'enquête sur-le-champ

Art 279. (Loi n° 2001 - 022 du 09 avril 2003) - Le juge peut, à l'audience ou en son cabinet, ainsi qu'en tout lieu à l'occasion de l'exécution d'une mesure d'instruction, entendre sur-le-champ les personnes dont l'audition lui paraît nécessaire à la manifestation de la vérité.

SOUS-CHAPITRE V

Des mesures d'instruction exécutées par un technicien.

SECTION I

Dispositions communes

Art 280. (Loi n° 2001 - 022 du 09 avril 2003) - Le juge peut commettre toute personne de son choix pour l'éclairer par des constatations, par une consultation ou par une expertise sur une question de fait qui requiert les lumières d'un technicien.

Art 280.1 (Loi n° 2001 - 022 du 09 avril 2003) - Le technicien, investi de ses pouvoirs par le juge en raison de sa qualification, doit remplir personnellement la mission qui lui est confiée.

Si le technicien désigné est un organisme ou une personne morale, son représentant légal soumet à l'agrément du juge le nom de la ou des personnes physiques qui assureront, en son sein et en son nom, l'exécution de la mesure.

Art 280.2 (Loi n° 2001 - 022 du 09 avril 2003) - Les techniciens peuvent être récusés pour les mêmes causes que les juges.

S'il s'agit d'un organisme ou d'une personne morale, la récusation peut viser tant l'organisme ou la personne morale lui-même que la ou les personnes physiques agréées par le juge.

La partie qui entend récuser le technicien doit le faire devant le juge qui l'a commis ou devant le juge chargé du contrôle, avant le début des opérations ou dès la révélation de la cause de la récusation.

Si le technicien s'estime récusable, il doit immédiatement le déclarer au juge qui l'a commis ou au juge chargé du contrôle.

Art 280.3 (Loi n° 2001 - 022 du 09 avril 2003) - Si la récusation est admise, si le technicien refuse la mission ou s'il existe un empêchement légitime, il est pourvu au remplacement du technicien par le juge qui l'a commis ou par le juge chargé du contrôle.

Le juge peut également, à la demande des parties ou d'office, remplacer le technicien qui manquerait à ses devoirs, après avoir provoqué ses explications.

Art 280.4 (Loi n° 2001 - 022 du 09 avril 2003) - Le juge qui a commis le technicien ou le juge chargé du contrôle peut accroître ou restreindre la mission confiée au technicien.

Art 280.5 (Loi n° 2001 - 022 du 09 avril 2003) - Le technicien commis prête serment par écrit d'accomplir sa mission avec conscience, objectivité et impartialité.

Art 280.6 (Loi n° 2001 - 022 du 09 avril 2003) - Le technicien doit donner son avis sur les points pour l'examen desquels il a été commis.

Il ne peut répondre à d'autres questions, sauf accord écrit des parties.

Il ne doit jamais porter d'appréciations d'ordre juridique.

Art 280.7 (Loi n° 2001 - 022 du 09 avril 2003) - Le technicien doit respecter les délais qui lui sont impartis.

Art 280.8 (Loi n° 2001 - 022 du 09 avril 2003) - Le juge ne peut donner mission au technicien de concilier les parties.

Art 280.9 (Loi n° 2001 - 022 du 09 avril 2003) - Le juge chargé du contrôle peut assister aux opérations du technicien.

Il peut provoquer ses explications et lui impartir des délais.

Art 280.10 (Loi n° 2001 - 022 du 09 avril 2003) - Le technicien peut recueillir des informations orales ou écrites de toutes personnes, après avoir noté :

- leurs nom, prénoms, demeure et profession ;

- s'il y a lieu, leur lien de parenté ou d'alliance avec les parties, de subordination à leur égard, de collaboration ou de communauté d'intérêts avec elles.

Lorsque le technicien commis ou les parties demandent que ces personnes soient entendues par le juge, celui-ci procède à leur audition s'il l'estime utile.

Art 280.11 (Loi n° 2001 - 022 du 09 avril 2003) - Le technicien peut demander communication de tous documents aux parties et aux tiers, sauf au juge à l'ordonner en cas de difficulté.

Art 280.12 (Loi n° 2001 - 022 du 09 avril 2003) - Le technicien doit faire connaître dans son avis, toutes les informations qui apportent un éclaircissement sur les questions à examiner.

Il lui est interdit de révéler les autres informations dont il pourrait avoir connaissance à l'occasion de l'exécution de sa mission.

Il ne peut faire état que des informations légitimement recueillies.

Art 280.13 (Loi n° 2001 - 022 du 09 avril 2003) - Le juge peut toujours inviter le technicien à compléter, préciser ou expliquer, soit par écrit, soit à l'audience, ses constatations ou ses conclusions.

Le technicien peut à tout moment demander au juge de l'entendre.

Le juge ne peut, sans avoir préalablement recueilli les observations du technicien commis, étendre la mission de celui-ci ou confier une mission complémentaire à un autre technicien.

Art 280.14 (Loi n° 2001 - 022 du 09 avril 2003) - Le juge n'est pas lié par les constatations ou les conclusions du technicien.

Art 280.15 (Loi n° 2001 - 022 du 09 avril 2003) - L'avis du technicien dont la divulgation porterait atteinte à l'intimité de la vie privée ou à tout autre intérêt légitime ne peut être utilisé en dehors de l'instance si ce n'est que sur autorisation du juge ou avec le consentement de la partie intéressée.

Art 280.16 (Loi n° 2001 - 022 du 09 avril 2003) - Il est interdit au technicien de recevoir directement d'une partie, sous quelque forme que ce soit, une rémunération même à titre de remboursement de débours, si ce n'est que sur décision du juge.

SECTION II

Des constatations

Art 281. (Loi n° 2001 - 022 du 09 avril 2003) - Le juge peut charger la personne qu'il commet de procéder à des constatations.

Le constatant ne doit porter aucun avis sur les conséquences de fait ou de droit qui peuvent en résulter.

Art 281.1 (Loi n° 2001 - 022 du 09 avril 2003) - Les constatations peuvent être prescrites à tout moment, y compris en conciliation ou au cours du délibéré. Dans ce dernier cas, les parties en sont avisées.

Les constatations sont consignées par écrit à moins que le juge n'en décide la présentation orale.

Art 281.2 (Loi n° 2001 - 022 du 09 avril 2003) - Le juge qui prescrit des constatations, fixe le délai dans lequel le constat sera déposé ou la date de l'audience à laquelle les constatations seront présentées oralement. Il désigne la ou les parties qui seront tenues de verser par provision au constatant une avance sur sa rémunération, dont il fixe le montant.

Art 281.3 (Loi n° 2001 - 022 du 09 avril 2003) - Le constatant est avisé de sa mission par le greffe de la juridiction.

Art 281.4 (Loi n° 2001 - 022 du 09 avril 2003) - Le constat est remis au greffe de la juridiction.

Il est dressé procès-verbal des constatations présentées oralement. La rédaction du procès-verbal peut, toutefois, être suppléée par une mention dans le jugement si l'affaire est immédiatement jugée en dernier ressort.

Sont joints au dossier de l'affaire, les documents à l'appui des constatations.

Art 281.5 (Loi n° 2001 - 022 du 09 avril 2003) - Lorsque les constatations ont été prescrites au cours du délibéré, le juge, à la suite de l'exécution de la mesure, ordonne la réouverture des débats si l'une des parties le demande ou s'il l'estime nécessaire.

Art 281.6 (Loi n° 2001 - 022 du 09 avril 2003) - Le juge fixe, sur justification de l'accomplissement de la mission, la rémunération du constatant.

Il peut lui délivrer un titre exécutoire.

SECTION III

De la consultation

Art 282 (Loi n° 2001 - 022 du 09 avril 2003) - Lorsqu'une question purement technique ne requiert pas d'investigations complexes, le juge peut charger la personne qu'il commet de lui fournir une simple consultation.

Art 282.1 (Loi n° 2001 - 022 du 09 avril 2003) - La consultation peut être prescrite à tout moment, y compris en conciliation ou au cours du délibéré. Dans ce dernier cas, les parties sont avisées.

La consultation est présentée oralement à moins que le juge ne prescrive qu'elle soit consignée par écrit.

Art 282.2 (Loi n° 2001 - 022 du 09 avril 2003) - Le juge qui prescrit une consultation fixe soit la date de l'audience à laquelle elle sera présentée oralement, soit le délai dans lequel elle sera déposée.

Il désigne la ou les parties qui seront tenues de verser par provision au consultant une avance sur sa rémunération.

Art 282.3 (Loi n° 2001 - 022 du 09 avril 2003) - Le consultant est avisé de sa mission par le greffe de la juridiction qui le convoque, s'il y a lieu.

Art 282.4 (Loi n° 2001 - 022 du 09 avril 2003) - Si la consultation est donnée oralement, il en est dressé procès-verbal. La rédaction du procès-verbal peut toutefois être suppléée par une mention dans le jugement si l'affaire est immédiatement jugée en dernier ressort.

Si la consultation est écrite, elle est remise au greffe de la juridiction.

Sont joints au dossier de l'affaire, les documents à l'appui de la consultation.

Art 282.5 (Loi n° 2001 - 022 du 09 avril 2003) - Lorsque la consultation a été prescrite au cours du délibéré, le juge, à la suite de l'exécution de la mesure, ordonne la réouverture des débats si l'une des parties le demande ou s'il l'estime nécessaire.

Art 282-6 (Loi n° 2001 - 022 du 09 avril 2003) - Le juge fixe, sur justification de l'accomplissement de la mission, la rémunération du consultant. Il peut lui délivrer un titre exécutoire.

SECTION IV

De l'expertise

Art 283. (Loi n° 2001 - 022 du 09 avril 2003) - L'expertise n'a lieu d'être ordonnée que dans le cas où des constatations ou une consultation ne pourraient suffire à éclairer le juge.

Sous-section I

De la décision ordonnant l'expertise

Art 284. (Loi n° 2001 - 022 du 09 avril 2003) - Il n'est désigné qu'une seule personne à titre d'expert à moins que le juge n'estime nécessaire d'en nommer plusieurs.

Art 284.1 (Loi n° 2001 - 022 du 09 avril 2003) - La décision qui ordonne l'expertise :

1° expose les circonstances qui rendent nécessaire l'expertise et, s'il y a lieu, la nomination de plusieurs experts ;

2° nomme l'expert ou les experts ;

3° énonce les chefs de la mission de l'expert ;

4° impartit le délai dans lequel l'expert devra donner son avis.

Art 284.2 (Loi n° 2001 - 022 du 09 avril 2003) - La décision peut aussi fixer une date à laquelle l'expert et les parties se présenteront devant le juge qui l'a rendue ou devant le juge chargé du contrôle pour que soit précisé, s'il y a lieu, le calendrier des opérations.

Les documents utiles à l'expertise sont remis à l'expert lors de cette conférence.

Art 284.3 (Loi n° 2001 - 022 du 09 avril 2003) - Dès le prononcé de la décision nommant l'expert, le greffe lui en notifie copie par simple lettre.

L'expert fait connaître sans délai au juge son acceptation. A moins que le juge ne lui enjoigne de commencer immédiatement ses opérations, il doit commencer les opérations d'expertise dès qu'il est averti que les parties ont consigné la provision mise à leur charge ou le montant de la première échéance dont la consignation a pu être assortie.

Art 284.4 (Loi n° 2001 - 022 du 09 avril 2003) - Les dossiers des parties ou les documents nécessaires à l'expertise sont provisoirement conservés au greffe de la juridiction ; toutefois, le juge peut autoriser les parties qui les ont remis d'en retirer certains éléments ou de s'en faire délivrer copie.

Dès son acceptation, l'expert peut, contre émargement ou récépissé, retirer ou se faire adresser par le greffe de la juridiction les dossiers ou les documents des parties.

Art 284.5 (Loi n° 2001 - 022 du 09 avril 2003) - Le juge qui ordonne l'expertise ou celui chargé du contrôle fixe, lors de la nomination de l'expert ou dès qu'il est en mesure de le faire, le montant d'une provision à valoir sur la rémunération de l'expert ; ce montant est aussi proche que possible de la rémunération définitive prévisible.

Le juge désigne la ou les parties qui devront consigner la provision au greffe de la juridiction dans le délai qu'il détermine ; si plusieurs parties sont désignées, il indique dans quelle proportion chacune d'elles devra consigner. Il aménage, s'il y a lieu, les échéances dont la consignation peut être assortie.

Art 284.6 (Loi n° 2001 - 022 du 09 avril 2003) - Le greffier invite les parties qui en ont la charge, en leur rappelant les dispositions de l'article 284.7, à consigner la provision au greffe dans le délai et selon les modalités imparties.

Il informe l'expert de la consignation.

Art 284.7 (Loi n° 2001 - 022 du 09 avril 2003) - A défaut de consignation dans le délai et selon les modalités impartis, la désignation de l'expert est caduque à moins que le juge, à la demande d'une des parties se prévalant d'un motif légitime, ne décide une prorogation du délai ou un relevé de la caducité.

L'instance est poursuivie sauf au juge à tirer toute conséquence de l'abstention ou du refus de consigner.

Art 284.8 (Loi n° 2001 - 022 du 09 avril 2003) - La décision ordonnant l'expertise peut être frappée d'appel indépendamment du jugement sur le fond, sur l'autorisation du Premier Président de la Cour d'Appel s'il est justifié d'un motif grave et légitime.

La partie qui veut faire appel saisit le Premier Président qui statue en la forme des référés. L'assignation doit être délivrée dans le mois de la décision.

S'il est fait droit à la demande, le Premier Président fixe le jour où l'affaire sera examinée par la Cour (laquelle est saisie et statue comme en matière de procédure à jour fixe).

Si le jugement ordonnant l'expertise s'est également prononcé sur la compétence, la Cour peut être saisie de la contestation sur la compétence alors même que les parties n'auraient pas formé de contredit.

Sous-section II

Des opérations d'expertise

Art 285. (Loi n° 2001 - 022 du 09 avril 2003) - L'expert doit informer le juge de l'avancement de ses opérations.

Art 285.1 (Loi n° 2001 - 022 du 09 avril 2003) - Lorsque le juge assiste aux opérations d'expertise, il peut consigner dans un procès-verbal ses constatations, les explications de l'expert ainsi que les déclarations des parties et des tiers ; le procès-verbal est signé par le juge.

Art 285.2 (Loi n° 2001 - 022 du 09 avril 2003) - Les parties doivent remettre sans délai à l'expert, tous les documents que celui-ci estime nécessaires à l'accomplissement de sa mission.

En cas de carence des parties, l'expert en informe le juge qui peut ordonner la production des documents, s'il y a lieu sous astreinte, ou bien, le cas échéant, l'autoriser à passer outre ou à déposer son rapport en l'état.

Art 285.3 (Loi n° 2001 - 022 du 09 avril 2003) - L'expert doit prendre en considération les observations des parties et, lorsqu'elles sont écrites, les joindre à son avis si les parties le demandent.

Il doit faire mention, dans son avis, de la suite qu'il leur aura donnée.

Art 285.4 (Loi n° 2001 - 022 du 09 avril 2003) - Lorsque le ministère public est présent aux opérations d'expertise, ses observations sont, à sa demande, relatées dans l'avis de l'expert, ainsi que la suite que celui-ci leur aura donnée.

Art 285.5 (Loi n° 2001 - 022 du 09 avril 2003) - L'expert peut prendre l'initiative de recueillir l'avis d'un autre technicien, mais seulement dans une spécialité distincte de la sienne.

Art 285.6 (Loi n° 2001 - 022 du 09 avril 2003) - Si l'expert se heurte à des difficultés qui font obstacle à l'accomplissement de sa mission ou si une extension de celle-ci s'avère nécessaire, il en fait rapport au juge.

Le juge peut, en se prononçant, proroger le délai dans lequel l'expert doit donner son avis.

Art 285.7 (Loi n° 2001 - 022 du 09 avril 2003) - L'expert qui justifie avoir fait des avances peut être autorisé à prélever un acompte sur la somme consignée.

Si l'expert établit que la provision allouée devient insuffisante, le juge ordonne la consignation d'une provision complémentaire. A défaut de consignation dans le délai et selon les modalités fixées par le juge, et sauf prorogation de ce délai, l'expert dépose son rapport en l'état.

Art 285.8 (Loi n° 2001 - 022 du 09 avril 2003) - Si les parties viennent à se concilier, l'expert constate que sa mission est devenue sans objet, il en fait rapport au juge.

Les parties peuvent demander au juge de donner force exécutoire à l'acte exprimant leur accord.

Sous-section III

De l'avis de l'expert

Art 286. (Loi n° 2001 - 022 du 09 avril 2003) - Si l'avis n'exige pas de développement écrit, le juge peut autoriser l'expert à l'exposer oralement à l'audience; il en est dressé procès-verbal. La rédaction du procès-verbal peut toutefois être suppléée par une mention dans le jugement si l'affaire est immédiatement jugée en dernier ressort.

Dans les autres cas, l'expert doit déposer un rapport au greffe de la juridiction. Il n'est rédigé qu'un seul rapport, même s'il y a plusieurs experts; en cas de divergence, chacun exprime son opinion.

Si l'expert a recueilli l'avis d'un autre technicien dans une spécialité distincte de la sienne, cet avis est joint, selon le cas, au rapport, au procès-verbal d'audience ou au dossier.

Art 286.1 (Loi n° 2001 - 022 du 09 avril 2003) - Si le juge ne trouve pas dans le rapport les éclaircissements suffisants, il peut entendre l'expert, les parties présentes ou appelées.

Art 286.2 (Loi n° 2001 - 022 du 09 avril 2003) - Dès le dépôt du rapport, le juge fixe la rémunération de l'expert et l'autorise à se faire remettre, jusqu'à concurrence due, les sommes consignées au greffe. Il ordonne, s'il y a lieu, le versement de sommes complémentaires dues à l'expert en indiquant la ou les parties qui en ont la charge ou la restitution des sommes consignées en excédent.

Le juge délivre à l'expert, sur sa demande, un titre exécutoire.

Art 286.3 (Loi n° 2001 - 022 du 09 avril 2003) - Si l'expert le demande, une copie du jugement rendu au vu de son avis lui est adressée ou remise par le greffier.

CHAPITRE III

DES CONTESTATIONS RELATIVES A LA PREUVE LITTERALE

Art 287. (Loi n° 2001 - 022 du 09 avril 2003) - La vérification des écritures sous seing privé relève de la compétence du juge saisi du principal lorsqu'elle est demandée incidemment.

Elle relève de la compétence du tribunal de première instance lorsqu'elle est demandée à titre principal.

SECTION I

Des contestations relatives aux actes sous seing privé

Sous-section I

De la vérification d'écriture

§ 1. - De l'incident de vérification

Art 288. (Loi n° 2001 - 022 du 09 avril 2003) - Si l'une des parties dénie l'écriture qui lui est attribuée ou déclare ne pas reconnaître celle qui est attribuée à son auteur, le juge vérifie l'écrit contesté à moins qu'il ne puisse statuer sans en tenir compte.

Si l'écrit contesté n'est relatif qu'à certains chefs de la demande, il peut être statué sur les autres.

Art 289. (Loi n° 2001 - 022 du 09 avril 2003) - Il appartient au juge de procéder à la vérification d'écriture au vu des éléments dont il dispose après avoir, s'il y a lieu, enjoint aux parties de produire tous documents à lui comparer et fait composer, sous sa dictée, des échantillons d'écriture.

Art 290. (Loi n° 2001 - 022 du 09 avril 2003) - S'il ne statue pas sur-le-champ, le juge retient l'écrit à vérifier et les pièces de comparaison ou ordonne leur dépôt au greffe.

Art 291. (Loi n° 2001 - 022 du 09 avril 2003) - Lorsqu'il est utile de comparer l'écrit contesté à des documents détenus par des tiers, le juge peut ordonner, même d'office et à peine d'astreinte, que ces documents soient déposés au greffe de la juridiction en original ou en reproduction.

Il prescrit toutes les mesures nécessaires, notamment celles qui sont relatives à la conservation, la consultation, la reproduction, la restitution ou au rétablissement des documents.

Art 292. (Loi n° 2001 - 022 du 09 avril 2003) - En cas de nécessité, le juge ordonne la comparution personnelle des parties, le cas échéant, en présence d'un consultant ou toute autre mesure d'instruction.

Il peut entendre l'auteur prétendu de l'écrit contesté.

Art 293. (Loi n° 2001 - 022 du 09 avril 2003) - S'il est fait appel à un technicien, celui-ci peut être autorisé par le juge à retirer contre émargement l'écrit contesté et les pièces de comparaison ou les faire adresser par le greffe.

Art 294. (Loi n° 2001 - 022 du 09 avril 2003) - Peuvent être entendus comme témoins, ceux qui ont vu écrire ou signer l'écrit contesté ou dont l'audition paraît utile à la manifestation de la vérité.

Art 295. (Loi n° 2001 - 022 du 09 avril 2003) - Le juge règle les difficultés d'exécution de la vérification d'écriture notamment quant à la détermination des pièces de comparaison.

Sa décision revêt la forme, soit d'une simple mention au dossier ou au plumitif d'audience, soit en cas de nécessité, d'une ordonnance ou d'un jugement.

Art 296 (Loi n° 2001 - 022 du 09 avril 2003) - S'il est jugé que la pièce a été écrite ou signée par la personne qui l'a déniée, celle-ci est condamnée à une amende civile de 500 000 à 5 000 000 Fmg, sans préjudice des dommages intérêts qui seraient réclamés.

§ 2. - De la vérification d'écriture demandée à titre principal

Art 297. (Loi n° 2001 - 022 du 09 avril 2003) - Lorsque la vérification d'écriture est demandée à titre principal, le juge tient l'écrit pour reconnu si le défendeur cité à personne ne comparaît pas.

Art 298. (Loi n° 2001 - 022 du 09 avril 2003) - Si le défendeur reconnaît l'écriture, le juge en donne acte au demandeur.

Art 299. (Loi n° 2001 - 022 du 09 avril 2003) - Si le défendeur dénie ou méconnaît l'écriture, il est procédé comme il est dit aux articles 287 à 296.

Sous-section II

Du faux

§ 1. - De l'incident de faux

Art 300. (Loi n° 2001 - 022 du 09 avril 2003) - Si un écrit sous seing privé produit en cours d'instance est argué de faux, il est procédé à l'examen de l'écrit litigieux, comme il est dit aux articles 287 à 296.

§ 2. - Du faux demandé à titre principal

Art 301. (Loi n° 2001 - 022 du 09 avril 2003) - Si un écrit sous seing privé est argué de faux à titre principal, la demande indique les moyens de faux et fait sommation au défendeur de déclarer s'il entend ou non faire usage de l'acte prétendu faux ou falsifié.

Art 302. (Loi n° 2001 - 022 du 09 avril 2003) - Si le défendeur déclare ne pas vouloir se servir de l'écrit argué de faux, le juge en donne acte au demandeur.

Art 303. (Loi n° 2001 - 022 du 09 avril 2003) - Si le défendeur ne comparaît pas ou déclare vouloir se servir de l'écrit litigieux, il est procédé comme il est dit aux articles 287 à 296.

SECTION II

De l'inscription de faux contre les actes authentiques

Art 304. (Loi n° 2001 - 022 du 09 avril 2003) - L'inscription de faux contre un acte authentique donne lieu à communication au ministère public.

Art 305. (Loi n° 2001 - 022 du 09 avril 2003) - Le juge peut ordonner l'audition de celui qui a dressé l'acte litigieux.

Art 306. (Loi n° 2001 - 022 du 09 avril 2003) - Le demandeur en faux qui succombe est condamné à une amende civile de 500 000 à 5 000 000 Fmg, sans préjudice des dommages intérêts qui seraient réclamés.

Sous-section I

De l'inscription de faux incidente

Art 307. (Loi n° 2001 - 022 du 09 avril 2003) - L'inscription de faux est formée par acte remis au greffe du tribunal de première instance ou de la Cour d'Appel par la partie ou son mandataire muni d'un pouvoir spécial.

L'acte, établi en double exemplaire, doit, à peine d'irrecevabilité, articuler avec précision les moyens que la partie invoque pour établir le faux.

L'un des exemplaires est immédiatement versé au dossier de l'affaire et l'autre, daté et signé par le greffier, est restitué à la partie en vue de la dénonciation de l'inscription au défendeur.

La dénonciation doit être faite par signification à la partie adverse ou notification entre avocats dans le mois de l'inscription.

Art 308. (Loi n° 2001 - 022 du 09 avril 2003) - Le juge se prononce sur le faux à moins qu'il ne puisse statuer sans tenir compte de la pièce arguée de faux.

Si l'acte argué de faux n'est relatif qu'à l'un des chefs de la demande, il peut être statué sur les autres.

Art 309. (Loi n° 2001 - 022 du 09 avril 2003) - Il appartient au juge d'admettre ou de rejeter l'acte litigieux au vu des éléments dont il dispose.

S'il y a lieu, le juge ordonne, sur le faux, toutes mesures d'instruction nécessaires et il est procédé comme en matière de vérification d'écriture.

Art 310 (Loi n° 2001 - 022 du 09 avril 2003) - Le juge statue au vu des moyens articulés par les parties ou de ceux qu'il relèverait d'office.

Art 311. (Loi n° 2001 - 022 du 09 avril 2003) - Le jugement qui déclare le faux est mentionné en marge de l'acte reconnu faux.

Il précise si les minutes des actes authentiques seront rétablies dans le dépôt d'où elles avaient été extraites ou seront conservées au greffe de la juridiction.

Il est sursis à l'exécution de ces prescriptions tant que le jugement n'est pas passé en force de chose jugée ou jusqu'à l'acquiescement de la partie condamnée.

Art 312. (Loi n° 2001 - 022 du 09 avril 2003) - En cas de renonciation ou de transaction sur l'inscription de faux, le ministère public peut requérir toutes les mesures propres à réserver l'exercice de poursuites pénales.

Art 313. (Loi n° 2001 - 022 du 09 avril 2003) - Si des poursuites pénales sont engagées contre les auteurs ou complices du faux, il est sursis au jugement civil jusqu'à ce qu'il ait été statué au pénal, à moins que le principal puisse être jugé sans tenir compte de la pièce arguée de faux ou qu'il y ait eu, sur le faux, renonciation ou transaction.

Sous-section II

De l'inscription de faux principale

Art 314. (Loi n° 2001 - 022 du 09 avril 2003) - La demande principale en faux est précédée d'une inscription de faux formée comme il est dit à l'article 307.

La copie de l'acte d'inscription est jointe à l'assignation qui contient sommation, pour le défendeur, de déclarer s'il entend ou non faire usage de l'acte prétendu faux ou falsifié.

L'assignation doit être faite dans le mois de l'inscription de faux à peine de caducité de celle-ci.

Art 315. (Loi n° 2001 - 022 du 09 avril 2003) - Si le défendeur déclare ne pas vouloir se servir de la pièce arguée de faux, le juge en donne acte au demandeur.

Art 316. (Loi n° 2001 - 022 du 09 avril 2003) - Si le défendeur ne comparaît pas ou déclare vouloir se servir de la pièce litigieuse, il est procédé comme il est dit aux articles 287 à 294 et 309 à 312.

CHAPITRE IV

DU SERMENT JUDICIAIRE

Art 317. (Loi n° 2001 - 022 du 09 avril 2003) - La partie qui défère le serment énonce les faits sur lesquels elle le défère.

Le juge ordonne le serment s'il est admissible et retient les faits pertinents sur lesquels il sera reçu.

Art 318. (Loi n° 2001 - 022 du 09 avril 2003) - Lorsque le serment est déféré d'office, le juge détermine les faits sur lesquels il sera reçu.

Art 319. (Loi n° 2001 - 022 du 09 avril 2003) - Le jugement qui ordonne le serment fixe les jour, heure et lieu où celui-ci sera reçu. Il formule la question soumise au serment et indique que le faux serment expose son auteur à des sanctions pénales.

Lorsque le serment est déféré par une partie, le jugement précise en outre que la partie à laquelle le serment est déféré succombera dans sa prétention si elle refuse de le prêter et s'abstient de le référer.

Dans tous les cas, le jugement est notifié à la partie à laquelle le serment est déféré ainsi que, s'il y a lieu, à son mandataire.

Art 320. (Loi n° 2001 - 022 du 09 avril 2003) - Le jugement qui ordonne ou refuse d'ordonner un serment décisoire peut être frappé de recours indépendamment de la décision sur le fond.

Art 321. (Loi n° 2001 - 022 du 09 avril 2003) - Le serment est fait par la partie en personne et à l'audience.

Si la partie justifie qu'elle est dans l'impossibilité de se déplacer, le serment peut être prêté, soit devant un juge commis à cet effet qui se transporte, assisté du greffier, chez la partie, soit devant le tribunal du lieu de sa résidence.

Dans tous les cas, le serment est fait en présence de l'autre partie ou celle-ci appelée.

Art 322. (Loi n° 2001 - 022 du 09 avril 2003) - La personne investie d'un mandat de représentation en justice ne peut déférer ou référer le serment sans justifier d'un pouvoir spécial.

Art 323 à 344- (Abrogés par la loi n° 2001 - 022 du 09 avril 2003)

CHAPITRE V

DES DISPOSITIONS COMMUNES

Art 345. - Le ministère public peut assister à toutes les mesures d'instruction ordonnées par le tribunal.

Art 346. - La somme à consigner, à titre d'avance, pour le paiement des frais d'exécution d'une mesure d'instruction est fixée et le délai pour cette consignation est déterminé, par le jugement prescrivant la mesure.

Avis du montant de la somme à consigner et du délai fixé est donné aux parties lors du prononcé du jugement ou de sa notification si les parties ne sont ni présentes ni représentées.

Faute de consignation de cette somme dans le délai imparti par le tribunal, il est passé outre à la mesure d'instruction et il est statué au fond.

Les dispositions ci-dessus sont applicables sous réserve des dispositions relatives à l'assistance judiciaire.

Art 347. - L'emploi des avances est fait par le greffier sous la surveillance du président du tribunal ; l'avance des vacations et frais des experts et des témoins ne peut en aucun cas être faite directement par les parties aux experts ou témoins.

L'acceptation par un expert d'une avance ainsi faite entraîne sa radiation.

Art 348. - Les dispositions de l'article précédent sont applicables aux vacations et frais des interprètes.

Art 349. - Lorsque l'une des parties ou les deux parties ne sont ni présentes ni représentées à l'audience publique où l'une des mesures d'instruction prévues au présent chapitre est ordonnée, elle est ou elles sont avisées, par une notification faite conformément à l'article 133 du présent Code, du dispositif du jugement rendu.

Art 350. (Loi n° 2001 - 022 du 09 avril 2003)- Indépendamment de l'article 272, il est fait application des dispositions de l'article 268-2 lorsque, en vertu d'un jugement, il y a lieu de procéder à une opération judiciaire quelconque en dehors du ressort d'un tribunal.

TITRE IV

DES INCIDENTS RELATIFS A LA SPHERE DU PROCES

SECTION PREMIERE

Des demandes additionnelles

Art 351. - Les demandes additionnelles sont formées par simples conclusions.

Art 352. - Elles ne sont recevables que si, étant de la compétence de la juridiction saisie de la demande principale, elles procèdent de la même cause, ont pour origine le même fait et reposent sur les mêmes moyens.

Art 353. - La juridiction saisie peut souverainement ou statuer préalablement sur les demandes additionnelles, ou les joindre au principal pour statuer sur le tout par un seul et même jugement.

Elle peut aussi disjoindre les demandes additionnelles si elles sont de nature à retarder la solution de la demande principale.

Art 354. - Toutes les demandes additionnelles seront formées cumulativement.

SECTION II

Des demandes reconventionnelles

Art 355. - Les demandes reconventionnelles sont formées par simples conclusions jusqu'à la clôture des débats.

Art 356. - Elles ne sont recevables que si, étant de la compétence de la juridiction saisie de la demande principale :

1° Elles servent de défense à la demande principale ou si elles lui sont connexes ;

2° Elles ont pour résultat de retenir la compensation judiciaire ;

3° Elles tendent à réclamer des dommages intérêts pour abus de procédure.

Toutefois, une demande en dommages intérêts fondée exclusivement sur la demande principale n'aura pas d'effet sur la compétence de la juridiction saisie.

Art 357. - La juridiction saisie statue par un seul et même jugement sur la demande principale et sur la demande reconventionnelle.

Cependant, si la demande reconventionnelle est de nature à retarder le jugement de la demande principale, la juridiction saisie peut statuer sur la demande principale, puis, par un jugement distinct, sur la demande reconventionnelle.

Art 358. - Il ne saurait être répliqué à une demande reconventionnelle par une autre demande reconventionnelle.

SECTION III

De l'intervention

Art 359. - Les demandes en intervention sont formées par actes introductifs d'instance.

Art 360. - Elles sont admises de la part de tous ceux qui justifient d'un intérêt.

Art 361. - Les demandes en intervention principale ne sont recevables que :

1° Si elles sont connexes à la demande principale ;

2° Si elles sont de la compétence de la juridiction saisie de la demande principale.

Art 362. (Loi n° 2001 - 022 du 09 avril 2003)- Un tiers peut être mis en cause, aux fins de condamnation, par toute partie qui est en droit d'agir contre lui à titre principal.

Il peut également être mis en cause par la partie qui y a intérêt afin de lui rendre le jugement commun.

Le tiers doit être appelé en temps utile pour faire valoir sa défense.

Art 363. - L'intervention ne peut retarder le jugement de la demande principale quand elle sera en état.

SECTION IV

De la demande incidente de garantie

Art 364. - Si une partie demande à mettre un tiers en cause, à titre de garant, ce dernier est convoqué ou assigné dans les conditions fixées au chapitre des convocations, notifications, assignations et significations.

Toutefois, la partie appelante en garantie sera tenue d'indiquer au greffe le nom de son garant, ou de le mettre directement en cause, dans la quinzaine de son propre ajournement ou de l'incident qui y a donné lieu.

Art 365. - Il est procédé de même quand le garant mis en cause en appelle lui-même un autre en garantie.

Art 366. - Le garant, régulièrement convoqué ou assigné en personne, est tenu d'intervenir. Faute de ce faire il est statué à son égard par jugement réputé contradictoire.

S'il n'a été ni convoqué, ni assigné à personne, il est procédé comme il est dit à l'article 186 sur le défaut profit-joint.

Art 367. - En garantie formelle, pour les matières réelles ou hypothécaires, le garant peut toujours prendre le fait et cause du garanti, qui sera mis hors de cause, s'il le requiert avant le premier jugement. Cependant le garanti quoique mis hors de cause, pourra y assister pour la conservation de ses droits, et le demandeur originaire pourra demander qu'il y reste pour la conservation des siens.

Art 368. - En garantie simple, le garant peut seulement intervenir sans prendre le fait et cause du garanti.

Art 369. - Si les demandes originaires et en garantie sont en état d'être jugées en même temps, il y est fait droit conjointement ; sinon le demandeur originaire peut faire juger sa demande séparément : le même jugement prononce sur la disjonction, si les deux instances ont été jointes sauf, après le jugement du principal, à faire droit sur la garantie s'il y échet.

Art 370. - Les jugements rendus contre les garants formels sont exécutoires contre les garantis.

Il suffit de notifier ou de signifier le jugement aux garantis, soit qu'ils aient été mis hors de cause, ou qu'ils y aient assisté, sans qu'il soit besoin d'autre demande ou procédure.

La liquidation et l'exécution des dépens et dommages intérêts ne peuvent être faites que contre les garants.

Néanmoins, en cas d'insolvabilité du garant, le garanti est passible des dépens, à moins qu'il n'ait été mis hors de cause ; il l'est aussi des dommages intérêts, si le tribunal juge qu'il y a lieu.

TITRE V

DES INCIDENTS RELATIFS A L'INSTANCE

SECTION I

Des reprises d'instance

Art 371. - La demande de reprise d'instance est formée et notifiée suivant les règles établies pour les actes introductifs d'instance.

Art 372. - Quand une affaire est en état d'être jugée, la mort, le changement d'état des parties ou la cessation des fonctions dans lesquelles elles procédaient n'obligent pas le tribunal à différer le jugement.

Art 373. - Quand une affaire n'est pas en état d'être jugée, le tribunal, dès qu'un de ces événements est porté à sa connaissance, appelle ceux qui ont qualité pour reprendre l'instance, à effectuer cette reprise en procédant à toutes notifications utiles dans les formes prescrites à l'article 133 du présent Code.

Art 374. - Faute par ceux à qui cette notification est faite de prendre part à l'instance dans le délai fixé, il est passé outre au jugement de l'affaire, étant procédé à l'égard des défaillants suivant les règles de défaut et de défaut profit-joint énumérées aux articles 186, 187 et 188 du présent Code.

Art 375. - À défaut de déclaration expresse, l'instance est tenue pour reprise avec ceux qui ont été appelés à la reprendre, en vertu du premier acte par eux produit.

SECTION II

Du désistement

Art 376. - Le désistement est l'acte par lequel le demandeur après avoir engagé l'action y renonce et arrête l'instance avec le consentement du défendeur.

Art 377. - Le désistement est fait par acte écrit et signé de la partie ou de son mandataire et mentionne la demande dont la partie se désiste ; il peut également être fait verbalement, à la barre du tribunal.

Art 378. - Le désistement, lorsqu'il est accepté, emporte de plein droit consentement que les choses soient remises de part et d'autre au même état qu'elles étaient avant la demande.

Art 379. - Il emporte également soumission de payer les frais, au payement desquels la partie qui s'est désistée est contrainte sur simple ordonnance du président, mise au bas de la taxe.

Cette ordonnance, si elle émane d'un tribunal statuant en première instance, est exécutée nonobstant opposition ou appel, elle est exécutée nonobstant opposition si elle émane d'une cour d'appel.

SECTION III

De l'acquiescement

Art 380. - L'acquiescement est l'acte par lequel le défendeur accepte le jugement qui le condamne.

Art 381. - L'acquiescement à une décision doit être complet et sans réserves.

Il doit manifester la volonté non équivoque d'accepter la décision rendue.

Il peut intervenir en tout état de cause.

Il peut être tacite et résulter d'un ensemble de circonstances impliquant l'intention d'exécuter la décision.

Art 382. - L'acquiescement n'est valable que dans les matières qui ne touchent pas à l'ordre public.

Art 383. - L'acquiescement est unilatéral, et sa validité, quand il est pur et simple, n'est pas subordonnée à l'acceptation de la partie adverse.

Art 384. - Lorsque le désistement équivaut à un acquiescement, il n'est pas valable dans le cas où l'acquiescement est interdit.

SECTION IV

De la péremption d'instance

Art 385. (Loi n° 2001 - 022 du 09 avril 2003) - En toutes matières, l'instance est périmée lorsqu'aucun acte de procédure n'est accompli du fait de la négligence des parties pendant deux ans.

Ce délai est augmenté de six mois dans tous les cas où il y a lieu à reprise d'instance.

Art 386. - La péremption court contre l'Etat, les collectivités publiques, les communes, les établissements publics et toutes personnes même mineures, sauf recours contre les administrateurs et tuteurs.

Art 387. - La péremption a lieu de droit, mais doit être prononcée par le juge.

Art 388. - Elle est demandée par le défendeur dans les formes établies pour les actes introductifs d'instance.

Elle peut aussi être prononcée d'office par le tribunal, les parties dûment appelées.

Art 389. - La péremption n'éteint pas l'action ; elle emporte seulement extinction de la procédure, sans qu'on puisse en aucun cas opposer des actes de la procédure éteinte, ni s'en prévaloir.

Art 390. - La péremption en cause d'appel donne au jugement appelé force de chose jugée.

Art 391. - La péremption en cause d'opposition donne au jugement par défaut force de chose jugée.

Art 392. - En cas de péremption le demandeur principal est condamné à tous les frais de la procédure périmée.

SECTION V

De la radiation

Art 392.1 (Loi n° 2001 - 022 du 09 avril 2003) - La radiation sanctionne, dans les conditions de la loi, le défaut de diligence des parties. Elle emporte retrait de l'affaire du rang des affaires en cours.

Art 392.2 (Loi n° 2001 - 022 du 09 avril 2003) - La décision de radiation est une mesure d'administration judiciaire.

Art 392.3 (Loi n° 2001 - 022 du 09 avril 2003) - La radiation ne fait pas obstacle à la poursuite de l'instance, après rétablissement de l'affaire, s'il n'y a, par ailleurs, péremption.

L'affaire n'est rétablie que sur justification de l'accomplissement des diligences dont le défaut a entraîné la radiation.

SECTION VI

Du sursis à statuer

Art 392.4 (Loi n° 2001 - 022 du 09 avril 2003) - La décision de sursis suspend le cours de l'instance pour le temps ou jusqu'à la survenance de l'événement qu'elle détermine.

Art 392.5 (Loi n° 2001 - 022 du 09 avril 2003) - Le sursis à statuer ne dessaisit pas le juge.

A l'expiration du sursis, l'instance est poursuivie à l'initiative des parties ou à la diligence du juge, sauf la faculté d'ordonner, s'il y a lieu, un nouveau sursis.

Le juge peut, suivant les circonstances, révoquer le sursis ou en abréger le délai.

Art 392.6 (Loi n° 2001 - 022 du 09 avril 2003) - La décision de sursis peut être frappée d'appel sur autorisation du Premier Président de la Cour d'Appel s'il est justifié d'un motif grave et légitime.

La partie qui veut faire appel saisit le Premier Président qui statue dans la forme des référés. L'assignation doit être formée dans le mois de la décision.

S'il est fait droit à la demande, le Premier Président fixe le jour où l'affaire sera examinée par la Cour, celle-ci se trouvant saisie de l'affaire et pouvant, s'il y a lieu, la renvoyer devant un conseiller de la mise en état pour en parfaire l'instruction afin d'être à même de statuer sur le fond.

Art 392.7 (Loi n° 2001 - 022 du 09 avril 2003) - La décision de sursis rendue en dernier ressort peut être attaquée par la voie du pourvoi en cassation, mais seulement pour violation de la règle de droit.

TITRE VI

DES VOIES DE RECOURS

CHAPITRE PREMIER

Dispositions générales

Art 392.8 (Loi n° 2001 - 022 du 09 avril 2003) - Sauf disposition contraire, l'exercice d'une voie de recours ordinaire est suspensif d'exécution de la décision.

Il en est de même du délai pour l'exercer.

L'exercice d'une voie de recours extraordinaire et le délai pour l'exercer ne sont pas, sauf disposition contraire, suspensifs d'exécution.

Art 392.9 (Loi n° 2001 - 022 du 09 avril 2003) - La notification ou la signification d'un jugement à une partie doit, à peine de nullité, indiquer de manière très apparente le délai d'opposition, d'appel ou de pourvoi en cassation dans le cas où l'une de ces voies est ouverte, ainsi que les modalités selon lesquelles le recours peut être exercé ; il indique en outre que l'auteur d'un recours abusif ou dilatoire peut être condamné à une amende civile et au paiement d'une indemnité à l'autre partie.

La notification ou la signification d'un jugement est valablement faite au domicile élu à Madagascar par la partie demeurant à l'étranger.

Art 392.10 (Loi n° 2001 - 022 du 09 avril 2003) - La fin de non-recevoir qui résulte de l'inobservation des délais dans lesquels doivent être exercées les voies de recours ou de l'absence d'ouverture d'une voie de recours, est d'ordre public et doit être relevée d'office.

Art 392.11 (Loi n° 2001 - 022 du 09 avril 2003) - Les mesures d'administration judiciaire ne peuvent jamais être l'objet d'un recours.

CHAPITRE II

De l'opposition

Art 393. - L'opposition est la voie de recours contre les jugements et arrêts rendus par défaut. Dans tous les cas, opposition sur opposition ne vaut.

Art 394. (Loi n° 2001 - 022 du 09 avril 2003) - Le délai pour l'exercer est de quinze jours à compter de la notification ou de la signification du jugement.

Lorsque la notification ou la signification n'a pas été faite à personne et qu'il est établi que, sans faute de sa part, le défendeur n'a eu connaissance, ni de la procédure de première instance, ni du jugement, l'opposition est encore recevable dans les quinze jours qui suivent la première mesure d'exécution ayant pour effet, soit de rendre indisponibles en tout ou partie les biens du défendeur, soit de le tenir informé de la décision rendue à son encontre.

Art 395. - L'opposition est formée par déclaration écrite ou verbale reçue au greffe de la juridiction qui a statué.

Cette déclaration est inscrite sur le registre tenu au greffe de la juridiction qui a statué et contient :

1° Le nom et le domicile de l'opposant ;

2° La date du jugement ;

3° Le nom et l'adresse de l'autre partie.

Cette opposition est notifiée par le greffier ou signifiée à la diligence de l'opposant suivant le choix fait et expressément mentionné lors de la déclaration.

La notification ou la signification contient citation à comparaître à une prochaine audience.

Art 396. - La procédure sur opposition est la procédure ordinaire décrite au titre premier du livre troisième du présent

Code.

Art 397. - En cas de rétractation, mention en est faite par le greffier en marge de la décision frappée d'opposition.

CHAPITRE III

De l'appel

Art 398. - L'appel est la voie par laquelle il est demandé à une juridiction supérieure de trancher à nouveau en fait et en droit une affaire jugée en premier ressort.

Art 399. (Loi 66-022 du 19-12-66) - Le délai pour interjeter appel est d'un mois.

Art 400. (Loi n° 2001 - 022 du 09 avril 2003) - Le délai court à compter de la notification ou de la signification du jugement à la partie elle-même. S'il s'agit d'une signification, il court à l'égard tant de celui qui fait signifier que de celui qui reçoit la signification.

Lorsque la notification ou la signification n'a pas été faite à personne et qu'il est établi que, sans faute de sa part, le défendeur n'a eu connaissance, ni de la procédure de première instance, ni du jugement, l'opposition est encore recevable dans les quinze jours qui suivent la première mesure d'exécution ayant pour effet, soit de rendre indisponibles en tout ou partie les biens du défendeur, soit de le tenir informé de la décision rendue à son encontre.

Art 401. - Le défendeur devant la juridiction d'appel peut former appel incident, par simples conclusions, en tout état de cause.

La recevabilité de cet appel est subordonnée à celle de l'appel principal.

Art 402. - Le délai d'appel ne court à l'égard des incapables qu'à partir de la notification ou de la signification, faite à personne ou au domicile de ceux qui sont chargés de l'exercice de leurs droits.

Art 403. - Les délais sont suspendus par la mort de l'une ou de l'autre des parties. Ils ne reprennent leur cours qu'après l'expiration de la quinzaine qui suivra la notification ou la signification faite au domicile du défunt, dans les conditions prévues aux articles 133 et 143 et suivants, et à compter de l'expiration des délais peur faire inventaire et délibérer si le jugement a été signifié ou notifié avant que ces derniers délais fussent expirés.

Cette notification peut être faite aux héritiers et représentants et sans désignation des noms et qualités.

Art 404. (Loi n° 2001 - 022 du 09 avril 2003) - La voie de l'appel est ouverte en toutes matières, même gracieuses, contre les jugements de première instance s'il n'en est autrement disposé.

Les jugements qui tranchent dans leur dispositif une partie du principal et ordonnent une mesure d'instruction ou une mesure provisoire, peuvent être immédiatement frappés d'appel comme les jugements qui tranchent tout le principal.

Il en est de même lorsque le jugement qui statue sur une exception de procédure, une fin de non recevoir ou tout autre incident, met fin à l'instance.

Les autres jugements ne peuvent être frappés d'appel indépendamment des jugements sur le fond que dans les cas spécifiés par la loi.

Art 404.1 (Loi n° 2001 - 022 du 09 avril 2003) - L'appel ne défère à la Cour d'Appel que la connaissance des chefs de jugement qu'il critique expressément ou implicitement et de ceux qui en dépendent.

La dévolution s'opère pour le tout lorsque l'appel n'est pas limité à certains chefs, lorsqu'il tend à l'annulation du jugement ou si l'objet du litige est indivisible.

Art 405. - Sont sujets à appel les jugements qualifiés en dernier ressort, lorsqu'ils ont été rendus par des juges qui ne pouvaient statuer qu'en premier ressort.

Art 406. (Loi n° 2001 - 022 du 09 avril 2003) - L'appel est interjeté par déclaration écrite ou verbale au greffe de la juridiction qui a statué, sur présentation d'une expédition de la décision attaquée. La déclaration n'est enregistrée qu'après paiement des droits de greffe afférents à cette déclaration.

Si la déclaration est enregistrée, le greffier remet immédiatement à l'appelant un certificat d'appel mentionnant la date de la déclaration.

L'acte d'appel indique :

1° le nom et le domicile de l'appelant ;

2° la date du jugement ;

3° le nom et l'adresse de la partie ou des parties alors intimées ;

4° éventuellement l'intention exprimée d'être jugé sur pièces.

Art 407. (Loi n° 2001 - 022 du 09 avril 2003) - Le greffier transmet, dans les meilleurs délais, le dossier de la juridiction de première instance à la Cour d'Appel.

Le dossier comprend :

1° l'acte introductif d'instance ;

2° le double des citations ou convocations et certificats de remise ;

3° une copie de la transcription des débats publics au plumitif d'audience ;

4° une copie des jugements avant dire droit ;

5° toutes les pièces relatives à l'instruction de l'affaire ;

6° une copie des notifications, des actes et décisions lorsqu'elles sont prévues par le présent Code ;

7° une copie du jugement dont est appel ;

8° une copie de la déclaration d'appel ;

9° les pièces déposées par les parties ;

10° d'une façon générale, toutes pièces utiles au contrôle de la régularité de la procédure ; 11° un inventaire du dossier.

Toutefois, le Président de la juridiction de première instance ou une fois l'appel déclaré le Premier Président de la Cour d'Appel peuvent autoriser les parties à retirer les pièces qu'elles ont déposées, à l'exception des exemplaires des mémoires en défense, répliques et conclusions visés à l'article 174.

A chaque retrait, il est dressé un état détaillé des pièces retirées, dont un exemplaire signé du greffier et de la partie requérante est classé au dossier.

Art 408. (Loi n° 2001 - 022 du 09 avril 2003) - La Cour est saisie à la diligence de l'une ou l'autre partie par l'envoi ou le paiement de la provision d'appel qui vaut demande d'inscription au rôle.

Ce paiement doit être effectué dans les deux mois de la déclaration d'appel, faute de quoi, celle-ci sera caduque.

La caducité est constatée d'office ou sur requête d'une partie par ordonnance motivée du Premier Président ou du Président de la chambre à laquelle l'affaire a été distribuée.

L'ordonnance peut être rétractée lorsqu'il est établi que la provision a été envoyée dans le délai imparti.

Art 409. (Loi n° 2001 - 022 du 09 avril 2003) - Les dispositions du titre premier du présent livre concernant la procédure devant les tribunaux de première instance sont applicables devant les juridictions d'appel tant qu'elles ne sont pas contraires aux dispositions ci-dessous.

Art 410. (Loi n° 2001 - 022 du 09 avril 2003) - L'affaire est instruite sous le contrôle d'un conseiller chargé de la mise en état appartenant à la chambre à laquelle l'affaire est distribuée.

Le conseiller de la mise en état dispose des mêmes pouvoirs que le juge de la mise en état.

Art 410.1 (Loi n° 2001 - 022 du 09 avril 2003) - Le conseiller de la mise en état est compétent pour déclarer l'appel irrecevable et trancher à cette occasion toute question ayant trait à la recevabilité de l'appel.

Art 410.2 (Loi n° 2001 - 022 du 09 avril 2003) - Le conseiller de la mise en état, lorsqu'il est saisi, est seul compétent pour suspendre l'exécution des jugements improprement qualifiés en dernier ressort ou exercer les pouvoirs qui lui sont conférés en matière d'exécution provisoire.

Art 410.3 (Loi n° 2001 - 022 du 09 avril 2003) - Les ordonnances du conseiller de la mise en état ne sont susceptibles d'aucun recours indépendamment de l'arrêt sur le fond.

Toutefois, elles peuvent être déférées par simple requête à la Cour dans les quinze jours de leur date :

1° lorsqu'elles ont pour effet de mettre fin à l'instance ;

2° lorsqu'elles constatent son extinction ;

3° ou lorsqu'elles ont trait à des mesures provisoires en matière de divorce.

Art 410.4 (Loi n° 2001 - 022 du 09 avril 2003) - S'il estime que l'affaire le requiert, le Président de la chambre peut charger le conseiller de la mise en état d'établir un rapport écrit, exceptionnellement, il peut en charger un autre magistrat ou l'établir lui même.

Le rapport expose l'objet de la demande et les moyens des parties ; il précise les questions de fait et de droit soulevées par le litige et fait mention des éléments propres à éclairer le débat.

Le magistrat chargé du rapport présente celui-ci à l'audience immédiatement suite à l'appel de l'affaire et sans faire connaître son avis.

Art 410.5 (Loi n° 2001 - 022 du 09 avril 2003) - Le conseiller de la mise en état ou le magistrat chargé du rapport peut, si les parties ou leurs avocats ne s'y opposent, tenir seul l'audience pour entendre leurs observations ou explicitations. Il en rend compte à la Cour dans son délibéré.

Art 411. - Il ne peut être formé en cause d'appel aucune demande nouvelle, à moins qu'il ne s'agisse de compensation ou que la demande nouvelle soit la défense à l'action principale.

Les parties peuvent aussi demander des intérêts, arrérages, loyers et autres accessoires échus depuis le jugement dont est appel, et les dommages intérêts pour le préjudice souffert depuis ce jugement.

Ne peut être considérée comme nouvelle la demande procédant directement de la demande originaire et tendant aux mêmes fins, bien que se fondant sur des causes ou motifs différents.

Art 412. (Loi n° 2001 - 022 du 09 avril 2003) - Tous ceux qui justifient d'un intérêt peuvent intervenir par simples conclusions en cause d'appel.

Ces mêmes personnes peuvent être appelées devant la Cour par une partie, même aux fins de condamnation, quand l'évolution du litige implique leur mise en cause.

Art 413. - (Abrogé par la loi n° 2001 - 022 du 09 avril 2003)

Art 414. (Loi n° 2001 - 022 du 09 avril 2003) - Dans les cas prévus aux articles 196 et 196.1, l'exécution provisoire est demandée devant la juridiction d'appel qui statue conformément aux dispositions des articles 190 et suivants.

Art 415. - (Abrogé par la loi n° 2001 - 022 du 09 avril 2003)

Art 416. - En aucun autre cas, il ne peut, à peine de nullité, être accordé de défense, ni être rendu aucun jugement, arrêt ou ordonnance tendant à arrêter directement ou indirectement l'exécution du jugement frappé d'appel.

Art 417. - (Abrogé par la loi n° 2001 - 022 du 09 avril 2003)

Art 418. (Loi n° 2001 - 022 du 09 avril 2003) - Lorsque la Cour d'Appel est saisie d'un jugement qui a ordonné une mesure d'instruction ou d'un jugement qui, statuant sur une exception de procédure, a mis fin à l'instance, elle peut évoquer les points non jugés si elle estime de bonne justice de donner à l'affaire une solution définitive, après avoir ordonné elle-même, le cas échéant, une mesure d'instruction.

L'évocation ne fait pas obstacle à l'application des articles 411 et 412.

Art 419. (Loi n° 2001 - 022 du 09 avril 2003) - En cas d'appel jugé dilatoire ou abusif contre un jugement, l'appelant est condamné à une amende de 50 000 à 500 000 Fmg, sans préjudice des dommages intérêts qui pourraient être réclamés.

Cette amende perçue séparément de l'enregistrement de la décision qui l'a prononcée, ne peut jamais être réclamée aux intimés qui peuvent lever la grosse de la décision ainsi rendue sans que le non-paiement de l'amende puisse y faire obstacle.

Art 420. (Loi n° 2001 - 022 du 09 avril 2003) - Si le jugement est confirmé, l'exécution entre les parties appartient au tribunal qui a rendu le jugement dont est appel.

Si le jugement est infirmé en totalité, l'exécution appartient à la juridiction d'appel.

En cas d'infirmation partielle, la juridiction d'appel peut, soit retenir l'exécution, soit renvoyer à un tribunal qu'elle indique.

Toutefois, la juridiction d'appel peut toujours, même d'office, décider dans son arrêt d'en retenir l'exécution à moins que celle-ci ne soit attribuée par la loi à une autre juridiction ; sous la même réserve, elle peut aussi désigner la juridiction qui connaîtra de l'exécution de son arrêt.

Art 421. (Ord. 76-014 du 17-5-76) - Les arrêts des Cours d'appel sont rendus par trois magistrats.

CHAPITRE IV

Du référé du Premier Président

Art 421.1 (Loi n° 2001 - 022 du 09 avril 2003) - Dans tous les cas d'urgence, le Premier Président ou son délégué peut ordonner en référé, en cas d'appel, toutes les mesures qui ne se heurtent à aucune difficulté sérieuse ou que justifie l'existence d'un différend.

Le Premier Président ou son délégué peut également, en cas d'appel, suspendre l'exécution des jugements improprement qualifiés en dernier ressort ou exercer les pouvoirs qui lui sont conférés par la loi en matière d'exécution provisoire.

Art 421.2 (Loi n° 2001 - 022 du 09 avril 2003) - Le référé devant le Premier Président est toujours introduit par voie d'assignation à jour fixe après paiement de la provision.

CHAPITRE V

De la requête civile

Art 422. (Loi n° 2001 - 022 du 09 avril 2003) - Les jugements et arrêts rendus en dernier ressort qui ne sont pas susceptibles d'être attaqués, soit par voie d'opposition, soit par voie d'appel, peuvent être rétractés sur la requête de celles qui y ont été parties ou dûment appelées pour les causes ci-après :

1° si les formes prescrites à peine de nullité ont été violées soit avant, soit lors des jugements, pourvu que la nullité n'ait pas été couverte par les parties ;

2° si dans le cours de l'instruction de l'affaire, il y a eu dol personnel ;

3° s'il a été jugé sur des pièces reconnues ou déclarées fausses depuis le jugement ;

4° si, depuis le jugement, il a été recouvré des pièces décisives et qui avaient été retenues par la partie adverse ;

5° s'il y a contrariété de jugements en dernier ressort, entre les mêmes parties et sur les mêmes moyens dans les mêmes cours ou tribunaux ou si, dans un même jugement, il y a des dispositions contraires.

Art 423. - La requête civile est formée suivant les règles établies pour les actes introductifs d'instance.

Aucune requête civile n'est recevable si elle n'est accompagnée d'une quittance constatant la consignation au greffe du tribunal d'une somme égale au montant de l'amende qui peut être prononcée par application de l'article 429 ci-après.

Art 424. (Loi 66-022 du 19-12-66) - Le délai pour présenter la requête civile est de deux mois à partir de la notification ou de la signification du jugement attaqué.

Art 425. - Ce délai de deux mois ne court contre les mineurs et les autres incapables que du jour de la notification ou de la signification valablement faite, depuis la majorité à l'égard des mineurs, et, pour les autres incapables, depuis qu'ils ont été relevés de leur incapacité.

Art 426. - Quand les motifs de la requête civile sont le faux, le dol ou la découverte des pièces nouvelles, le délai ne court que du jour où, soit le faux, soit le dol auront été reconnus ou les pièces découvertes, pourvu que dans ces deux derniers cas, il y ait preuve par écrit du jour.

Art 427. - Dans le cas où le motif invoqué est la contrariété de jugements, le délai ne court que de la notification du dernier jugement.

Art 428. - La requête civile est portée devant le tribunal qui a rendu la décision attaquée, il peut y être statué par les mêmes juges.

Elle n'a pas d'effet suspensif et aucune défense à exécution ne peut être accordée. Elle est

communiquée au ministère public.

Art 429. - La partie, dont la requête civile est rejetée, est condamnée à une amende de 15 000 Francs, sans préjudice de dommages intérêts à la partie adverse, s'il y a lieu.

Art 430. - Aucune partie ne peut se pourvoir en requête civile soit contre le jugement déjà attaqué par cette voie, soit contre le jugement qui l'a rejeté.

Art 431. - Les jugements sur requête civile ne sont pas susceptibles d'appel.

Art 432. - Quand la requête civile est admise, le jugement est rétracté, et les parties sont remises dans le même état où elles étaient avant ce jugement ; les sommes consignées sont rendues et les objets des condamnations perçues en vertu du jugement rétracté sont restitués.

Lorsque la requête civile aura été entérinée pour raison de contrariété de jugements, le jugement entérinant la requête civile ordonnera que le premier jugement sera exécuté selon sa forme et teneur.

CHAPITRE VI

Du pourvoi en cassation

Art 433. (Loi n° 2001 - 022 du 09 avril 2003) - Le pourvoi en cassation est régi par la loi organique sur la Cour de Cassation.

CHAPITRE VII

De la tierce opposition

Art 434. - Toute partie peut former opposition à un jugement qui préjudicie à ses droits et lors duquel, ni elle ni ceux qu'elle représente n'ont été appelés.

Art 435. - La tierce opposition est formée suivant les règles établies pour les actes introductifs d'instance.

Aucune tierce opposition n'est recevable, si elle n'est accompagnée d'une quittance constatant la consignation au greffe du tribunal d'une somme égale au montant de l'amende qui peut être prononcée par application de l'**Art** 438.

Art 436. - Le délai pour l'exercer est de deux mois, à compter de la date à laquelle le tiers opposant a eu connaissance de la décision lui faisant grief.

Elle ne peut pas être exercée dix ans après le prononcé de la décision.

Art 437. - La tierce opposition n'a d'effet qu'à l'égard et au profit du tiers opposant ; la décision attaquée conserve l'autorité de la chose jugée entre les parties primitives sur tous les points qui ne préjudicient pas au tiers opposant.

Elle n'a pas d'effet suspensif.

Art 438. - La partie dont la tierce opposition est rejetée est condamnée à une amende qui ne peut excéder 5 000 Francs sans préjudice des dommages intérêts de la partie adverse s'il y a lieu.

LIVRE IV

DE L'ARBITRAGE [2]

TITRE PREMIER

DISPOSITIONS GENERALES

Art 439. - L'arbitrage est un procédé privé de règlement de certaines catégories de litiges par un ou plusieurs arbitres auxquels les parties confient la mission de juger en vertu d'une convention d'arbitrage qui revêt la forme d'une clause compromissoire ou celle d'un compromis.

Toute personne physique ou morale peut recourir à l'arbitrage sur les droits dont elle a la libre disposition.

Art 439.1. - La clause compromissoire est la clause par laquelle les parties à un contrat s'engagent à soumettre à l'arbitrage les litiges qui pourraient naître relativement à ce contrat.

Art 439.2. - Le compromis est la convention par laquelle les parties à un litige déjà né soumettent celui-ci à l'arbitrage.

Les parties ont la faculté de compromettre même au cours d'une instance déjà engagée devant une autre juridiction.

TITRE II
DE L'ARBITRAGE INTERNE

CHAPITRE PREMIER
PRINCIPES GENERAUX

Art 440. - Les dispositions du présent titre ne dérogent pas :

1° aux lois spéciales interdisant le règlement de certains litiges par voie d'arbitrage ou imposant des procédures spéciales pour le recours à l'arbitrage ;

2° aux accords internationaux en vigueur pour l'Etat malgache.

Art 440.1 - On ne peut compromettre :

1° sur les questions concernant l'ordre public ;

2° sur les questions relatives à la nationalité ;

3° sur les questions relatives au statut personnel, à l'exception des litiges d'ordre pécuniaire en découlant ;

4° sur les litiges concernant l'Etat, les collectivités territoriales et les établissements publics. **Art 440.2**

- La clause compromissoire doit à peine de nullité :

1° être stipulée par écrit dans la convention principale ou dans un document auquel celui ci se réfère ;

2° désigner le ou les arbitres ou prévoir les modalités de leur désignation.

La clause compromissoire est indépendante du contrat principal. Sa validité n'est pas affectée par la nullité de ce contrat et elle est appréciée d'après la commune volonté des parties.

Lorsqu'elle est nulle, la clause compromissoire est réputée non écrite.

Art 440.3 - Le compromis est constaté par écrit, télégramme, télex, télécopie, échange de conclusions, ou tout autre moyen de communication qui permet d'en établir la preuve par écrit.

Le compromis doit, à peine de nullité :

1° déterminer l'objet du litige ;

2° désigner le ou les arbitres, ou prévoir les modalités de leur désignation.

Art 440.4 - Dans les cas prévus aux articles 440.7, 443, 444 et 447.5, le président du tribunal, saisi comme en matière de référé par une partie ou par le tribunal arbitral statue par ordonnance, dans la limite des compétences qui lui sont attribuées par ces articles.

Il ne peut, en aucun cas, évoquer l'affaire au fond, ni se prononcer sur d'autres demandes ou d'autres contestations.

Les ordonnances doivent être rendues par le président du tribunal dans le délai maximum de huit jours. Elles ne sont pas susceptibles de recours. Toutefois, ces ordonnances peuvent être frappées d'appel lorsque le président déclare n'y avoir lieu à désignation pour une des causes visées à l'article 440.2 ou 440.3. En pareil cas, l'affaire doit être portée dans les huit jours devant le premier président de la Cour d'appel qui statue par ordonnance sur requête, non susceptible de recours, dans les mêmes limites et le même délai que le président du tribunal.

Art 440.5 - Pour l'application des dispositions de l'article 440.4, le président compétent est celui du tribunal qui a été désigné dans la convention d'arbitrage ou, à défaut, celui dans le ressort duquel cette convention a situé les opérations d'arbitrage. Dans le silence de la convention, le président compétent est celui du tribunal où demeure le ou l'un des défendeurs ou, si le défendeur ne demeure pas à Madagascar, celui du tribunal du lieu où demeure le demandeur ou, si les parties demeurent à l'étranger, le président du tribunal de première instance d'Antananarivo.

Art 440.6 - Lorsqu'un litige dont un tribunal arbitral est saisi en vertu d'une convention d'arbitrage est porté devant une juridiction d'Etat, celle-ci doit se déclarer incompétente.

Si le tribunal arbitral n'est pas encore saisi, la juridiction doit également se déclarer incompétente à moins que la convention d'arbitrage ne soit nulle en application des articles 440.2 et 440.3.

Dans les deux cas, la juridiction ne peut relever d'office son incompétence.

Art 440.7 - Toutefois, l'existence d'une convention d'arbitrage ne fait pas obstacle à ce que l'une des parties sollicite de la juridiction du président du tribunal des mesures provisoires ou conservatoires, dès lors que ces mesures n'impliquent pas un examen du litige au fond, pour lequel seul le tribunal arbitral est compétent et que ces mesures sont justifiées par la nécessité de prévenir un dommage imminent ou de mettre fin à un trouble illicite ou lorsqu'il s'agit d'ordonner des mesures que le tribunal arbitral ne peut accorder soit en raison de l'urgence de la situation soit en raison des limites de son pouvoir, notamment à l'égard des tiers.

Les mesures de référé et les mesures d'instruction relatives au litige dont la juridiction arbitrale est saisie ne peuvent être ordonnées qu'avant la saisine effective du tribunal arbitral, celle-ci étant réalisée après constitution du tribunal arbitral.

Les saisies conservatoires et les saisies - arrêts doivent être ordonnées conformément aux dispositions relatives aux saisies. Toutefois, l'instance en validation est suspendue jusqu'à ce que le tribunal arbitral ait statué.

Art 440.8 - La sentence arbitrale est rendue en territoire malgache.

Art 440.9 - Toute disposition ou convention contraire aux règles édictées par le présent chapitre est réputée non écrite.

CHAPITRE II

CONSTITUTION DU TRIBUNAL ARBITRAL

Art 441. - La mission d'arbitre ne peut être confiée qu'à une personne physique. L'arbitre doit avoir le plein exercice de ses droits civils et s'engager par écrit sur l'honneur à être et demeurer indépendant et impartial vis-à-vis des parties.

Si la convention d'arbitrage désigne une personne morale, celle-ci ne dispose que du pouvoir d'organiser l'arbitrage.

Art 442. - Le tribunal arbitral est constitué d'un seul arbitre ou de plusieurs en nombre impair.

Art 443. - Les arbitres sont nommés conformément à la convention des parties. Si la

convention est insuffisante pour permettre de procéder à la nomination :

A. En cas d'arbitrage par un arbitre unique, si les parties ne peuvent s'accorder sur le choix de l'arbitre, celui-ci est nommé sur la demande d'une partie par le président du tribunal de première instance ;

B. Si le tribunal arbitral est composé de plusieurs arbitres :

1. chaque partie nomme un nombre égal d'arbitres et ces derniers choisissent celui destiné à compléter le tribunal arbitral ;

2. si une partie ne procède pas à la nomination dans un délai de trente jours à compter de la réception d'une demande à cette fin émanant de l'autre partie, la nomination est faite par le président du tribunal de première instance ;

3. si les arbitres nommés par les parties ne s'accordent pas sur le choix de l'arbitre destiné à compléter le tribunal arbitral, celui-ci est nommé par le président du tribunal de première instance ou, si la convention l'a expressément prévu, par le président du tribunal de commerce.

Art 443.1 - Lorsqu'il nomme un arbitre, le magistrat saisi tient compte de toutes les qualifications requises de l'arbitre par convention des parties et de toutes considérations propres à garantir son indépendance et son impartialité.

Art 443.2 - La constitution du tribunal n'est parfaite que si le ou les arbitres acceptent la mission qui leur est confiée.

L'arbitre qui suppose en sa personne une cause de récusation doit en informer les parties. En ce cas, il ne peut accepter sa mission qu'avec l'accord de ces parties.

Tout arbitre doit poursuivre sa mission jusqu'au terme de celle-ci.

Il ne peut, sous peine de dommages intérêts, se déporter, sans cause valable, après son acceptation.

Un arbitre ne peut être révoqué que du consentement unanime des parties. **Art 444.** -

Un arbitre peut être récusé :

C. lorsque existe une cause de récusation prévue par le règlement d'arbitrage adopté par les parties

D. ou lorsque les circonstances permettent de douter légitimement de son indépendance. L'arbitre

peut également être récusé pour les mêmes causes que le magistrat.

Toute cause de récusation doit être soulevée sans délai par la partie qui entend s'en prévaloir. La récusation d'un arbitre n'est admise que pour une cause révélée après sa nomination.

En cas de litige, si les parties n'ont pas réglé la procédure de récusation, la demande de récusation est portée, à la demande de la partie la plus diligente, devant le président du tribunal de première instance visé à l'article 440.4 lequel statue par voie d'ordonnance en la forme des référés dans le délai de huit jours.

Art 445. - Lorsqu'il est mis fin au mandat d'un arbitre conformément à l'article 443.2 ou 444, ou lorsque celui-ci se déporte pour toute autre raison, ou lorsque son mandat est révoqué par accord des parties ou dans tout autre cas où il est mis fin à son mandat, un arbitre remplaçant est nommé conformément aux règles qui étaient applicables à la nomination de l'arbitre remplacé.

CHAPITRE III

L'INSTANCE ARBITRALE

Art 446. - Le litige est soumis au tribunal arbitral soit conjointement par les parties, soit par la partie la plus diligente.

Art 447. - Les arbitres règlent la procédure arbitrale sans être tenus de suivre les règles établies pour les tribunaux de droit commun, sauf si les parties en ont décidé autrement dans la convention d'arbitrage.

Toutefois, nonobstant toute décision des arbitres ou toute stipulation contraire :

1° Les principes généraux de la procédure judiciaire concernant le respect des droits de la défense et de la contradiction sont toujours applicables à l'instance arbitrale ;

2° Les parties sont libres d'assurer elles-mêmes la défense de leurs intérêts ou de se faire représenter à l'instance par les fondés de pouvoir de leur choix.

Art 447.1 - Sauf convention contraire des parties, le tribunal arbitral peut faire toutes investigations utiles et ordonner toutes mesures d'instruction nécessaires.

Les tiers sont entendus sans prestation de serment.

Art 447.2 - Les actes de l'instruction et les procès-verbaux sont faits par tous les arbitres si le compromis ne les autorise à commettre l'un d'eux.

Art 447.3 - Si, devant le tribunal arbitral, l'une des parties conteste dans son principe ou son étendue la compétence ou le pouvoir juridictionnel du tribunal arbitral, il appartient à celui-ci de statuer sur la validité ou les limites de son investiture par une sentence seulement susceptible de recours en annulation avec la sentence au fond.

L'exception d'incompétence du tribunal arbitral peut être soulevée au plus tard lors du dépôt des conclusions en défense. Le fait pour une partie d'avoir désigné un arbitre ou d'avoir participé à sa désignation ne le prive pas du droit de soulever cette exception. L'exception prise de ce que la question litigieuse excéderait les pouvoirs du tribunal arbitral est soulevée pendant la procédure arbitrale.

Art 447.4 - Si, devant le tribunal arbitral, est soulevée une question préjudicielle ne rentrant pas dans les limites de sa compétence mais liée à l'arbitrage, le tribunal arbitral sursoit à statuer jusqu'à ce que la juridiction de droit commun saisie rende sa décision. Dans ce cas, le délai imparti pour rendre la sentence, est suspendu jusqu'à la notification au tribunal arbitral de la décision définitive rendue sur la question préjudicielle soulevée.

Art 447.5 - Sauf convention contraire, l'arbitre dispose également du pouvoir de trancher tout incident de vérification d'écriture ou de faux.

En cas d'inscription de faux incidente exercée conformément aux articles 326 à 330, la procédure arbitrale n'est pas suspendue sauf décision contraire obtenue par ordonnance prise en la forme des référés par le président du tribunal de première instance. Le sursis à statuer ne peut être ordonné que s'il existe des présomptions graves de la réalité du faux et s'il ne peut être statué au principal sans tenir compte de la pièce litigieuse. Le délai d'arbitrage continue à courir du jour où il a été statué sur l'incident.

Art 447.6 - L'interruption et la reprise de l'instance arbitrale sont régies par les dispositions des articles 372 et 373.

Art 448. - Si la convention d'arbitrage ne fixe pas un délai, la mission des arbitres ne dure que six mois à compter du jour où le dernier d'entre eux l'a acceptée.

Le délai légal ou conventionnel peut être prorogé soit d'accords partis, soit, à la demande de l'une d'elles, par le tribunal arbitral statuant à l'unanimité et pour une durée maximum de six mois.

Art 448.1 - L'arbitre fixe la date à laquelle l'affaire sera mise en délibéré. Après cette date,

aucune demande ne peut être formée ni aucun moyen soulevé.

Aucune observation ne peut être présentée ni aucune pièce produite, si ce n'est à la demande de l'arbitre.

Art 448.2 - Les délibérations des arbitres sont secrètes.

Art 448.3 - La sentence arbitrale est rendue à la majorité des voix sauf dans le cas prévu à l'article 448.

CHAPITRE IV

PRONONCE DE LA SENTENCE ET CLOTURE DE LA PROCEDURE

Art 449. - L'arbitre tranche le litige conformément aux règles de droit, à moins que, dans la convention d'arbitrage, les parties ne lui aient conféré mission de statuer en amiable compositeur, c'est-à-dire selon les règles de l'équité.

Art 449.1 - Si, durant la procédure arbitrale, les parties s'entendent pour régler le litige, le tribunal arbitral met fin à la procédure arbitrale et, si les parties lui en font la demande et s'il n'y voit pas d'objection, constate le fait par une sentence arbitrale rendue par accord des parties.

La sentence arbitrale d'accord - parties est rendue conformément aux dispositions des articles 449.2 à 449.4 et mentionne le fait qu'il s'agit d'une sentence. Une telle sentence a le même statut et le même effet que toute autre sentence prononcée sur le fond de l'affaire.

Art 449.2 - La sentence arbitrale expose succinctement les prétentions respectives des parties, leurs moyens et les étapes de la procédure.

La décision doit être motivée.

Art 449.3 - La sentence arbitrale contient l'indication :

- du nom des arbitres qui l'ont rendue ;

- de sa date ;

- du lieu où elle est rendue ;

- des noms, prénoms et dénomination des parties, ainsi que de leur domicile ou siège social ;

- le cas échéant, du nom des avocats ou de toute personne ayant représenté ou assisté les parties.

Art 449.4 - La sentence arbitrale est signée par tous les arbitres.

Toutefois, si une minorité d'entre eux refuse de la signer, les autres en font mention et la sentence a le même effet que si elle avait été signée par tous les arbitres.

Art 449.5 - Les dispositions des articles 449.2, alinéa 2, 449.3 en ce qui concerne le nom des arbitres et la date de la sentence, et 449.4 sont prescrites à peine de nullité.

Art 449.6 - L'instance arbitrale prend fin par l'expiration du délai d'arbitrage et par le prononcé de la sentence arbitrale.

Art 449.7 - La sentence dessaisit l'arbitre de la contestation qu'elle tranche.

L'arbitre a néanmoins le pouvoir d'interpréter une partie déterminée de la sentence, de réparer les erreurs ou omissions matérielles qui l'affectent ou de rendre une sentence complémentaire lorsqu'il a omis de statuer sur un chef de demande.

Si le tribunal arbitral ne peut être à nouveau réuni, ce pouvoir appartient à la juridiction qui eût été compétente à défaut d'arbitrage. Les décisions rendues au titre du présent alinéa font partie intégrante de la sentence initiale.

Art 449.8 - La sentence arbitrale a, dès qu'elle est rendue, l'autorité de la chose jugée relativement à la contestation qu'elle tranche.

Elle est définitive à défaut de recours en annulation dans les cas et délais impartis par les dispositions du chapitre V du présent titre.

CHAPITRE V

RECOURS CONTRE LA SENTENCE

Art 450. - La sentence arbitrale n'est pas susceptible d'appel, ni d'opposition, ni de pourvoi en cassation.

Art 450.1 - La sentence arbitrale peut, dans les formes et conditions fixées aux articles 434 et suivants du présent Code, être frappée de tierce opposition devant la juridiction qui eût été compétente à défaut d'arbitrage.

Art 450.2 - La requête civile peut être présentée contre la sentence arbitrale dans les délais, formes et cas prévus aux articles 422 et suivants.

Ce recours est porté devant la Cour d'appel qui eût été compétente pour connaître des autres recours contre la sentence.

Art 450.3 - La sentence arbitrale peut, malgré toute stipulation contraire, faire l'objet d'un recours en annulation.

Ce recours n'est ouvert que dans les cas suivants :

1º si l'acte qualifié sentence arbitrale a été rendu sans convention d'arbitrage ou sur convention nulle ou expirée ;

2º si le tribunal arbitral a été irrégulièrement composé ou l'arbitre unique irrégulièrement désigné ;

3º si l'arbitre a statué sans se conformer à la mission qui lui a été conférée ;

4º si le principe de la contradiction n'a pas été respecté ;

5º dans tous les cas de nullité prévus à l'article 449.5 ;

6º si l'arbitre a violé dans sa sentence une règle d'ordre public.

Ce recours n'est recevable que si les cas de nullité invoqués sont nés de la sentence ou si les parties n'ont pas été mises en mesure de les invoquer devant le tribunal arbitral.

Art 450.4 - Le recours en annulation est recevable dès le prononcé de la sentence ; il cesse de l'être s'il n'a pas été exercé dans les trente jours de la notification de la sentence.

Le recours en annulation est porté devant la Cour d'appel dont dépend le tribunal de première instance dans le ressort duquel la sentence a été rendue.

Art 450.5 - Le recours en annulation est formé, instruit et jugé selon les règles relatives à la procédure en matière contentieuse devant la Cour d'appel.

La cour doit statuer dans le délai de quatre mois à compter du jour où le recours a été régulièrement formé.

Si la cour annule la sentence arbitrale, elle renvoie l'affaire à l'arbitre qui doit à nouveau statuer dans les limites de sa mission.

Art 450.6 - Le rejet du recours en annulation confère l'exequatur à la sentence arbitrale ou à celles de ses dispositions qui ne sont pas atteintes par la censure de la cour.

CHAPITRE VI

EXECUTION DES SENTENCES

Art 451. - La sentence arbitrale n'est susceptible d'exécution forcée qu'en vertu d'une décision d'exequatur.

L'exequatur est accordé par une ordonnance du président du tribunal de première instance dans le ressort duquel elle a été rendue. Le président du tribunal est saisi et statue comme en matière de référé.

Cette ordonnance est régie par les dispositions spécifiques du présent chapitre.

A cet effet, la minute de la sentence, accompagnée d'un exemplaire de la convention d'arbitrage, est déposée par l'un des arbitres ou par la partie la plus diligente au greffe de la juridiction.

Art 451.1 - La demande d'exequatur est irrecevable tant que le délai pour exercer le recours en annulation n'est pas expiré.

Art 451.2 - Le rôle du juge de l'exequatur est strictement limité au contrôle de la forme de la sentence arbitrale.

Le juge ne peut ni réviser, ni contrôler le contenu de l'acte. Il ne peut refuser l'exequatur que si l'acte qui lui est soumis ne constitue pas une sentence arbitrale ou si son inexistence est flagrante, ou si ses dispositions sont contraires à l'ordre public.

Art 451.3 - L'exequatur est apposé sur la minute de la sentence arbitrale.

Art 451.4 - L'ordonnance qui accorde l'exequatur n'est susceptible d'aucun recours.

Art 451.5 - L'ordonnance qui refuse l'exequatur doit être motivée.

Elle peut être frappée d'appel jusqu'à l'expiration du délai d'un mois à compter de sa signification.

En ce cas, la Cour d'appel connaît, à la demande des parties, des moyens que celles-ci auraient pu faire valoir contre la sentence arbitrale par la voie du recours en annulation.

TITRE III

DE L'ARBITRAGE INTERNATIONAL

CHAPITRE PREMIER
PRINCIPES GENERAUX

Art 452. (Loi n° 2001 - 022 du 09 avril 2003) - Le présent titre s'applique à l'arbitrage commercial international.

Il ne porte pas atteinte aux accords internationaux en vigueur pour l'Etat Malgache.

Le terme " commercial ", au sens du présent titre, désigne les questions issues de toute relation de caractère commercial, contractuelle ou non contractuelle.

Sont considérés comme commerciaux, tous les échanges de biens, de services ou de valeurs, notamment toutes les relations économiques ayant pour objet la production, la transformation et la circulation des marchandises, les prestations de services qui s'y rattachent et les activités financières et bancaires.

Les dispositions du présent titre, à l'exception de celles des articles 453.4, 463, 464, 464.1 et 464.2, ne s'appliquent que si le lieu de l'arbitrage est situé sur le Territoire Malgache ou si ces mêmes dispositions ont été choisies soit par les parties soit par le tribunal arbitral.

Art 452.1 (Loi n° 2001 - 022 du 09 avril 2003) - Un arbitrage est international dans l'un des cas suivants :

1° si les parties à une convention d'arbitrage ont, au moment de la conclusion de ladite convention, leur établissement dans des Etats différents ;

2° si un des lieux ci-après est situé hors de l'Etat dans lequel les parties ont leur établissement :

e) le lieu de l'arbitrage, s'il est stipulé dans la convention d'arbitrage ou déterminé en vertu de cette convention ;

f) tout lieu où doit être exécutée une partie substantielle des obligations issues de la relation commerciale ou le lieu avec lequel l'objet du différend a le lien le plus étroit ;

3° si les parties sont convenues expressément que l'objet de la convention d'arbitrage a des liens avec plus d'un pays ;

4° d'une manière générale si l'arbitrage concerne le commerce international notamment lorsqu'il s'établit entre les parties des transferts d'intérêt de service de fonds ou de capitaux par dessus une frontière ;

L'établissement est déterminé de la manière suivante :

a) si une partie a plus d'un établissement, l'établissement à prendre en considération est celui qui a la relation la plus étroite avec la convention d'arbitrage ;

b) si une des parties n'a pas d'établissement, sa résidence habituelle en tient lieu ;

c) si une partie est une filiale d'une société étrangère, son établissement est, sauf clause contraire, placé au siège de la société mère.

Art 452.2 (Loi n° 2001 - 022 du 09 avril 2003) - Sauf convention contraire des parties :

1° toute communication écrite est réputée avoir été reçue si elle a été remise soit à la personne du destinataire, soit à son établissement, à sa résidence habituelle ou à son adresse postale ; si aucun de ces lieux n'a pu être trouvé après une enquête raisonnable, une communication écrite est réputée avoir été reçue si elle a été envoyée au dernier établissement, à la dernière résidence ou à la dernière adresse postale connus du destinataire par lettre recommandée avec demande d'avis de réception ou par tout autre moyen attestant la tentative de remise ;

2° la communication est réputée avoir été reçue le jour de la remise telle que prévue au 1° du présent article.

Art 452.3 (Loi n° 2001 - 022 du 09 avril 2003) - Est réputée avoir renoncé à une exception toute partie qui, bien qu'elle sache qu'une condition énoncée dans la convention d'arbitrage n'a pas été respectée, poursuit néanmoins l'arbitrage sans la soulever promptement ou, s'il est prévu un délai à cet effet, dans ledit délai.

Art 452.4 (Loi n° 2001 - 022 du 09 avril 2003) - Pour toutes les questions objet d'une convention d'arbitrage international, les juridictions de droit commun ne peuvent intervenir que dans les cas prévus au présent titre.

CHAPITRE II

CONVENTION D'ARBITRAGE

Art 453. (Loi n° 2001 - 022 du 09 avril 2003) -

1. Les parties peuvent, par convention d'arbitrage, décider de soumettre à l'arbitrage tous les litiges ou certains des litiges qui pourraient naître ou sont déjà nés entre elles au sujet d'un rapport de droit déterminé, contractuel ou non contractuel.

2. La convention d'arbitrage doit se présenter sous forme écrite. Une convention est sous forme écrite si elle est consignée dans un document signé par les parties ou dans un échange de lettres, de communications télex, de télégrammes ou de tout autre moyen de télécommunication qui en atteste l'existence, ou encore dans l'échange d'une conclusion en demande et d'une conclusion en réponse dans

lequel l'existence d'une telle convention est alléguée par une partie et n'est pas contestée par l'autre. La référence dans un contrat à un document contenant une clause compromissoire vaut convention d'arbitrage, à condition que ledit contrat soit sous forme écrite et que la référence soit telle qu'elle fasse de la clause une partie du contrat.

Art 453.1 (Loi n° 2001 - 022 du 09 avril 2003) - On ne peut compromettre :

1° sur les questions concernant l'ordre public au sens du droit international privé ;

2° sur les questions relatives à la nationalité ;

3° sur les questions relatives au statut personnel, à l'exception des litiges d'ordre pécuniaire en découlant ;

4° dans les matières où on ne peut transiger ;

5° sur les litiges concernant l'Etat, les collectivités territoriales et les établissements publics, à l'exception des litiges découlant de rapports internationaux d'ordre économique, commercial ou financier régis par le présent titre.

Art 453.2 (Loi n° 2001 - 022 du 09 avril 2003) - Les parties à une convention d'arbitrage doivent avoir la capacité de disposer de leurs droits.

Art 453.3 (Loi n° 2001 - 022 du 09 avril 2003) -

4. Une juridiction de droit commun saisie d'un litige sur une question faisant l'objet d'une convention d'arbitrage renverra les parties à l'arbitrage si l'une d'entre elles le demande au plus tard lorsqu'elle soumet ses premières conclusions sur le fond, à moins que la juridiction ne constate que ladite convention est manifestement nulle, inopérante ou non susceptible d'être exécutée.

5. En attendant que la juridiction ainsi saisie ait statué, la procédure arbitrale peut néanmoins être engagée ou poursuivie et une sentence être rendue.

Art 453.4 (Loi n° 2001 - 022 du 09 avril 2003) - La demande par une partie au juge des référés, avant ou pendant la procédure arbitrale, d'une mesure conservatoire provisoire, n'est pas incompatible avec une convention d'arbitrage.

La demande est portée devant le Premier Président de la Cour d'Appel d'Antananarivo.

CHAPITRE III

COMPOSITION DU TRIBUNAL ARBITRAL

Art 454.1 -

1. Nul ne peut, en raison de sa nationalité, être empêché d'exercer des fonctions d'arbitre, sauf convention contraire des parties.

2. Les parties sont libres de convenir de la procédure de nomination de l'arbitre ou des arbitres, sans préjudice des dispositions des paragraphes 4 et 5 du présent article.

3. Faute d'une telle convention :

a. en cas d'arbitrage par trois arbitres, chaque partie nomme un arbitre et les deux arbitres ainsi nommés choisissent le troisième arbitre ; si une partie ne nomme pas un arbitre dans un délai de trente jours à compter de la réception d'une demande à cette fin émanant de l'autre partie ou si les deux arbitres ne s'accordent pas sur le choix du troisième arbitre dans un délai de trente jours à compter de leur désignation, la nomination est effectuée, sur la demande d'une partie, par ordonnance de référé rendue par le premier président de la Cour d'appel d'Antananarivo ;

b. en cas d'arbitrage par un arbitre unique, si les parties ne peuvent s'accorder sur le choix de l'arbitre, celui-ci est nommé, sur la demande d'une partie, par ordonnance de référé rendue par le premier président de la Cour d'appel considérée comme une convention distincte des autres clauses du contrat. La constatation de nullité du contrat par le tribunal arbitral n'entraîne pas de plein droit la nullité de la clause compromissoire.

4. L'exception d'incompétence du tribunal arbitral est soulevée au plus tard lors du dépôt des conclusions en défense sur le fond. Le fait pour une partie d'avoir désigné un arbitre ou d'avoir participé à sa désignation ne la prive pas du droit de soulever cette exception. L'exception prise de ce que la question litigieuse excéderait les pouvoirs du tribunal arbitral est soulevée dès que la question alléguée comme excédant ses pouvoirs est soulevée pendant la procédure arbitrale. Le tribunal arbitral peut, dans l'un ou l'autre cas, admettre une exception soulevée après le délai prévu, s'il estime que le retard est dû à une cause valable.

5. Si le tribunal arbitral, par sentence préalable, statue sur une exception visée au paragraphe 2 du présent article, l'une des parties peut, dans un délai de trente jours à compter de la date de notification de cette décision, demander à la Cour d'appel d'Antananarivo, de rendre une décision sur ce point, conformément aux dispositions de l'article 462.

La cour doit statuer sur la demande au plus tôt, et dans tous les cas, dans un délai ne dépassant pas trois mois à compter de la date du dépôt de la demande.

La reprise de la procédure sera subordonnée au résultat de l'arrêt de la cour.

Quant aux exceptions soulevées après le prononcé de la sentence arbitrale ayant tranché sur ledit recours, elles seront examinées avec le fond.

Art 454.2 (Loi n° 2001 - 022 du 09 avril 2003) -

1. Lorsqu'une personne est pressentie en vue de sa nomination éventuelle en qualité d'arbitre, elle signale toutes causes de nature à soulever des doutes légitimes sur son impartialité sur son

indépendance. A partir de la date de sa nomination et durant toute la procédure arbitrale, l'arbitre signale sans tarder de telles causes aux parties, à moins qu'il ne l'ait déjà fait.

2. Un arbitre ne peut être récusé que s'il existe des causes de nature à soulever des doutes légitimes sur son impartialité ou son indépendance, ou si celui-ci ne possède pas les qualifications convenues par les parties. Une partie ne peut récuser l'arbitre qu'elle a nommé ou à la nomination duquel elle a participé que pour une cause dont elle a eu connaissance après cette nomination.

Art 454.3 (Loi n° 2001 - 022 du 09 avril 2003) -

3. Sous réserve des dispositions du paragraphe 3 du présent article, les parties sont libres de convenir de la procédure de récusation de l'arbitre.

4. Faute d'un tel accord, la partie qui a l'intention de récuser un arbitre expose par écrit les motifs de la récusation au tribunal arbitral, dans un délai de quinze jours à compter de la date à laquelle elle a eu connaissance de la constitution du tribunal arbitral ou de la date à laquelle elle a eu connaissance des causes visées à l'article 454.2.

5. Si l'arbitre récusé ne se déporte pas ou que l'autre partie n'accepte pas la récusation, la partie récusant peut, dans un délai de trente jours à compter de la date de l'exposé visé au paragraphe 2 du présent article, demander au Premier Président de la Cour d'Appel d'Antananarivo, d'examiner la demande en récusation. L'ordonnance rendue à cet effet n'est susceptible d'aucun recours. Dans l'attente de cette décision, la procédure arbitrale se poursuit.

6. Lorsque la procédure arbitrale convenue par les parties confie à une institution d'arbitrage le soin de se prononcer sur la récusation, le tribunal arbitral doit opposer une fin de non-recevoir à toute demande de récusation qui lui est présentée.

Art 454.4 -

7. Lorsqu'un arbitre se trouve dans l'impossibilité de droit ou de fait de remplir sa mission ou, pour d'autres raisons, ne s'en acquitte pas dans un délai de trente jours, son mandata prend fin s'il se déporte ou si les parties conviennent d'y mettre fin. Au cas où il subsiste un désaccord quant à l'un quelconque de ces motifs, l'une ou l'autre partie peut demander au premier président de la Cour d'Appel d'Antananarivo de statuer sur la révocation de l'arbitre, par ordonnance de référé non susceptible d'aucun recours.

Si l'arbitre a été nommé en vertu du règlement d'une institution d'arbitrage, l'examen de la révocation se fera conformément audit règlement.

8. Lorsque en application du présent article ou du paragraphe 2 de l'article 454.3, l'arbitre se déporte ou une partie accepte que la mission de l'arbitre prenne fin, ce déport ou cette acceptation n'implique pas reconnaissance de la validité de motif quelconque mentionné au présent article ou au paragraphe 2 de l'article 454.2.

Art 454.5 - Lorsqu'il est mis fin au mandat d'un arbitre conformément à l'article 454.3 ou 454.4, ou lorsque celui-ci se déporte pour toute autre raison, ou lorsque son mandat est révoqué par accord des parties ou dans tout autre cas où il est mis fin à son mandat, un arbitre remplaçant est nommé conformément aux règles qui étaient applicables à la nomination de l'arbitre remplacé.

CHAPITRE IV

COMPETENCE DU TRIBUNAL ARBITRAL

Art 455. (Loi n° 2001 - 022 du 09 avril 2003) -

6. Le tribunal arbitral statue sur sa propre compétence, y compris sur toute exception relative à l'existence ou à la validité de la convention d'arbitrage. A cette fin, une clause compromissoire faisant partie d'un contrat est considérée comme une convention distincte des autres clauses du contrat. La constatation de nullité du contrat par le tribunal arbitral n'entraîne pas de plein droit la nullité de la clause compromissoire.

7. L'exception d'incompétence du tribunal arbitral est soulevée au plus tard lors du dépôt des conclusions en défense sur le fond. Le fait pour une partie d'avoir désigné un arbitre ou d'avoir participé à sa désignation ne la prive pas du droit de soulever cette exception. L'exception prise de ce que la question litigieuse excéderait les pouvoirs du tribunal arbitral est soulevée dès que la question alléguée comme excédant ses pouvoirs est soulevée pendant la procédure arbitrale. Le tribunal arbitral peut, dans l'un ou l'autre cas, admettre une exception soulevée après le délai prévu, s'il estime que le retard est dû à une cause valable.

8. Si le tribunal arbitral, par sentence préalable, statue sur une exception visée au paragraphe 2 du présent article, l'une des parties peut, dans un délai de trente jours à compter de la date de notification de cette décision, demander à la Cour d'Appel d'Antananarivo de rendre une décision sur ce point, conformément aux dispositions de l'article 462.

La Cour doit statuer sur la demande au plus tôt et, dans tous les cas, dans un délai ne dépassant pas trois mois à compter de la date du dépôt de la demande. Dans l'attente de cette décision, la procédure arbitrale se poursuit.

Quant aux exceptions soulevées après le prononcé de la sentence arbitrale ayant tranché sur ledit recours, elles seront examinées avec le fond.

Art 456. - Sauf convention contraire des parties, le tribunal arbitral peut, à la demande d'une partie, ordonner à toute partie de prendre toute mesure provisoire ou conservatoire qu'il juge nécessaire en ce qui concerne le litige. Le tribunal arbitral peut, à ce titre, exiger de toute partie le versement d'une provision appropriée.

CHAPITRE V

CONDUITE DE LA PROCEDURE ARBITRALE

Art 457. - Les parties doivent être traitées sur un pied d'égalité et chaque partie doit avoir toute possibilité de faire valoir ses droits.

Art 458. -

9. Sous réserve des dispositions du présent titre, les parties sont libres de convenir de la procédure à suivre par le tribunal arbitral.

10. Faute d'une telle convention, le tribunal arbitral peut, sous réserve des dispositions du présent titre, procéder à l'arbitrage comme il le juge approprié. Les pouvoirs conférés au tribunal arbitral comprennent celui de juger de la recevabilité, de la pertinence et de l'importance de toute preuve produite.

Art 458.1 -

11. Sous réserve des dispositions de l'article 452, les parties sont libres de convenir du lieu de l'arbitrage dans ou hors du territoire malgache. Faute d'une telle convention, ce lieu est fixé par le tribunal arbitral, compte tenu des circonstances de l'affaire, y compris les convenances des parties.

12. Nonobstant les dispositions du paragraphe 1er du présent article, le tribunal arbitral peut, sauf convention contraire des parties, se réunir en tout lieu qu'il jugera approprié pour l'organisation de consultations entre ses membres, à l'audition des témoins, des experts ou des parties, ou pour l'inspection des marchandises, d'autres biens ou de pièces.

Art 458.2 - Sauf convention contraire des parties, la procédure arbitrale concernant un litige déterminé débute à la date à laquelle la demande de soumission de ce litige à l'arbitrage est reçue par le défendeur.

Art 459. -

13. Les parties sont libres de convenir de la langue ou des langues à utiliser dans la procédure arbitrale. Faute d'un tel accord, le tribunal arbitral décide de la langue ou des langues à utiliser dans la procédure. Cet accord ou cette décision, à moins qu'il n'en soit convenu ou décidé autrement, s'applique à toute déclaration écrite d'une partie, à toute procédure orale et à toute sentence, décision ou autre communication du tribunal arbitral.

14. Le tribunal arbitral peut ordonner que toute pièce soit accompagnée d'une traduction dans la langue ou les langues convenues par les parties ou choisies par le tribunal arbitral.

Art 460. -

15. Dans le délai convenu par les parties ou fixé par le tribunal arbitral, le demandeur doit énoncer les faits à l'appui de sa demande, les questions litigieuses et ses conclusions. Le défendeur doit présenter ses défenses à propos de ces questions, à moins que les parties ne soient autrement convenues des éléments devant figurer dans les conclusions.

Les parties accompagnent leurs conclusions de tous moyens qu'elles jugent pertinents ou peuvent y mentionner les moyens et autres preuves qu'elles comptent produire.

16. Sauf convention contraire des parties, l'une ou l'autre partie peut modifier ou compléter sa demande ou ses défenses, au cours de la procédure arbitrale, à moins que le tribunal arbitral considère ne pas devoir autoriser un tel amendement en raison du retard avec lequel il est formulé.

Art 460. 1. -

17. Sauf convention contraire des parties, le tribunal arbitral décide si la procédure doit comporter des phases orales pour la production de preuves ou pour l'exposé oral des arguments, ou si elle se déroulera sur pièces.

Cependant, à moins que les parties n'aient convenu qu'il n'y aura pas de procédure orale, le tribunal arbitral organise une telle procédure à un stade approprié de la procédure arbitrale, si une partie lui en fait la demande.

18. Les parties recevront suffisamment longtemps à l'avance notification de toutes audiences et de toutes réunions du tribunal arbitral tenues aux fins de l'inspection de marchandises, d'autres biens ou de pièces.

19. Toutes les conclusions, pièces ou informations que l'une des parties fournit au tribunal arbitral doivent être communiquées aux autres parties. Doit également leur être communiqué tout rapport d'expertise ou moyen, sur lequel le tribunal arbitral pourrait s'appuyer pour statuer.

Art 460.2 - Sauf convention contraire des parties, si, sans invoquer d'empêchement légitime :

1° le demandeur ne présente pas sa demande conformément au paragraphe 1 de l'article 460, le tribunal arbitral met fin à la procédure arbitrale ;

2° le défendeur ne présente pas ses défenses conformément au paragraphe 1 de l'article précité, le tribunal arbitral poursuit la procédure arbitrale sans considérer ce défaut en soi comme une acceptation des allégations du demandeur ;

3° l'une des parties omet de comparaître à l'audience ou de produire des documents, le tribunal arbitral peut poursuivre la procédure et statuer sur la base des éléments de preuve dont il dispose.

Art 460.3 -

1. Sauf convention contraire des parties, le tribunal arbitral :

a. peut nommer un ou plusieurs experts chargés de lui faire rapport sur les points précis qu'il déterminera ;

b. peut demander à une partie de fournir à l'expert tous renseignements appropriés ou de lui soumettre ou de lui rendre accessibles, aux fins d'examen, toutes pièces ou toutes marchandises ou autres biens pertinents.

2. Sauf convention contraire des parties, si une partie en fait la demande ou si le tribunal arbitral le juge nécessaire, l'expert, après présentation de son rapport écrit ou oral, participe à une audience à laquelle les parties peuvent l'interroger, et entendre également le témoignage d'autres experts sur le même sujet.

Art 460.4 - Le tribunal arbitral ou, avec l'approbation du tribunal arbitral, une des parties peut demander à une juridiction de droit commun compétente une assistance pour l'obtention de preuves. La juridiction ainsi saisie peut satisfaire à la demande, dans les limites de sa compétence et conformément aux règles relatives à l'obtention de preuves.

CHAPITRE VI

PRONONCE DE LA SENTENCE ET CLOTURE DE LA PROCEDURE

Art 461. -

20. Le tribunal arbitral tranche le litige conformément aux règles de droit choisies par les parties comme étant applicables au fond du litige. Toute désignation de la loi ou du système juridique d'un Etat donné est considérée, sauf indication contraire expresse, comme désignant directement les règles juridiques de fond de cet Etat et non ses règles de conflit de lois.

21. À défaut d'une telle désignation par les parties, le tribunal arbitral applique la loi désignée par la règle de conflit de lois qu'il juge applicable en l'espèce.

22. Le tribunal arbitral statue en amiable compositeur, c'est-à-dire selon les règles de l'équité, uniquement si les parties l'y ont expressément autorisé.

4 Dans tous les cas, le tribunal arbitral décide conformément aux stipulations du contrat et tient compte des usages du commerce applicables à la transaction.

Art 461.1 - Dans une procédure arbitrale comportant plus d'un arbitre, toute décision du tribunal arbitral est, sauf convention contraire des parties, prise à la majorité de tous ses membres. Toutefois, les questions de procédure peuvent être tranchées par un arbitre président si ce dernier y est autorisé par les parties ou par tous les membres du tribunal arbitral.

Art 461.2 -

23. Si, durant la procédure arbitrale, les parties s'entendent pour régler le litige, le tribunal arbitral met fin à la procédure arbitrale et, si les parties lui en font la demande et s'il n'y voit pas d'objection, constate le fait par une sentence arbitrale par accord des parties.

24. La sentence d'accord - parties est rendue conformément aux dispositions de l'article 461.3 et mentionne le fait qu'il s'agit d'une sentence. Une telle sentence a le même statut et le même effet que toute autre sentence prononcée sur le fond de l'affaire.

Art 461.3 -

25. La sentence est rendue par écrit et signée par l'arbitre ou les arbitres. Dans la procédure arbitrale comprenant plusieurs arbitres, les signatures de la majorité des membres du tribunal arbitral suffisent, pourvu que soit mentionnée la raison de l'omission des autres.

26. La sentence est motivée, sauf si les parties sont convenues que tel ne doit pas être le cas ou s'il s'agit d'une sentence rendue par accord des parties conformément à l'article 461.2.

27. La sentence mentionne la date à laquelle elle est rendue, ainsi que le lieu de l'arbitrage déterminé conformément au paragraphe 1 de l'article 458.1. La sentence est réputée avoir été rendue audit lieu.

28. Après le prononcé de la sentence, une copie signée par l'arbitre ou les arbitres conformément au paragraphe 1er du présent article en est remise à chacune des parties.

Art 461.4 -

1. La procédure arbitrale est close par le prononcé de la sentence définitive ou par une ordonnance de clôture rendue par le tribunal arbitral conformément au paragraphe 2 du présent article.

2. Le tribunal arbitral ordonne la clôture de la procédure arbitrale :

i) - lorsque le demandeur retire sa demande, à moins que le défendeur y fasse objection et que le tribunal arbitral reconnaisse qu'il a légitimement intérêt à ce que le litige soit définitivement réglé ;

ii)- lorsque les parties conviennent de clore la procédure ;

iii) - lorsque le tribunal arbitral constate que la procédure est, pour toute autre raison, devenue superflue ou impossible.

3. Le mandat du tribunal arbitral prend fin avec la clôture de la procédure arbitrale, sous réserve des dispositions de l'article 461.5 et du paragraphe 4 de l'article 462.

Art 461.5. -

1. Dans les trente jours qui suivent le prononcé de la sentence arbitrale, le tribunal arbitral peut, d'office, rectifier l'erreur d'écriture ou de calcul ou toute erreur matérielle qui s'est insinuée dans la sentence.

2. Dans les trente jours qui suivent la réception de la sentence, à moins que les parties ne soient convenues d'un autre délai, le tribunal arbitral, à la demande d'une partie moyennant notification de sa demande à l'autre, peut procéder aux opérations suivantes :

iv)   - rectifier l'erreur d'écriture ou de calcul ou toute erreur matérielle qui s'est insinuée dans la sentence ;

v)- interpréter une partie déterminée de la sentence ;

vi)   - rendre une sentence complémentaire sur un chef de demande omis dans la sentence.

Le tribunal arbitral se prononce dans les trente jours de sa saisine s'il s'agit d'une sentence rectificative ou interprétative, et dans les soixante jours s'il s'agit d'une sentence complémentaire. Il peut prolonger, si nécessaire, l'un ou l'autre de ces délais.

3. La sentence rendue dans l'un des cas énumérés au présent article fait partie intégrante de la sentence initiale.

CHAPITRE VI

RECOURS CONTRE LA SENTENCE ARBITRALE

Art 462. (Loi n° 2001 - 022 du 09 avril 2003) -

29.   La sentence arbitrale n'est susceptible que du recours en annulation et ce, devant la Cour d'Appel d'Antananarivo, selon la procédure définie aux paragraphes 2 et 3 du présent article.

30.   La Cour ne peut annuler une sentence arbitrale que dans les deux cas suivants : a.

Lorsque l'auteur de la demande en annulation apporte la preuve :

vii)   soit qu'une partie à la convention d'arbitrage visée à l'article 453 était frappée d'une incapacité ou que ladite convention n'est pas valable en vertu de la loi à laquelle les parties l'ont subordonnée ou, à défaut du choix de la loi applicable, en vertu des règles du droit international privé ;

viii)   soit qu'il n'a pas été dûment informé de la nomination d'un arbitre ou de la procédure arbitrale ou qu'il lui a été impossible pour une autre raison de faire valoir ses droits ;

ix)   soit que la sentence arbitrale porte sur un litige non visé par le compromis ou n'entrant pas dans les prévisions de la clause compromissoire ou qu'elle contient des décisions qui dépassent les termes du compromis ou de la clause compromissoire, étant entendu toutefois que, si les dispositions de la sentence qui ont trait à des questions soumises à l'arbitrage peuvent être dissociées de celles qui ont trait à des questions non soumises à l'arbitrage, seule la partie de la sentence contenant des décisions sur les questions non soumises à l'arbitrage pourra être annulée;

iv) soit que la constitution du tribunal arbitral ou la procédure arbitrale n'a pas été conforme à la convention des parties, à un règlement d'arbitrage choisi, à la loi d'un pays retenue comme applicable ou aux règles édictées par les dispositions du présent titre relatives à la constitution du tribunal arbitral ;

b. Lorsque la cour constate que :

x) l'objet du litige n'est pas, conformément aux dispositions de l'article 453.1, susceptible d'être réglé par arbitrage ;

xi) la sentence arbitrale est manifestement contraire à l'ordre public international.

3. La demande d'annulation ne peut être présentée après l'expiration d'un délai de trois mois à compter de la date à laquelle la partie présentant cette demande a reçu notification de la sentence ou, si une demande a été faite en vertu de l'article 461.5, à compter de la date à laquelle le tribunal arbitral a pris une décision sur cette demande.

31. La cour saisie de la demande en annulation peut, le cas échéant, et à la demande d'une partie, suspendre la procédure d'annulation pendant une période dont elle fixe la durée afin de donner au tribunal arbitral la possibilité de reprendre la procédure arbitrale ou de prendre toute mesure qu'il juge susceptible d'éliminer les motifs d'annulation.

32. Lorsque la cour, saisie de la demande en annulation, annule toute ou partie de la sentence arbitrale, elle peut à la demande de toutes les parties, statuer au fond. Elle agira en qualité d'amiable compositeur si le tribunal arbitral avait cette qualité.

Le rejet du recours en annulation confère l'exequatur à la sentence incriminée.

33. Les parties qui n'ont à Madagascar ni domicile ni résidence principale ni établissement peuvent convenir expressément d'exclure tout recours, total ou partiel, contre toute décision du tribunal arbitral.

Si elles demandent la reconnaissance ou l'exécution sur le territoire malgache de la sentence arbitrale ainsi rendue, il est fait obligatoirement application des articles 464, 464.1 et 464.2.

CHAPITRE VIII

RECONNAISSANCE ET EXECUTION DES SENTENCES ARBITRALES

Art 463. - Sont soumises aux dispositions du présent chapitre, en vue de leur reconnaissance ou de leur exécution à Madagascar, les sentences arbitrales rendues en matière d'arbitrage international dans n'importe quel pays, ainsi que, sous réserve de réciprocité, les sentences arbitrales étrangères.

Art 464. -

34. La sentence arbitrale, quel que soit le pays où elle a été rendue, est reconnue comme ayant force obligatoire et, sur requête par écrit adressée à la Cour d'appel d'Antananarivo, est exécutée sous réserve des dispositions du présent article et de l'article 464.1.

35. La partie qui invoque une sentence arbitrale ou qui en demande l'exécution doit en produire l'original dûment authentifié ou une copie certifiée conforme, ainsi que l'original de la convention d'arbitrage mentionnée à l'article 453 ou une copie certifiée conforme. Si ladite sentence ou ladite convention n'est pas rédigée en langue malgache ou en langue française, la partie en produit une traduction dûment certifiée par un traducteur inscrit sur la liste des experts.

Art 464.1 (Loi n° 2001 - 022 du 09 avril 2003) - La reconnaissance ou l'exécution d'une sentence arbitrale, quel que soit le pays où elle a été rendue, ne peut être refusée que :

A. sur la demande de la partie contre laquelle elle est invoquée, si ladite partie présente à la Cour saisie de la reconnaissance ou de l'exécution, la preuve :

1° soit qu'une partie à la convention d'arbitrage visée à l'alinéa 1 de l'article 453 était frappée d'une incapacité ou que ladite convention n'est pas valable en vertu de la loi à laquelle les parties l'ont subordonnée ou, à défaut d'une telle indication, au regard des règles du droit international privé ;

2° soit qu'elle n'a pas été dûment informée de la nomination d'un arbitre ou de la procédure arbitrale ou qu'il lui a été impossible pour une autre raison de faire valoir ses droits ;

3° soit que la sentence porte sur un différend non visé par le compromis ou n'entrant pas dans les prévisions de la clause compromissoire ou qu'elle contient des décisions qui dépassent les termes du compromis ou de la clause compromissoire, étant entendu toutefois que, si les dispositions de la sentence qui ont trait à des questions soumises à l'arbitrage peuvent être dissociées de celles qui ont trait à des questions non soumises à l'arbitrage, seule la partie de la sentence contenant des décisions sur les questions soumises à l'arbitrage pourra être reconnue et exécutée ;

4° soit que la constitution du tribunal arbitral ou la procédure arbitrale n'a pas été conforme à la convention des parties ou à défaut d'une telle convention, à la loi du pays où l'arbitrage a eu lieu ;

5° soit que la sentence n'est pas encore devenue obligatoire pour les parties ou a été annulée ou suspendue par une juridiction du pays dans lequel ou en vertu de la loi duquel, elle a été rendue ;

B. si la Cour constate que :

1° l'objet du litige n'est pas susceptible d'être réglé par arbitrage conformément aux dispositions de l'article 453.1 ;

2° la reconnaissance ou l'exécution de la sentence arbitrale serait manifestement contraire à l'ordre public international.

Art 464.2 - Si une demande d'annulation ou de suspension d'une sentence arbitrale a été présentée à la juridiction visée au sous-alinéa a. 5 de l'article 464.1, la cour saisie de la demande de reconnaissance ou d'exécution, peut surseoir à statuer et peut aussi à la requête de la partie demandant la reconnaissance ou l'exécution de la sentence, ordonner à l'autre partie de fournir des sûretés convenables.

DEUXIEME PARTIE

DES VOIES D'EXECUTION

LIVRE PREMIER

DES REGLES GENERALES POUR L'EXECUTION DES JUGEMENTS ET DES ACTES

Art 465. (Loi n° 2001 - 022 du 09 avril 2003) - Le jugement est exécutoire à partir du moment où il passe en force de chose jugée à moins que le débiteur bénéficie d'un délai de grâce ou le créancier de l'exécution provisoire.

A force de chose jugée, le jugement n'est susceptible d'aucun recours suspensif d'exécution.

Le jugement susceptible d'un tel recours acquiert la même force à l'expiration du délai du recours si ce dernier n'a pas été exercé dans le délai.

Art 465.1 (Loi n° 2001 - 022 du 09 avril 2003) - Les jugements ne peuvent être exécutés contre ceux auxquels ils sont opposés qu'après leur avoir été notifiés ou signifiés, à moins que l'exécution n'en soit volontaire.

En cas d'exécution au seul vu de la minute, la présentation de celle-ci vaut notification.

Les jugements sont susceptibles d'être exécutés pendant trente années à partir du jour où ils ont été rendus ; ce délai expiré, ils sont périmés.

Art 466. (Loi n° 2001 - 022 du 09 avril 2003) - L'Etat est tenu de prêter son concours à l'exécution des jugements et autres titres exécutoires. Le refus de l'Etat de prêter son concours ouvre droit à réparation.

Tout bénéficiaire d'un jugement a le droit d'en obtenir une expédition aux fins d'exécution dénommée grosse.

La grosse est revêtue, par le greffier en chef de la juridiction qui a statué, de la formule exécutoire permettant au bénéficiaire de poursuivre l'exécution, en recourant si cela est nécessaire, à la force publique.

Art 466.1 (Loi n° 2001 - 022 du 09 avril 2003) - La formule exécutoire est intitulée comme suit :

"REPUBLIQUE DE MADAGASCAR"

"Au nom du Peuple Malagasy"

et terminée par la formule suivante :

"En conséquence, la République de Madagascar mande et ordonne à tous huissiers, sur ce requis, de mettre ledit jugement (ou ledit arrêt, etc...) à exécution, aux procureurs généraux et aux procureurs de la République d'y tenir la main, à tous commandants et officiers de la force publique de prêter main forte lorsqu'ils en seront légalement requis.

En foi de quoi le présent jugement (ou arrêt, etc...) a été signé par... "

Art 466.2 (Loi n° 2001 - 022 du 09 avril 2003) - Les simples expéditions de jugement peuvent être délivrées à toutes les parties en cause.

Il ne peut être délivré qu'une seule grosse à chacune des parties gagnantes.

Art 466.3 (Loi n° 2001 - 022 du 09 avril 2003) - La preuve du caractère exécutoire ressort du jugement lorsque celui-ci n'est susceptible d'aucun recours suspensif ou qu'il bénéficie de l'exécution provisoire.

Dans les autres cas, cette preuve résulte :

1) soit de l'acquiescement de la partie condamnée ;

2) soit de la notification de la décision et d'un certificat permettant d'établir par rapprochement avec cette notification, l'absence dans le délai, d'une opposition, d'un appel ou d'un pourvoi en cassation lorsque le pourvoi est suspensif.

Toute partie peut se faire délivrer par le greffe de la juridiction devant laquelle le recours pouvait être formé un certificat attestant l'absence d'opposition, d'appel ou de pourvoi en cassation ou indiquant la nature et la date du recours s'il en a été formé un.

Art 467. - Les jugements rendus et les actes passés à Madagascar sont exécutoires sur tout le territoire de la République encore que l'exécution ait lieu hors du ressort du tribunal par lequel les jugements ont été rendus, ou de celui dans lequel les actes ont été passés.

Art 468. - Sous réserve des conventions internationales, les jugements rendus par les tribunaux étrangers et les actes reçus par les fonctionnaires et officiers publics ou ministériels étrangers ne sont susceptibles d'exécution à Madagascar qu'autant qu'ils ont été déclarés exécutoires par un tribunal Malagasy.

Art 469. - Les jugements qui prononcent une mainlevée, une radiation d'hypothèque, un payement ou quelque autre chose à faire par un tiers ou à sa charge, ne sont exécutoires par les tiers ou contre eux, même après les délais d'opposition ou de l'appel, que sur un certificat du greffier de la juridiction qui l'a rendu contenant la date de la notification ou de la signification faite à la partie condamnée, attestant qu'il n'existe contre le jugement, ni opposition, ni appel.

Sur la présentation de ce certificat, les séquestres, conservateurs et tous autres sont tenus de satisfaire au jugement.

Art 470. (Loi n° 2001 - 022 du 09 avril 2003) - Toutes les difficultés relatives à l'exécution des jugements doivent être portées, sans préjudice des dispositions de l'article 420, devant le tribunal qui a rendu la décision dont l'exécution est entravée.

Art 471. - Les contestations élevées sur l'exécution des jugements des tribunaux commerce sont portées au tribunal civil de première instance ou à la section du lieu ou l'exécution se poursuit.

Art 472. - Sauf dans les cas prévus par la loi, l'élection de domicile convenu par les parties pour un acte déterminé vaut pour tous les actes de poursuite et d'exécution forcée concernant cet acte qui peuvent être faits au domicile convenu et devant le juge de ce domicile.

Art 473. - La remise de l'acte ou du jugement à l'agent d'exécution vaut pouvoir pour toutes exécutions autres que la saisie immobilière.

Art 474. - Tout agent procédant ou participant à l'exécution d'un jugement et insulté dans l'exercice de ses fonctions dresse procès-verbal de rébellion ; il est procédé suivant les règles établies par le Code de procédure pénale.

Art 475. - Il n'est procédé à aucune saisie mobilière ou immobilière qu'en vertu d'un titre exécutoire, et pour choses liquides et certaines ; si la dette exigible n'est pas d'une somme d'argent, il sera sursis après la saisie, à toutes poursuites ultérieures, jusqu'à ce que l'appréciation en ait été faite.

De l'exécution des jugements de défaut

Art 476. - (Abrogé par la loi n° 2001 - 022 du 09 avril 2003)

Art 477. - Tout jugement par défaut ou réputé contradictoire par application de l'article 184 doit, à peine de péremption, être notifié ou signifié dans l'année de son obtention à la partie défaillante, à personne ou à domicile.

Il doit être porté indication sur l'acte des délais d'appel et d'opposition.

Art 478. - (Abrogé par la loi n° 2001 - 022 du 09 avril 2003)

Art 479. - Si le jugement n'est pas susceptible d'exécution, ou, si l'étant, celle-ci est impossible, le jugement sera publié par extrait dans un journal du dernier domicile connu du défaillant désigné par le magistrat qui a rendu le jugement.

L'extrait sommaire contiendra exclusivement la date du jugement, avec indication du tribunal qui l'a rendu, les noms, prénoms, professions et domiciles des parties indiquées dans le jugement. Il précisera qu'aucune opposition ne sera recevable, passé le délai d'un mois, majoré en tant que de besoin, des délais de distance. Si la publication est impossible, l'extrait sommaire sera affiché à la mairie du domicile dernier connu.

Art 480. - L'exécution des jugements de défaut contre les tiers n'est possible que sur un certificat du greffier attestant qu'il n'y a eu ni opposition ni appel.

Art 481. - En cas de péremption du jugement de défaut, la procédure ne pourra être reprise que par une nouvelle instance. Le défendeur sera déchargé des frais de la première procédure.

De l'exécution amiable

Art 482. - L'exécution des jugements et arrêts contentieux et des procès-verbaux de conciliation, tant qu'il n'est procédé à l'exécution forcée, peut être poursuivie amiablement sur réquisition du créancier, dès que la décision est devenue exécutoire.

Cette procédure est facultative.

Art 483. - Le Président du tribunal compétent aux termes de l'article 420 du présent Code commet le greffier qui sera chargé de poursuivre l'exécution sous sa surveillance.

Art 484. - Le greffier convoque les parties ou leurs mandataires au procès à comparaître devant lui.

- Si les parties comparaissent, il invite la partie condamnée à s'acquitter de ses obligations, si elle ne l'a déjà fait.

- Si elle s'en est déjà acquittée ou si elle s'en acquitte sur-le-champ, il en est dressé procès-verbal en triple exemplaire, dont copie est remise à chaque partie.

- Si la partie condamnée offre d'exécuter ses obligations mais demande un délai et que le créancier y consent, les parties sont renvoyées à comparaître à la date fixée d'un commun accord.

Art 485. - En cas de non-comparution, de refus d'exécution ou d'inexécution à l'expiration du délai de grâce, il est dressé procès-verbal dit de non-exécution, dont copie est remise au créancier qui est invité à recourir à l'exécution forcée.

Art 486. - Les procès-verbaux d'exécution ou d'inexécution sont visés par le président.

Art 487. - Tous les procès-verbaux sont dispensés d'enregistrement. Ils doivent être déposés au greffe et reliés en registre des procès-verbaux d'exécution.

LIVRE II

DES SAISIES

TITRE PREMIER

DES BIENS INSAISISSABLES

Art 488. - Sont insaisissables :

1° Les biens déclarés insaisissables par la loi ;

2° Les biens du domaine de l'Etat et des collectivités publiques ;

3° Les tombeaux contenant des sépultures avec leur pourtour et les servitudes nécessaires pour y accéder ;

4° Les immeubles par destination, les servitudes foncières ainsi que les hypothèques ;

5° Le droit d'usufruit légal des père et mère sur les biens de leurs enfants mineurs de moins de dix-huit ans à l'exception de la partie des revenus excédant les charges de la puissance paternelle ;

6° Le droit d'usufruit sur les biens de la femme dont le mari a l'administration ;

7° Le droit d'usage et d'habitation ;

8° Les offices ministériels, sauf leur prix de vente ;

9° Le droit de propriété littéraire et artistique ;

10° Les biens constitués par la volonté de l'homme en biens kodrazana ;

11° Les immeubles, meubles et sommes d'argent, de même que le sommes et pensions pour aliments, ainsi que les rentes viagères données ou léguées à des tiers, à l'égard des créanciers postérieurs, dans la proportion autorisée par le juge ;

12° Les rentes sur l'Etat ;

13° Les cautionnements des officiers ministériels et des comptables publics ;

14° Les sommes dues par le trésor aux entrepreneurs et adjudicataires de tous travaux ayant le caractère de travaux publics, tant qu'ils ne sont pas terminés ;

15° Les biens meubles ou immeubles, nécessaires au fonctionnement des organisations professionnelles ;

16° Les effets de commerce exigibles ;

17° Les navires en partance ;

18° Les traitements, prestations familiales, pensions d'invalidité, civiles, de retraite, militaires, pour la portion déterminée par les lois et règlements ;

19° Les provisions alimentaires adjugées par justice pour cause d'aliments ; 20° Les

lettres missives et manuscrits inédits ;

21° Certains biens indispensables à la subsistance immédiate du débiteur et de sa famille, énumères ci-après :

- Le coucher nécessaire au saisi, à son conjoint et à ses enfants vivant avec lui ; - Les

habits dont ils sont vêtus, quelle qu'en soit la valeur ;

- Les sommes d'argent ou les denrées nécessaires à la subsistance du saisi et de sa famille pendant un mois ;

- Les livres inachevés et les instruments de travail servant à la profession du saisi jusqu'à la somme de vingt mille francs ;

- Les outils des artisans nécessaires à leurs occupations ;

- Les équipements des militaires, vêtements de marins et les objets servant à leur profession ;

- Un bovidé, ou trois brebis, ou deux chèvres au choix du saisi avec la nourriture de ces animaux pendant un mois ;

- Les semences nécessaires à l'ensemencement d'une superficie de 5 hectares.

Art 489. - Les objets énumérés sous le numéro 21 du précédent article, à l'exception de ceux concernant le coucher et l'habillement, pourront être saisis pour le recouvrement des créances nées des sommes dues pour la fabrication ou l'achat des dits objets, ou prêtées pour les acheter ou les réparer, ou à raison des fermages et moissons des terres à la culture desquelles ces objets sont employés, ou des loyers du local servant à l'habitation personnelle du débiteur.

TITRE II

DE LA SAISIE IMMOBILIERE

CHAPITRE PREMIER

DE L'ADJUDICATION ET DE LA SURENCHERE

Art 490. - La procédure de la saisie immobilière telle qu'elle est réglementée par les articles 490 à 569 ne s'applique qu'aux immeubles placés sous le régime foncier de l'immatriculation.

Art 491. - Les immeubles cadastrés ne peuvent être saisis et vendus qu'après avoir été préalablement immatriculés à la diligence soit du saisi, soit de ses créanciers suivant la procédure fixée par les articles 122-bis, 142 à 147 des ordonnances 60-146 du 3 octobre 1960 et 62-036 du 19 septembre 1962 relatives au régime foncier de l'immatriculation.

Art 492. - La vente publique d'immeuble saisi a lieu par autorité de justice à la barre du tribunal.

Art 493. - Il est néanmoins loisible aux parties de convenir dans l'acte constitutif de l'hypothèque, ou tout acte postérieur, à la condition qu'ils soient inscrits à la conservation foncière, que la vente aux enchères publiques se fera par les soins d'un notaire commis par ordonnance du Président du tribunal du lieu de l'immeuble, rendue sur la requête du créancier poursuivant.

Sauf clause contraire, la surenchère se fait alors en la même forme.

Art 494. - Il peut être procédé à la désignation de plusieurs notaires à la demande des parties si les immeubles à vendre sont situés dans des lieux différents.

Art 495. - Pour parvenir à la vente d'un immeuble immatriculé, le créancier fait signifier à la personne ou au domicile du débiteur commandement, contenant, outre les formalités communes aux exploits :

1° La mention du certificat d'inscription ou du titre en vertu duquel est faite la saisie ;

2° La copie d'un pouvoir spécial de saisir, à moins que le bon pour pouvoir, signé du saisissant, ne figure sur le commandement même ;

3° L'avertissement que, faute de paiement dans les 20 jours, il sera procédé à la vente ;

4° Les indications permettant d'identifier l'immeuble saisi ;

5° La désignation de la juridiction devant laquelle la saisie sera poursuivie ;

6° L'élection de domicile du saisissant dans le ressort de cette juridiction, s'il y a lieu.

Afin de rédiger le commandement, l'huissier peut pénétrer dans les lieux, objet de la saisie avec, au besoin, l'assistance de la force publique.

Dans le cas où l'immeuble est situé dans un autre lieu que celui où le commandement a été signifié, un procès-verbal descriptif peut être dressé par un huissier du ressort de la situation du bien.

Art 496. - Les formalités qui précèdent sont prescrites à peine de nullité.

Toutefois, la nullité prononcée pour défaut des indications relatives à l'un des immeubles compris dans la saisie n'entraîne pas nécessairement la nullité de la poursuite en ce qui concerne les autres immeubles saisis.

Art 497. - Lorsque le créancier poursuit l'exécution simultanément sur plusieurs immeubles du débiteur qui n'ont pas tous été affectés à la garantie de la créance, ce dernier peut, dans les 20 jours de la signification du commandement prévue à l'article 495, demander que partie ou totalité des immeubles non affectés soient soustraits aux poursuites en démontrant que les immeubles restants suffisent à remplir de leurs droits le créancier saisissant et les créanciers inscrits.

La demande en discontinuation des poursuites est introduite, instruite et jugée suivant la procédure des référés, et l'ordonnance qui fait droit, indique les immeubles sur lesquels les poursuites seront provisoirement discontinuées.

Après l'adjudication définitive, le créancier peut reprendre les poursuites sur les biens provisoirement exceptés, si le prix des biens adjugés ne suffit pas pour le désintéresser.

Art 498. - Il en est de même quand l'exécution est poursuivie simultanément sur plusieurs immeubles du débiteur dont aucun n'a été affecté à la garantie de la créance.

Art 499. - L'original du commandement, visé à peine de nullité par le conservateur de la situation de l'immeuble à la requête du créancier poursuivant, dans le délai de 20 jours pour compter de la signification, est sommairement inscrit sur le titre de propriété, avec l'indication, en outre, s'il existe des commandements inscrits, de la date de ces commandements ainsi que des noms du poursuivant et du poursuivi.

La radiation de la saisie ne peut se faire sans le consentement de tous les créanciers dont les commandements ont été inscrits.

Art 500. - Dans le même délai, et à peine de nullité du commandement, le créancier poursuivant, au cas où l'immeuble est détenu par un tiers étranger à la créance, fait sommation à celui-ci de payer aux lieu et place du débiteur défaillant, ou de délaisser l'immeuble.

Art 501. - En cas de paiement au créancier poursuivant dans le délai fixé à l'article 495, alinéa 3 et sur mainlevée donnée par ce dernier en la forme authentique ou authentifiée ou sous seing privé, il est procédé, par les soins du conservateur, à la radiation de l'inscription du commandement.

Cette radiation peut aussi être demandée au Président du tribunal de la situation de l'immeuble par toute personne intéressée dès lors qu'elle justifie du paiement par acte dûment libératoire.

Le magistrat, après appréciation de la justification offerte, autorise ou refuse la radiation dans les trois jours du dépôt de là requête, par ordonnance immédiatement exécutoire, et non susceptible de recours.

Art 502. - En cas de non-paiement le commandement vaut saisie des biens désignés pour compter du jour de son inscription à la conservation foncière.

A partir de cette date :

- Le débiteur ne peut aliéner l'immeuble ni le grever d'aucun droit réel ou charge jusqu'à la fin de l'instance ;

- Tous les actes de cette nature inscrits postérieurement à la date du commandement, même s'ils ont été passés antérieurement, sont nuls de plein droit à l'égard des tiers ;

- L'immeuble et ses revenus sont immobilisés.

Art 503. - Si l'immeuble saisi n'est ni loué, ni affermé, le saisi reste en possession jusqu'au jour de la vente. Il est dans ce cas soumis aux obligations d'un séquestre judiciaire.

Toutefois, les créanciers peuvent obtenir, du magistrat compétent, dans la forme des ordonnances de référé, mais sans possibilité de recours, soit la nomination d'un tiers comme séquestre à la place du saisi, soit l'autorisation de procéder à sa place à la coupe et à la vente des fruits de l'immeuble. Cette vente est faite aux enchères publiques ou par toute autre manière autorisée par le magistrat pour, le produit, être déposé à la caisse du trésor ou chez le notaire.

Art 504. - Si l'immeuble saisi est entre les mains d'un détenteur, l'immobilisation des fruits court du jour de la sommation de payer ou de délaisser.

Les créanciers peuvent obtenir contre ce dernier les mesures conservatoires que l'article 503 leur donne contre le saisi.

Art 505. - Les fruits naturels ou industriels recueillis postérieurement à la date d'inscription du commandement, ou le prix en provenant ainsi que les loyers et fermages immobilisés pour compter de cette date, sont distribués avec le prix de l'immeuble aux créanciers privilégiés ou hypothécaires.

Art 506. - Ils peuvent toutefois faire l'objet d'une saisie-arrêt par simple acte d'opposition du créancier poursuivant ou de tout autre créancier, entre les mains des détenteurs, fermiers et locataires qui ne peuvent s'en libérer qu'en exécution de mandements de collocation ou par versements à la caisse du trésor.

Art 507. - En l'absence d'opposition, ils sont perçus par le débiteur ou le séquestre désigné.

Art 508. - En cas de difficultés, il est statué sur l'opposition et sur sa mainlevée selon la procédure des référés, mais sans possibilité de recours contre l'ordonnance intervenue.

Art 509. - Cette immobilisation, de même que les effets de l'opposition, profitent à tout saisissant antérieurement inscrit pour compter de la date d'inscription de son commandement.

Art 510. - Les cessions anticipées de fruits naturels ou industriels de loyers et de fermages, de même que les quittances anticipées desdits loyers et de fermages ne sont opposables au créancier hypothécaire qui se prévaut de l'immobilisation des fruits prévue à l'article 502 que si elles ont acquis date certaine avant l'inscription de l'hypothèque.

Dans tous les cas, leurs effets cessent au jour de l'inscription de la saisie.

Art 511. - Les baux qui n'ont pas acquis date certaine avant le commandement peuvent être annulés et ceux postérieurs au commandement devront l'être, si dans l'un et l'autre cas, les créanciers et l'adjudicataire le requièrent

Art 512. - Dans les trente jours qui suivent l'expiration du délai fixé à l'article 495, alinéa 3, le créancier poursuivant doit, à peine de nullité des poursuites, déposer au greffe de la juridiction dans le ressort de laquelle se trouve l'immeuble, ou chez le notaire commis pour l'adjudication, un cahier des charges qui est tenu à la disposition de tout intéressé, et doit contenir :

1° L'énonciation tant du titre exécutoire justifiant les poursuites que des autres actes et jugements intervenus postérieurement ;

2° La désignation de l'immeuble saisi telle qu'elle figure au commandement ;

3° Les conditions de la vente ainsi que sa date ;

4° L'indication d'une mise à prix.

Acte est dressé par le greffier ou le notaire constatant ce dépôt.

Art 513. - Après le dépôt du cahier des charges et trente jours au moins avant le jour de la vente, il est procédé, par les soins du créancier poursuivant, à une publicité par annonces et placards contenant, en français et en malagasy, l'indication sommaire du titre justifiant la poursuite, les noms et domiciles du saisissant et du saisi, les désignation, situation, superficie et consistance de l'immeuble avec le nom et le numéro du titre, la date et le lieu de dépôt du cahier des charges, la mise à prix, les jour, heure et lieu de vente.

Art 514. - Les annonces sont insérées au Journal officiel ou dans un journal publié dans la préfecture de la situation de l'immeuble.

Les placards sont apposés dans les lieux suivants :

- Un placard à la porte des bureaux de la sous-préfecture, de l'arrondissement, du canton et de la mairie du lieu de l'immeuble ;

- Un placard sur chacun des immeubles saisis ;

- Un placard au bureau des domaines du ressort ;

- Un placard au lieu du marché le plus voisin ;

- Quatre placards dans les rues ou places du lieu de l'immeuble, et, si celui-ci est en pleine campagne, dans les rues ou places du village le plus voisin.

Art 515. - Il est, en outre, apposé :

- Deux placards dont l'un à l'auditoire et l'autre à la porte du tribunal, si la vente a lieu devant un tribunal ;

- Un placard à la porte de l'étude, si elle a lieu par notaire commis.

Art 516. - Il peut toujours être prescrit à la demande du saisissant, du saisi ou des créanciers inscrits, par ordonnance non soumise à recours une extension ou une restriction des mesures de publicité susvisées.

Art 517. - Un procès-verbal attestant l'apposition des placards précisant les lieux où ils ont été apposés est dressé par l'huissier et dénoncé en français et en malagasy au débiteur et aux créanciers privilégiés et hypothécaires inscrits sur les biens saisis, à leur domicile réel, à défaut de domicile élu. Ceux-ci sont, par le même acte, sommés de prendre connaissance du cahier des charges et d'assister à la vente.

A l'égard des héritiers, cette sommation peut être faite collectivement, sans indication de noms ou qualités, au dernier domicile du défunt.

Art 518. - Le commandement, le cahier des charges, un exemplaire du journal contenant les insertions, un exemplaire des placards avec procès-verbal constatant leur apposition, ainsi que la sommation prescrite à l'article 517 sont annexés au procès-verbal d'adjudication.

Art 519. - La vente doit avoir lieu devant le tribunal de la situation de l'immeuble saisi ou en l'étude du notaire commis dans les 90 jours du dépôt du cahier des charges.

Art 520. - Huit jours au moins avant la date fixée pour la vente ou à peine de déchéance, passé ce délai, toute partie intéressée et même le créancier poursuivant faisant élection de domicile au lieu où siège le tribunal, peut faire consigner sur le cahier des charges par le greffier ou le notaire, ses dires, observations, oppositions et moyens de nullité concernant tant la validité des poursuites que les clauses même du cahier des charges.

Elle en saisit le tribunal cinq jours avant celui fixé pour la vente par requête motivée à laquelle sont jointes toutes pièces justificatives.

Au jour fixé pour l'adjudication, après avoir entendu les parties et le ministère public en leurs observations, le tribunal statue sur les objections formulées, et selon le cas, ordonne qu'il sera passé outre, annule les poursuites, ou renvoie la vente à une date qui ne peut être éloigné de plus de 60 jours, après avoir prescrit le cas échéant les mesures jugées nécessaires à la régularisation de la procédure.

En cas de renvoi, la date de la nouvelle adjudication doit faire l'objet des mesures de publicité indiquées aux articles

513 à 517.

Art 521. - Les jugements ainsi rendus sont transcrits en minute par le greffier à la suite du cahier des charges, ou transmis en expédition au notaire aux mêmes fins.

Ils ne sont levés et signifiés que s'ils statuent sur des contestations sujettes à appel.

Art 522. - Si parmi les créanciers inscrits, il y en a dont les droits sont garantis par une action résolutoire, sommation leur est faite à leur domicile réel, à défaut de domicile élu, d'avoir à mentionner leur demande en résolution à la suite du cahier des charges. La sommation indique que, faute de l'avoir fait dans un délai de cinq jours avant l'audience d'adjudication, ils seront définitivement déchus à l'égard de l'adjudicataire, du droit de la faire prononcer.

Art 523. - Si pareille demande a été régulièrement formée, elle est instruite et jugée par le tribunal où se poursuit la vente suivant les formes, délais et voies de recours applicables en matière de demande de distraction.

Il est sursis aux poursuites concernant les immeubles qui en font l'objet.

Art 524. - Hors le cas de retard dû à la force majeure ou imputable à la mauvaise foi du saisi, la saisie cesse de plein droit de produire son effet s'il n'a pas été donné suite au commandement dans les trois ans de son inscription à la conservation foncière, ou si, dans le même délai, l'adjudication, fixée par le cahier des charges ou ordonnée par jugement, n'a pas eu lieu.

La radiation du commandement est effectuée par le conservateur sur demande du saisi ou de tout intéressé.

Art 525. - Au jour indiqué pour l'adjudication, il y est procédé à la requête du saisi ou de toute personne justifiant d'un intérêt pour l'obtenir.

Art 526. - L'adjudication peut néanmoins être remise sur la demande du créancier poursuivant, des créanciers inscrits ou du saisi, présentée cinq jours au moins avant la vente, mais seulement pour force majeure ou causes graves et dûment justifiées.

En cas de remise, le jugement fixe un nouveau jour d'adjudication qui ne doit pas être éloigné de plus de 60 jours. Ce jugement n'est susceptible d'aucun recours.

L'adjudication remise fait l'objet huit jours au moins à l'avance des mesures de publicité prescrites aux articles 513 à 517.

Art 527. - L'adjudication se fait aux enchères publiques. Le greffier ou le notaire commis ouvre les enchères sur la mise à prix par un coup de marteau.

Une enchère est acquise après trois coups de marteau successifs séparés l'un de l'autre par un intervalle d'une minute.

S'il survient une nouvelle enchère avant l'expiration des trois coups, l'enchère en cours est annulée libérant l'enchérisseur de toute obligation et l'adjudication recommence sur la base de la nouvelle enchère.

S'il ne survient pas d'enchères pendant les trois premiers coups de marteau, le créancier poursuivant est déclaré adjudicataire pour la mise à prix.

Art 528. - Les membres du tribunal devant lequel se poursuit la saisie, les avocats ayant occupé comme mandataires d'une partie, le saisi s'il est personnellement tenu de la dette, ne peuvent se porter adjudicataires ou surenchérisseurs pour eux-mêmes à peine de nullité de l'adjudication ou de la surenchère, et de dommages intérêts envers toutes les parties.

Art 529. - L'avocat, dernier enchérisseur, est tenu de déclarer l'adjudicataire et de produire son acceptation dans les vingt-quatre heures de l'adjudication, à défaut de quoi il est déclaré adjudicataire en son nom, sans préjudice des dispositions de l'article précédent.

Tout adjudicataire a également la faculté, dans le même délai de déclarer qu'il a acheté pour le compte d'une autre personne.

Art 530. - Le jugement ou le procès-verbal d'adjudication est porté en minute à la suite du cahier des charges.

Art 531. - Le jugement d'adjudication n'est pas susceptible de voie de recours sauf s'il a statué sur des contestations sujettes à appel ou que le jugement lui-même est attaqué en nullité.

Art 532. - Le greffier ou le notaire ne peut en délivrer grosse à l'adjudicataire que si celui-ci, dans le délai fixé par le cahier des charges et sans que dans tous les cas ce délai puisse excéder trois semaines, a rempli les conditions imposées préalablement à cette délivrance par ledit cahier, et justifié, en outre, du paiement tant du prix principal d'adjudication que du montant des frais de poursuite, d'enregistrement et de timbre occasionnés par la vente ; faute de quoi, il peut y être contraint par la voie de la folle enchère, sans préjudice des autres voies de droit.

Art 533. - Les quittances et les pièces justificatives demeurent annexées à la minute du jugement ou du procès-verbal, et sont copiées à la suite de toute grosse ou expédition.

Art 534. - Les frais ordinaires de poursuites sont toujours payés par privilège en sus du prix. Toute

stipulation contraire est nulle.

Il en est de même des frais extraordinaires, à moins qu'il n'ait été prévu au cahier des charges, ou ordonné par jugement, qu'ils sont prélevés sur le prix, sauf recours contre la partie condamnée aux dépens.

Art 535. - Muni de la grosse, l'adjudicataire est tenu de déposer le jugement ou le procès-verbal d'adjudication, ainsi qu'un exemplaire du cahier des charges à la conservation foncière dans les deux mois de sa date, à peine de revente sur folle enchère.

Art 536. - Le jugement ou le procès-verbal d'adjudication est signifié au saisi, à personne ou domicile, par extrait contenant copie de la formule exécutoire.

Art 537. - Celui-ci est tenu, dès la signification, de remettre à l'adjudicataire le duplicata du titre foncier, et de délaisser l'immeuble, sous peine d'y être contraint manu militari.

Art 538. - Si le duplicata n'a pas été remis, le jugement ou procès-verbal d'adjudication est inscrit d'office sur le titre foncier.

Art 539. - Le jugement ou le procès-verbal d'adjudication, même une fois transcrit, ne transmet à l'adjudicataire aucuns droits autres ou plus étendus que ceux qui appartiennent au saisi.

Art 540. - L'inscription du jugement ou du procès-verbal entraîne la radiation du commandement et purge l'immeuble de tous privilèges et hypothèques. Les créanciers n'ont plus d'action que sur le prix.

Art 541. - Toute personne peut dans les dix jour qui suivent l'adjudication, faire une surenchère, pourvu qu'elle soit du sixième au moins du prix principal de la vente. Cette surenchère ne peut être rétractée. Elle n'est pas reçue après heure de fermeture habituelle du greffe ou de l'étude.

Art 542. - La surenchère doit être faite au moyen d'une déclaration écrite remise au greffier du tribunal qui a effectué la vente ou au notaire commis.

Dans les cinq jours de sa déclaration, le surenchérisseur doit requérir la mention de la surenchère au cahier des charges et la dénoncer par exploit d'huissier à l'adjudicataire, au créancier poursuivant et au saisi à leur domicile réel, à défaut de domicile élu. Faute de quoi, ceux-ci peuvent le faire à sa place, dans les cinq jours suivants, les frais restant à la charge du surenchérisseur négligent. Passé ce nouveau délai sans dénonciation ni mention, la surenchère est nulle de plein droit, sans qu'il soit besoin d'en faire prononcer la nullité.

Art 543. - La dénonciation doit contenir citation à comparaître à l'audience du tribunal qui suit l'expiration d'un délai de trois semaines à compter de la dénonciation, aux fins de voir statuer sur la validité de la surenchère et procéder à la nouvelle adjudication.

Art 544. - La validité de la surenchère peut être contestée, dans les cinq jours qui précèdent l'audience, par simple requête mentionnée au cahier des charges, à la suite de la mention de dénonciation.

Art 545. - Le tribunal ne remet l'adjudication à une date ultérieure que si la contestation sur la validité ne peut être jugée séance tenante.

Art 546. - Si la surenchère est annulée, la première adjudication est maintenue.

Si elle n'est pas couverte, le surenchérisseur est déclaré adjudicataire.

Art 547. - Aucune surenchère ne peut être reçue sur la seconde adjudication.

Art 548. - Les mesures de publicité, énumérées aux articles 513 à 517 sont observées pour l'adjudication sur surenchère, cinq jours au moins avant cette adjudication, et ce, à peine de nullité.

CHAPITRE II

DES INCIDENTS DE LA SAISIE

Art 549. - Toute demande incidente à une poursuite de saisie immobilière est portée devant le tribunal compétent pour la saisie, instruite et jugée dans le mois suivant la requête introductive d4instance ou l'assignation.

Art 550. - Si deux procédures de saisie portent sur les mêmes immeubles, ou si la seconde, bien que portant sur des immeubles différents appartenant au même débiteur, est poursuivie devant le même tribunal que la première, la jonction des deux saisies est prononcée d'office, ou à la requête de la partie la plus diligente, et les poursuites sont continuées par le saisissant dont le commandement a été inscrit le premier, conformément à l'article 499

Art 551. - Si la seconde saisie est plus ample que la première, le commandement s'y rapportant n'est inscrit que pour la portion de biens non compris dans le commandement se rapportant à la première saisie.

Art 552. - Le commandement concernant la seconde saisie est dénoncé au premier saisissant, et celui-ci a la faculté de poursuivre en même temps les deux saisies, à moins que le second saisissant, à raison de la carence, de la négligence ou de la faute du premier, n'obtienne par ordonnance rendue sur simple requête et non susceptible de recours, la subrogation aux droits de poursuite.

Toutefois, la subrogation ne peut être demandée que huit jours après une sommation faite au créancier poursuivant d'avoir à continuer les poursuites. Le saisi n'est pas mis en cause.

Art 553. - Dès que la subrogation a été ordonnée, le créancier poursuivant remet, sur récépissé les pièces de la poursuite au subrogé qui continue celle-ci pour son compte et à ses risques et périls.

Le subrogé a la faculté par un dire inscrit au cahier les charges de modifier la mise à prix fixée par le créancier poursuivant, sous réserve toutefois, au cas où une précédente publicité a été faite, d'en diligenter une nouvelle, dans les formes et délais fixés par les articles 513 à 517, avec indication de la nouvelle mise à prix.

Art 554. - La partie qui succombe sur la contestation relative à la subrogation est tenue personnellement des dépens.

Art 555. - La demande en distraction de tout ou partie des biens saisis ne peut être formée que par le titulaire du droit de propriété ou de copropriété.

Elle est dirigée contre le saisissant et le saisi, et portée devant le tribunal compétent pour la saisie.

Il n'est pas tenu compte des délais d'ajournement de l'article 130 du Code de procédure civile.

Art 556. - Si la demande en distraction ne concerne que partie des biens saisis, il est passé outre à l'adjudication du surplus, à moins qu'il ne soit, par le juge, sursis à statuer sur le tout, d'office ou à la demande des parties intéressées.

Art 557. - Dans le cas où la distraction partielle est ordonnée, le poursuivant est admis à modifier la mise à prix.

Art 558. - Les jugements et arrêts rendus par défaut en matière d'incidents de saisie immobilière ne sont pas susceptibles d'opposition.

Art 559. - Le droit de former appel n'est admis que contre les jugements statuant sur des moyens de fond, à l'exclusion de ceux statuant sur des incidents de procédure.

Art 560. - La déclaration d'appel qui doit énoncer les griefs à peine de nullité, est mentionnée sur le cahier des charges par le greffier et celui-ci en adresse le cas échéant, copie aux mêmes fins, au notaire commis.

La déclaration doit intervenir dans la huitaine de la notification ou de la signification du jugement.

L'acte d'appel et les pièces de procédure sont sans délai transmis au greffe de la Cour d'appel et l'affaire inscrite à la première audience utile, pour l'arrêt être rendu au plus tard à quinzaine.

Art 561. - Faute par l'adjudicataire d'exécuter les obligations imposées par le cahier des charges, l'immeuble peut être vendu sa folle enchère.

Art 562. - Si la folle enchère est poursuivie avant la délivrance du jugement d'adjudication, le poursuivant somme d'abord l'adjudicataire de justifier l'exécution des clauses et conditions du cahier des charges ; faute par celui-ci de le faire, il se fait remettre huit jours après la sommation, un certificat du greffier ou du notaire constatant l'inexécution.

Opposition peut être faite par l'adjudicataire à la délivrance de ce certificat

Art 563. - Il est statué sur l'opposition par le juge des référés qui, selon les circonstances, ordonne ou refuse la délivrance, accorde à l'adjudicataire un délai supplémentaire, et, en général, prescrit toutes mesures provisoires et urgentes qu'il juge nécessaires.

Art 564. - Au cas où nonobstant les prescriptions de l'article 532, la folle enchère est poursuivie après la délivrance du jugement d'adjudication, le poursuivant doit signifier au préalable au fol enchérisseur, le titre justifiant la poursuite en folle enchère.

Art 565. - Huit jours après la délivrance du certificat ou la signification du titre, la revente de l'immeuble a lieu à la barre du tribunal ou en l'étude du notaire qui a procédé à la première adjudication, sans autres formalités préalables que celles concernant les mesures de publicités prescrites aux articles 513 à 517. Toutefois les insertions et placards doivent indiquer, en outre, les nom et domicile du fol enchérisseur, le montant de l'adjudication, la nouvelle mise à prix fixée, et le jour de la revente.

Art 566. - Il peut être sursis à l'adjudication sur folle enchère dans les formes, délais et conditions fixées par l'article 526.

Art 567. - Aucune opposition n'est reçue contre les jugements ou arrêts par défaut en matière de folle enchère.

Les jugements statuant sur des demandes de nullité pour vice de forme et le jugement d'adjudication sur folle enchère ne sont pas susceptibles d'appel.

Art 568. - Le fol enchérisseur est tenu de la différence entre son prix et celui de la revente sur folle enchère, sans pouvoir réclamer l'excédent s'il y a lieu.

Il doit les intérêts du prix de son adjudication conformément aux clauses du cahier des charges, jusqu'au jour de la revente, et reste dans tous les cas, tenu de payer les frais de procédure, d'enregistrement et de greffe afférents à son adjudication.

Il fait néanmoins siens les fruits perçus pendant sa possession.

Art 569. - La surenchère du sixième prévue par l'article 541 est admise après adjudication sur folle enchère, à moins que la folle enchère n'ait été précédée elle-même d'une surenchère.

CHAPITRE III

DE LA SAISIE DES DROITS SUR LES IMMEUBLES, NI IMMATRICULES, NI CADASTRES

Art 570. - Pour parvenir à la vente sur saisie d'un immeuble déterminé, non immatriculé ni cadastré, le créancier nanti d'un titre exécutoire, doit signifier à son débiteur, à personne ou à domicile, un commandement à payer qui contient l'avertissement que, faute de le faire dans les trois jours de la signification, la vente de l'immeuble sera poursuivie.

Art 571. - A défaut de paiement, et sur requête du créancier poursuivant à laquelle sont joints le titre exécutoire et les pièces justificatives, le Président du tribunal dans le ressort duquel se trouve l'immeuble, délivre une ordonnance par laquelle il autorise la saisie, fixe le délai dans lequel elle a lieu, et désigne l'agent d'exécution ou le fonctionnaire en faisant office chargé de la saisie et de la vente.

Il ne peut être autorisé plus d'une saisie à la fois sur les immeubles d'un même débiteur.

Art 572. - La saisie est constatée par un procès-verbal indiquant l'immeuble saisi, la date fixée pour la vente, laquelle a lieu entre le 15e et 30e jour suivant la saisie, les noms et domiciles du saisissant et du saisi, le titre exécutoire ainsi que l'ordonnance autorisant la vente.

Le procès-verbal est daté, et signé par l'agent d'exécution et le saisi. Si celui-ci ne sait signer, il en est fait mention.

Art 573. - Huit jours au plus tard avant le jour fixé pour l'adjudication, l'agent d'exécution fait connaître la vente par tous les moyens de publicité utiles, notamment par une insertion dans un journal local s'il en existe, ainsi que par des affiches apposées sur le ou les marchés du lieu et les marchés voisins. Selon la nature et l'importance des biens, le créancier poursuivant peut obtenir du juge, par ordonnance rendue sur requête, des mesures de publicités supplémentaires.

Art 574. - Les insertions et affiches indiquent notamment :

- Les jour, lieu et heure de l'adjudication ;

- La nature, désignation et contenance approximative de l'immeuble avec ses tenants et aboutissants

- La situation au point de vue des locations existantes ;

- Le prix, fixé par le créancier poursuivant, auquel seront ouvertes les enchères sur chacun des biens à vendre.

Art 575. – Jusqu'au jour de l'adjudication, toute partie intéressée, même le créancier poursuivant, peut, par requête motivée, soumettre au président du tribunal, directement ou par l'intermédiaire de l'agent d'exécution mais, en une seule fois et en même temps, toutes les oppositions, revendications et irrégularités de procédure qu'il entend faire valoir au sujet de la vente.

Art 576. - Le président peut, par ordonnance, soit annuler les poursuites, soit prescrire que la vente aura lieu, soit au contraire, dire qu'il y sera sursis. Dans ce dernier cas, le requérant doit dans le délai de huitaine de l'ordonnance, saisir de ses griefs le tribunal compétent dans les formes ordinaires de la procédure ; faute de quoi, et passé ce délai, l'agent d'exécution fixe un nouveau jour pour la vente.

Un rectificatif indiquant le nouveau jour de vente est alors inséré dans le journal local primitivement choisi, ou inscrit en marge des précédentes affiches.

Art 577. - La vente a lieu aux enchères publiques, conformément aux dispositions de l'article 527 en présence du débiteur ou lui dûment appelé.

Le produit, après défalcation des frais, en est versé entre les mains de la partie poursuivante, jusqu'à concurrence du montant de sa créance, en principal et intérêts, et le surplus restitué à la partie saisie.

L'agent d'exécution établit un procès-verbal qui constate la vente, désigne les immeubles vendus avec leur prix de vente respectif, énumère les frais occasionnés et contient quittance signée par le saisissant et le saisi des sommes par eux perçues.

Le procès-verbal signé de l'agent d'exécution et des parties y ayant concouru ainsi que les pièces d'exécution sont adressées au magistrat compétent.

Art 578. - Les contestations sur les opérations relatées au procès-verbal sont portées devant le président statuant en référé par l'agent d'exécution ou la partie la plus diligente.

Art 579. - Tout créancier du saisi, porteur d'un titre exécutoire, peut être autorisé par ordonnance rendue sur requête, le débiteur entendu, à se faire remettre par l'agent d'exécution, jusqu'à concurrence de sa créance en principal et intérêts, la part du prix d'adjudication revenant au saisi.

Si plusieurs créanciers obtiennent l'autorisation, ils sont payés au fur et à mesure qu'ils se présentent jusqu'à épuisement de la part revenant au saisi.

Art 580. - L'adjudication est définitive et ne peut être suivie de surenchère. Elle ne

transmet à l'adjudicataire que les droits appartenant au saisi.

Art 581. - Les ordonnances sur requête prévues aux articles 571, 573, 576 et 579 ne sont pas susceptibles de voies de recours.

Art 582. - Tous les délais prévus au présent chapitre sont francs.

TITRE III
DE L'ORDRE

CHAPITRE PREMIER
DE L'ORDRE AMIABLE

Art 583. - Une fois expiré le délai de deux mois prescrit par l'article 535 pour le dépôt à la conservation foncière du jugement ou du procès-verbal d'adjudication, et dans les quinze jours qui suivront, le greffier ou le notaire dépositaire des sommes provenant de la vente, dresse un état de distribution du prix entre tous les créanciers du propriétaire exproprié.

Faute de le faire, ils pourront en être requis par toute personne intéressée.

Art 584. - Les créances appelées à figurer sur l'état de distribution sont classées dans l'ordre suivant :

1° Les frais de justice engagés pour parvenir à la vente et à la distribution du prix ;

2° Les créances garanties par hypothèque conventionnelle ou forcée, chacune suivant son rang eu égard à la date de publication au livre foncier ;

3° Les créances privilégiées du trésor ;

4° Les créances chirographaires révélées par la procédure d'adjudication ou connues au jour de la confection de l'état de distribution.

Art 585. - L'état doit indiquer, en outre, l'ordre de préférence, la nature et l'importance des créances hypothécaires admises, et, pour les créances chirographaires, en cas d'insuffisance de deniers pour les payer intégralement, la somme qui revient à chacun des créanciers au marc le franc.

L'excédent, s'il en existe, est attribué au propriétaire exproprié.

Art 586. - Dans le délai de huitaine suivant celui fixé pour la confection de l'état de distribution, tous les créanciers y figurant, ainsi que le saisi et l'adjudicataire, sont convoqués par le greffier ou le notaire, par lettre recommandée avec accusé de réception, à leur domicile réel, à défaut de domicile élu, afin qu'ils se règlent amiablement sur la distribution du prix.

Art 587. - La convocation doit indiquer :

1° l'immeuble sur lequel l'ordre est ouvert ;

2° la somme à distribuer ;

3° les noms du saisi et de l'adjudicataire ;

4° ceux des créanciers bénéficiaires d'hypothèques conventionnelles ou forcées avec le chiffre de la créance et son rang de préférence ;

5° le montant des créances du trésor ;

6° le jour, l'heure le lieu et l'objet de la réunion.

Elle invite tous les créanciers à se présenter munis de leurs titres et les informe qu'ils pourront se faire représenter.

Avis est en outre, donné à toutes les personnes convoquées que, faute de comparaître personnellement ou par représentation, il sera passé outre aux opérations de distribution.

Le délai pour comparaître est de vingt jours au moins entre la date de la convocation et le jour de la réunion, sans augmentation à raison des distances.

Art 588. - Si tous les créanciers convoqués comparaissent et donnent amiablement leur accord à l'état de distribution, procès-verbal en est dressé séance tenante pour être transmis sans désemparer au président du tribunal aux fins d'homologation.

Il en est de même si aucun des autres créanciers convoqués n'a, par requête motivée, contesté la validité ou le rang de préférence des créances hypothécaires désignées dans la convocation.

Art 589. - Le président du tribunal, après avoir vérifié la régularité des opérations de distribution, homologue l'état distributif dans les huit jours de la réception des pièces de procédure, par simple ordonnance non susceptible de voies de recours.

Art 590. - Si les créanciers comparants ne sont pas d'accord, sur le rang à attribuer à leur créance, ou le montant des sommes devant leur revenir, ou bien qu'une contestation est élevée au même sujet par les créanciers non comparants, il pourra être procédé par le greffier ou le notaire, dans les vingt jours suivant la première réunion, à une seconde réunion dans les mêmes conditions de forme et de délai.

Les créanciers n'ayant pas répondu à la première convocation n'y sont point convoqués, sauf s'ils sont contestants.

Art 591. - Si nonobstant la seconde réunion, l'accord pour le règlement amiable en vue de la distribution du prix ne peut se faire, tous les créanciers figurant sur l'état de distribution sont, par le greffier ou le notaire, invités sans délai, par lettre recommandée avec accusé de réception, à faire établir leurs droits et régler leurs contestations par la juridiction de jugement compétente selon les formes ordinaires de la procédure.

Le renvoi est également ordonné d'office par le président du tribunal compétent pour l'homologation, soit qu'il constate des irrégularités dans la procédure de distribution, soit qu'avant l'homologation il ait été saisi directement de contestations soulevées par l'un des créanciers figurant sur l'état distributif.

Art 592. - Dans l'un et l'autre cas, les sommes détenues par le greffier ou le notaire sont déposées au trésor, sous le nom du propriétaire exproprié ou de ses ayants cause, dans la huitaine suivant la dernière réunion des créanciers ou l'ordonnance renvoyant le litige devant le tribunal.

Art 593. - Tout créancier hypothécaire ou chirographaire, ainsi que le trésor, appelé à figurer sur l'état distributif qui n'aura pu participer aux opérations de distribution, soit qu'il ait été omis sur ledit état, soit qu'y figurant il n'ait pas été convoqué par la faute ou la négligence du greffier ou du notaire, pourront exercer un recours contre ceux-ci en réparation du préjudice subi.

CHAPITRE II

DE L'ORDRE JUDICIAIRE

Art 594. - A défaut de règlement amiable, et à la diligence des créanciers désignés à l'article 591, alinéa premier, ou du greffier dans le cas du renvoi d'office prévu à l'alinéa 2, la procédure est inscrite à la première audience utile du tribunal, pour le jugement, sauf circonstances particulières, être rendu au plus tard dans le mois.

Doivent figurer à l'instance le saisi et l'adjudicataire. L'assignation ou la convocation à comparaître tient compte des délais à raison de la distance.

Art 595. - Toute partie contestante peut verser à la procédure de nouvelles pièces à l'appui de ses prétentions, à condition de les déposer au greffe trois jours au moins avant l'audience.

Il pourra cependant être accordé par les juges un délai supplémentaire aux mêmes fins. Mention en sera portée au plumitif d'audience.

Art 596. - Avant de statuer au fond, les juges en cas d'insuffisance de preuves fournies par les parties, peuvent ordonner toutes mesures d'instruction qu'ils jugeront nécessaires, et notamment confier à tel expert de leur choix le soin d'établir des propositions motivées sur le montant et l'ordre de préférence des créances contestées.

Art 597. - Ils peuvent, d'autre part en instance comme en appel, accorder une provision aux créanciers utilement convoqués sur la somme à distribuer, en attendant le règlement définitif des opérations d'ordre.

Art 598. - Les jugements et arrêts en matière d'ordre judiciaire sont rendus après conclusions du ministère public.

Art 599. - Ils peuvent faire l'objet des voies de recours instituées par les articles 393 à 438 du présent code.

Toutefois, si la contestation ne porte que sur le montant de la créance, l'appel n'est recevable que si la somme contestée excède 50 000 Francs.

En cas de pourvoi en cassation, les décisions judiciaires en matière d'ordre sont jugées conformément aux dispositions applicables aux affaires urgentes.

CHAPITRE III

DISPOSITIONS COMMUNES

Art 600. - Les parties à un ordre amiable ou judiciaire peuvent se faire représenter en se conformant aux dispositions des articles 21 à 31 du présent Code.

Les personnes incapables sont représentées par leurs représentants légaux.

Art 601. - L'ordonnance d'homologation, le jugement ou l'arrêt qui mettent fin à l'ordre amiable ou judiciaire, prescrit la délivrance par le greffier ou le notaire des bordereaux de collocation aux créanciers utilement convoqués et la remise à ceux-ci, contre quittance, des sommes leur revenant avec indication de leur montant, donne mainlevée des hypothèques consenties en faveur des créanciers hypothécaires, ordonne la radiation par les soins du conservateur des inscriptions des créanciers non utilement colloqués et prononce la libération de l'immeuble.

Une expédition de cette décision est remise à l'adjudicataire aux fins d'inscription sur le titre. Cette inscription purge tous les privilèges et hypothèques.

Art 602. - Les intérêts et arrérages des créanciers utilement colloqués cessent de courir à l'égard de la partie saisie du jour de l'homologation ou de celui auquel la décision de règlement judiciaire a acquis force de chose jugée, sans égard à la date de délivrance par le greffier ou le notaire des bordereaux de collocation.

Art 603. - L'ordonnance d'homologation en cas de règlement amiable, le jugement ou l'arrêt en cas d'ordre judiciaire, liquide en frais privilégiés les frais de radiation et de poursuite d'ordre. Les dépens de contestation ne peuvent être pris sur les deniers provenant de l'adjudication. Ils sont mis à la charge des parties suivant les règles établies par les articles 197 et suivants du présent Code.

CHAPITRE IV

DE LA DISTRIBUTION PAR CONTRIBUTION

Art 604. - Il y a lieu à distribution par contribution lorsque les sommes provenant des saisies-arrêts et des saisies mobilières pratiquées sur le patrimoine du débiteur, ou de la vente de ses immeubles non hypothéqués sont insuffisants pour désintéresser tous les créanciers.

Art 605. - Tout créancier, quelle que soit la nature de sa créance, pourvu qu'elle soit certaine, liquide et exigible, est admis à la distribution par contribution quand bien même il aurait précédemment choisi une autre voie pour se faire payer.

Art 606. - Le saisi et les créanciers disposent d'un délai d'un mois pour régler leurs droits respectifs à l'amiable. Ce délai court du jour du jugement de validité, du jour de la clôture du procès-verbal de vente ou du jour de l'adjudication selon que les deniers à distribuer proviennent d'une saisie-arrêt, d'une saisie mobilière ou d'une vente d'immeuble.

Art 607. - Le règlement amiable doit indiquer la répartition des sommes entre les divers créanciers.

Constaté par acte authentique ou authentifié, il est notifié par lettre recommandée avec accusé de réception à la personne détentrice des deniers qui, dès réception, devra payer les créanciers sur quittances.

Art 608. - Faute d'accord dans ledit délai, et dans la huitaine suivante, le tiers saisi et l'officier public qui a procédé à la vente sont tenus de consigner à la caisse du trésor les sommes dont ils sont détenteurs, déduction faite des frais taxés par le juge, et ce à peine de dommages intérêts en cas de retard ou d'omission.

L'acte de consignation indique les oppositions faites par les tiers entre les mains du consignant, s'il en existe.

Une expédition en est délivrée à toute personne qui en fera la demande.

Art 609. - Le litige est porté devant la juridiction de jugement par le créancier le plus diligent selon les formes ordinaires de la procédure.

Art 610. - Suivant que les deniers à distribuer proviennent d'une vente mobilière ou immobilière, ou d'une saisie-arrêt, le tribunal compétent est celui dans le ressort duquel s'est effectuée la vente ou qui a rendu le jugement de validité.

Art 611. - La requête ou l'assignation en paiement doit être accompagnée de l'expédition de l'acte de consignation prévue à l'article 608.

Art 612. - Le jugement ou l'arrêt clôturant le règlement prescrit la délivrance par le greffier à chacun des créanciers colloqués des bordereaux de collocation exécutoire contre la caisse du trésor et prononce la mainlevée des oppositions formées par les créanciers non colloqués ainsi que celles formées par les créanciers colloqués quant au montant des sommes distribuées.

Art 613. - Les jugements et arrêts en matière de distribution par contribution ne peuvent faire l'objet que des voies de recours instituées par les articles 398 à 438 du présent code.

Toutefois, l'appel n'est recevable que si le montant de la somme à distribuer excède cinquante mille francs.

Art 614. - Les intérêts des sommes admises en distribution cessent du jour du règlement amiable ou de celui où la décision judiciaire de clôture a acquis force de chose jugée.

Art 615. - Les dispositions des articles 594, alinéas 2 et 3, 595, 596, 598, 599, alinéa 3, et 600 en matière d'ordre sont applicables à la procédure de distribution par contribution.

TITRE IV

DE LA SAISIE EXECUTION

Art 616. - Pour parvenir à la vente sur saisie des meubles corporels appartenant à son débiteur, le créancier lui fait signifier par voie d'huissier, un commandement à personne ou à domicile réel qui, outre les formalités communes à tous les exploits, doit énoncer à peine de nullité :

1° La notification du titre, à moins qu'il n'ait été notifié par un acte antérieur ;

2° L'énonciation de la somme à payer ;

3° L'ordre, si le débiteur est présent, de s'acquitter sur le champ sous peine de saisie immédiate

4° L'élection de domicile du créancier jusqu'à la fin de la poursuite au siège de la juridiction compétente pour la saisie, à moins qu'il n'y demeure.

La juridiction compétente est celle du lieu de la saisie. En cas d'absence ou d'empêchement, l'huissier peut être remplacé par un agent de l'autorité désigné par ordonnance du président.

Art 617. - En cas de non paiement, il est procédé sans désemparer à la saisie. Pour ce faire, l'huissier peut, suivant les circonstances, se faire assister d'un ou de deux témoins majeurs qui ne peuvent être ni parents ou alliés, jusqu'au degré de cousin germain inclusivement, ni domestiques des parties, ou de l'huissier.

Art 618. - L'huissier ne peut, à peine d'engager sa responsabilité, se faire assister dans les opérations de saisie par la partie poursuivante.

Art 619. - Si les portes sont fermées, ou si l'ouverture en est refusée, l'huissier fait momentanément garder par un tiers les portes pour empêcher tout divertissement, et requiert main-forte sans désemparer des autorités de police du lieu.

Celles-ci assistent à l'ouverture des portes ainsi qu'à celle des meubles fermants, au fur et à mesure de la saisie, et contresignent le procès-verbal de saisie.

Art 620. - La saisie est constatée par un procès-verbal offrant la relation exacte de toutes les circonstances de la saisie et contenant notamment la désignation détaillée tant des objets saisis que de ceux laissés au débiteur parce qu'insaisissables, ainsi que l'identité de la personne désignée comme gardien.

Si l'huissier ne trouve rien à saisir, il dresse un procès-verbal de carence.

Art 621. - Il n'est dressé qu'un seul et même procès-verbal sur place pour toutes les opérations de saisie, même si elles se déroulent en plusieurs vacations.

Art 622. - Il est porté mention au procès-verbal :

- Que les marchandises ont été pesées, mesurées ou jaugées suivant leur nature, et en tant que de besoin, désignées par leur qualité ;

- Que l'argenterie, spécifiée par pièces et poinçons, a été pesée ;

- Que les deniers comptants, déduction faite de la somme nécessaire à la subsistance du saisi et de sa famille pendant un mois, ont été décomptés par indication du nombre et de la qualité des espèces avant d'être déposés à la caisse du trésor ;

- Que les papiers personnels du saisi, en son absence, ont été mis sous scellés en présence de deux témoins.

Art 623. - Le procès-verbal énonce les noms, profession et demeure desdits témoins, ainsi que de ceux appelés à assister l'huissier, par application de l'article 617.

Tous signent l'original du procès-verbal.

Il en est établi autant de copies qu'il y a de débiteurs saisis, et chacun en reçoit un exemplaire.

Art 624. - Le procès-verbal contient indication du jour et du lieu de la vente. A défaut, cette indication est donnée par acte subséquent.

Art 625. - La saisie faite, l'huissier établit gardien. Celui-ci peut être soit une personne solvable et de qualité requise désignée par le saisi, soit le saisi lui-même avec l'accord du saisissant, soit le saisissant avec l'accord du saisi, ou, à défaut, une personne choisie par l'huissier, voire son clerc. Ce ne peut en aucun cas être l'huissier, même avec le consentement des parties.

Le gardien signe l'original du procès-verbal de saisie et en reçoit copie. S'il ne sait signer, il en est fait mention au procès-verbal sur lequel il appose ses empreintes digitales.

Art 626. - Toutefois, si les objets sont de peu de valeur comparativement aux frais qu'entraînerait la désignation d'un autre gardien, le saisi peut en être chargé, même si le saisissant s'y oppose.

Art 627. - Le gardien peut accepter ou refuser la mission qui lui est confiée. Mais l'ayant acceptée, il est tenu de la remplir jusqu'au jour de la vente, à moins que, par requête, il ne demande au juge du lieu de la saisie d'en être déchargé et de lui désigner un remplaçant, auquel cas il doit rester en fonctions jusqu'à l'installation de celui-ci. Il est alors procédé contradictoirement au recollement des objets saisis en présence du saisissant ou du saisi, ou eux dûment appelés.

Art 628. - Le gardien assure la garde et la conservation des objets saisis et empêche le détournement.

Il doit apporter à sa mission les soins d'un bon père de famille.

Il est assimilé à un séquestre judiciaire.

Art 629. - Le gardien ne doit pas louer les objets saisis, les prêter ou les employer à son usage personnel.

Il est comptable de tous les fruits et revenus en provenant.

Il a droit aux frais qu'il a exposés pour assurer la conservation des objets saisis, ainsi qu'à un salaire jusqu'au jour où il est déchargé de la garde.

Le montant des frais et du salaire, celui-ci taxé par le juge du lieu de la saisie, est prélevé sur le produit de la vente et garanti par le privilège des frais de justice.

Art 630. - Ceux qui, par voie de fait, empêcheraient l'établissement du gardien, enlèveraient ou détourneraient les objets saisis, seront poursuivis conformément au code de procédure pénale est puni des peines de l'article 406 du Code pénal.

Art 631. - Si la saisie porte sur des fruits non récoltés, elle doit être pratiquée dans les six semaines qui précèdent l'époque ordinaire le leur maturité.

Art 632. - Lorsque sur saisie du matériel servant à l'exploitation des terres, celle-ci est arrêtée ou suspendue, le saisissant, le propriétaire ou le débiteur, au cas où la saisie leur cause dommage, peuvent, par requête adressée au juge du lieu de la saisie, requérir la nomination d'un gérant pour assurer la continuation de l'exploitation.

Art 633. - Si la saisie est faite au domicile du saisi et en sa présence, copie lui est remise sur le champ du procès-verbal de saisie. En son absence, elle est laissée à la personne se trouvant sur les lieux, ou, à défaut, à un parent, domestique ou voisin.

Dans le cas de l'article 619, elle est remise aux autorités de police.

Il en sera de même de l'acte subséquent prévu à l'article 624 s'il en est dressé un.

Art 634. - Si elle est faite dans un lieu qui n'est pas le domicile du saisi, les pièces sus indiquées sont notifiées à la personne du saisi ou à son domicile réel.

Art 635. - La vente ne peut avoir lieu que huit jours après l'établissement du procès-verbal de saisi ou la remise de l'acte subséquent dans le cas de l'article 633 ou huit jours à compter de la notification dans le cas dc l'article 634.

La vente a lieu par l'office du commissaire-priseur, ou à défaut, par celui de l'huissier.

Art 636. - Le jour de la vente, et préalablement à celle-ci, l'officier public qui en est chargé établit un procès-verbal de récolement ne contenant aucune désignation des effets saisis, sauf à énoncer les manquants s'il y en a.

Ce procès-verbal libère le gardien s'il représente tout ce qui lui a été confié.

Art 637. - La vente est faite sur le plus proche marché public, en la salle des ventes s'il en existe une, ou au lieu même de la saisie et à l'heure la plus convenable.

Art 638. - La vente est annoncée trois jours auparavant par des placards affichés au lieu où se trouvent les effets et objets saisis, à la mairie, au marché du lieu ou au marché voisin, et à l'auditoire de la juridiction du lieu de la saisie. Elle peut, en outre, selon l'importance de la saisie et la nature des objets, être annoncée par la voie des journaux dans les villes où il y en a, et même, en tant que de besoin, par publication au supplément du Journal officiel.

Art 639. - Les placards indiqueront les noms du saisissant et du saisi, les jour, lieu et heure de la vente ainsi que la nature des objets sans détail particulier.

Art 640. - Lorsque la valeur des objets saisis excède le montant des créances du saisissant et des opposants, augmenté des frais approximativement évalués, l'officier public ne procède qu'à la vente des objets suffisants à fournir la somme nécessaire à leur paiement.

Art 641. - L'adjudication est faite suivant les formes prévues pour la saisie immobilière, au plus offrant, en payant comptant ; faute de paiement, l'effet est revendu sur-le-champ à la folle enchère, sauf si l'officier public, sous sa responsabilité, accorde un délai à l'adjudicataire.

Art 642. - Dès aussitôt la vente, l'officier public dresse un procès-verbal qui mentionne, toutes les formalités de la saisie, les noms du saisissant et du saisi, la présence ou le défaut de comparution de celui-ci, les noms et domicile des adjudicataires.

Art 643. - Le saisi ainsi que les tiers revendiquant peuvent s'opposer à la saisie comme à la vente des effets saisis.

Art 644. - Formée au moment de la saisie, l'opposition est inscrite au procès-verbal de saisie. Elle n'arrête pas les poursuites, à moins que l'huissier n'en décide autrement.

Formée postérieurement à la saisie, elle est notifiée au saisissant et au gardien, ainsi qu'au saisi si elle a été formée par un tiers.

Formée le jour de la vente, elle est reçue par l'officier public chargé de la vente.

Art 645. - L'opposant doit, dans la huitaine, saisir le juge des référés pour voir statuer sur son opposition.

Si l'opposition est rejetée, l'opposant est condamné à des dommages intérêts envers le saisissant.

Art 646. - Les créanciers autres que le saisissant ne peuvent s'opposer qu'à la distribution du prix de vente, mais ils peuvent intervenir au cours des poursuites afin d'empêcher toute collusion entre le saisissant et le saisi, ou poursuivre ce dernier pour obtenir contre lui condamnation, si leur opposition est faite sans titre. L'opposition doit en énoncer les causes, être notifiée au saisissant et au saisi et contenir élection de domicile au lieu de la saisie. Sur le vu de l'opposition l'officier public est tenu de consigner le prix de vente à la caisse du trésor.

Art 647. - Le juge des référés du lieu de la saisie est seul compétent à tout moment pour ordonner la continuation ou la discontinuation des poursuites, et statuer sur les oppositions au prix formées par les créanciers opposants.

Art 648. - L'huissier qui, se présentant pour saisir, trouve une saisie déjà faite et un gardien établi, ne peut saisir de nouveau ; cependant il peut procéder au récolement des meubles et effets sur le vu du procès-verbal de saisie que le gardien est tenu de lui représenter ; il saisit les effets omis et fait sommation au premier saisissant de vendre le tout dans la huitaine.

Le procès-verbal de récolement constate sommairement si les objets saisis se retrouvent, déclare ceux qui manquent et saisit ceux qui ont été omis.

Il vaut opposition sur les deniers de la vente.

Art 649. - Si la nullité de la saisie est prononcée, les objets saisis et adjugés à des tiers de bonne foi, ne pourront en aucun cas être restitués au saisi ou au tiers dont le droit de propriété est établi.

Ces derniers disposeront toutefois d'une action en dommages intérêts contre le saisissant.

Art 650. - Les commissaires-priseurs et les huissiers sont personnellement responsables du prix des adjudications; ils ne peuvent recevoir aucune somme au-dessus de l'enchère à peine de concussion.

Art 651. - La saisie et la vente des objets et valeurs déposés par le débiteur dans les coffres-forts des banques ou autres établissements de crédit s'effectuent selon les règles prévues pour la saisie-exécution.

TITRE V

DES SAISIES-ARRETS

CHAPITRE PREMIER

DE LA SAISIE-ARRET

Art 652. - Tout créancier d'une créance civile ou commerciale peut, on vertu de titres authentiques ou privés, saisir arrêter entre les mains d'un tiers les sommes d'argent et effets mobiliers appartenant à son débiteur ou s'opposer à leur remise.

A défaut de titre, le président du tribunal ou de la section du domicile du débiteur peut l'y autoriser par ordonnance sur requête, à charge qu'il lui on soit référé en cas de difficulté.

Art 653. - Si la créance n'est pas liquide, l'évaluation provisoire en est préalablement faite par le juge, à la demande du créancier.

Art 654. - Quiconque est créancier et débiteur d'une même personne peut saisir-arrêter entre ses propres mains.

Art 655. - L'huissier, s'il en est requis, doit sous sa responsabilité, justifier de l'existence du créancier saisissant, ou du mandataire de celui-ci, à l'époque où le pouvoir de saisir a été donné.

SECTION PREMIERE

De la saisie avec titre exécutoire

Art 656. - Le créancier porteur d'un titre exécutoire peut, avant la saisie, avertir le tiers ainsi que son débiteur que la saisie est imminente.

L'avertissement vaut défense au tiers de payer et au débiteur de disposer de la créance ou d'en poursuivre le recouvrement.

Dans ce cas, la saisie doit être pratiquée dans les huit jours qui suivent celui où l'avis est signifié. Passé ce délai l'avertissement est nul et non avenu.

Art 657. - Pour pratiquer la saisie-arrêt, le créancier saisissant présente requête au juge du domicile de son débiteur afin d'obtenir, par ordonnance, que le tiers saisi fasse remise entre ses mains, jusqu'à due concurrence du titre, des sommes et objets dont il est redevable envers le saisi.

Art 658. - A la requête doivent être joints le titre exécutoire et les pièces justificatives s'il y a lieu, et, si la saisie est pratiquée en vertu d'une décision de justice, le certificat prévu par l'article 469 du présent Code.

Le juge ne peut statuer qu'à charge qu'il lui en soit référé en cas de difficultés.

Art 659. - L'ordonnance est signifiée au tiers saisi ainsi qu'au saisi, à leur personne ou domicile réel.

Art 660. - Si le tiers saisi ou le saisi entend s'opposer à l'exécution de l'ordonnance, ou en contester la validité, ils doivent dans le délai de huitaine suivant le jour où elle leur a été notifiée se pourvoir en référé devant le juge qui l'a rendu. Celui-ci, selon le cas, ordonne la continuation ou la discontinuation des poursuites.

Faute d'opposition, dans le délai prescrit, l'ordonnance est exécutée sans désemparer par voie d'huissier

SECTION II

De la saisie sans titre exécutoire

Art 661. - S'il n'y a pas titre exécutoire, un exploit de saisie-arrêt est signifié au tiers saisi, à personne ou à domicile.

Il contient :

- les noms et qualités du saisissant, du saisi et du tiers saisi ;

- l'énonciation du titre et de la somme pour laquelle elle est faite ;

- la copie de l'ordonnance qui l'a autorisée, s'il en a été rendu une ;

- élection de domicile dans le lieu ou demeure le tiers saisi, si le saisissant n'y demeure pas. Le tout à peine de nullité.

Art 662. - Lors de la signification de l'exploit de saisie-arrêt le tiers saisi doit, séance tenante sur l'original, ou, s'il ne le peut, dans la huitaine, par déclaration au greffe, fournir tous renseignements concernant le montant de sa dette, les paiements à compte s'il en a été faits, l'acte ou les causes de libération s'il n'est plus débiteur, la réalité des biens saisis et les prétentions déjà élevées par des tiers sur les mêmes créances ou effets mobiliers. La déclaration est tenue à la disposition du créancier saisissant.

Le tiers saisi est responsable de l'irrégularité ou de l'inexactitude de sa déclaration, dans la mesure du préjudice causé au saisissant.

Art 663. - À compter de la signification de l'exploit de saisie-arrêt, le tiers saisi ne peut faire aucun paiement ou remise des sommes et effets saisis, entre les mains du créancier saisissant ou de la partie saisie.

Il peut toutefois, quand elle porte sur des sommes d'argent, en consigner le montant à la caisse du trésor.

Quand elle concerne les effets mobiliers il peut les remettre à l'huissier.

Dès la consignation ou la remise, le tiers saisi est déchargé des causes de la saisie.

Art 664. - La consignation est obligatoire quand le tiers saisi est un comptable public.

Art 665. - Dans la quinzaine de l'exploit de saisie, sauf les délais de distance, le créancier saisissant le signifie à la partie saisie, et, par le même acte, cite celle-ci à comparaître à jour indiqué, devant le tribunal de son domicile pour voir déclarer valable la saisie et s'entendre condamner à paiement.

La signification est faite à personne ou à domicile. Elle précise les nom et qualité du créancier saisissant, le titre en vertu duquel est faite la saisie, le montant de la somme saisie arrêtée ainsi que les indications fournies par le tiers saisi, conformément à l'article 662.

Il y est joint copie de la requête et de l'ordonnance autorisant la saisie, si celle-ci a été pratiquée sans titre, sur permission du juge.

Art 666. - Faute par le créancier saisissant de procéder à la signification et d'assigner en validité dans le délai ci-dessus, la saisie est nulle de plein droit.

Art 667. - À compter du jour où l'exploit de saisie lui a été signifié, le saisi ne peut disposer de sa créance ou en poursuivre le recouvrement.

Art 668. - Le tribunal saisi de la demande en validité et de l'action en paiement statue en la forme et au fond.

Il valide la procédure de saisie, si elle est régulière, ou, au contraire, en prononce l'annulation, d'office ou à la demande du saisi.

Art 669. - S'il n'a pas fourni les renseignements prescrits à l'article 662, ou s'ils sont contestés par le créancier saisissant ou le saisi, le tiers saisi peut, à la diligence de ceux-ci, être appelé dans l'instance afin de fournir les justifications nécessaires.

Il peut également intervenir de son propre gré à la procédure.

En cas d'omission pure et simple de la déclaration, il peut être condamné aux frais de l'intervention, et même être déclaré débiteur pur et simple des causes de la saisie.

SECTION III
Dispositions communes

Art 670. - Si le tiers saisi refuse l'entrée, ou s'oppose à la saisie, l'huissier fait momentanément garder les portes pour empêcher tout divertissement et requiert main-forte sans désemparer des autorités de police du lieu. Celles-ci assistent à l'ouverture des portes et contresignent le procès-verbal de saisie dressé en leur présence.

Art 671. - S'il y a lieu à installation de gardien, il est procédé comme en matière de saisie-exécution.

Art 672. - La saisie-arrêt formée entre les mains des receveurs, dépositaires, administrateurs des caisses ou deniers publics en cette qualité n'est point valable si l'exploit n'est fait à la personne préposée pour le recevoir, et, à son bureau s'il n'est visé par elle sur l'original, ou, en cas de refus, par le procureur de la République.

La personne qualifiée est tenue de faire la déclaration prescrite par l'article 662. Elle le fait au moyen d'un certificat qui est remis au créancier saisissant séance tenante s'il a titre exécutoire, dès le jugement de validité s'il n'en a pas.

Art 673. - Les saisies-arrêts pratiquées postérieurement au jugement de validité n'ont point d'effet.

Art 674. - En cas de plusieurs saisies-arrêts également valables, et si les sommes saisies arrêtées sont insuffisantes à satisfaire intégralement tous les créanciers, elles sont réparties entre les créanciers suivant les règles applicables à la distribution par contribution.

Art 675. - La cession de la créance saisie arrêtée faite par le saisi, soit après l'avertissement prévu à l'article 656 s'il y a titre exécutoire, soit après la signification de l'exploit de saisie-arrêt dans les autres cas, n'est valable que pour la portion excédant le montant des saisies-arrêts existant au moment de la cession.

Art 676. - La présente procédure est applicable à la saisie des comptes de dépôt ordinaires ouverts en banque ainsi qu'aux comptes courants.

Dans ce dernier cas, la saisie-arrêt produit effet sur le solde du compte arrêté au jour de la saisie, majoré des intérêts s'il y a lieu.

Art 677. - La saisie des titres nominatifs ou au porteur, de leurs coupons, revenus, intérêts ou dividendes s'effectue conformément aux règles applicables à la saisie-exécution ou à la saisie-arrêt selon que ces titres sont entre les mains du débiteur lui-même ou d'un tiers.

Quel que soit le mode de saisie utilisé, la vente forcée de ces titres ne peut être faite que par adjudication publique à la barre du tribunal ou par le ministère d'un notaire désigné par autorité de justice.

Art 678. - Quand il y a lieu de procéder à la vente des objets saisis-arrêtés, il est fait application des règles relatives à la saisie-exécution.

Art 679. - A tout moment de la procédure, et quel que soit l'état de l'affaire, le juge des référés est compétent pour statuer sur les difficultés nées de la saisie-arrêt.

Il peut notamment ordonner la mainlevée pure et simple, totale ou partielle de la saisie, ou la réduire en autorisant le saisi à toucher du tiers saisi le montant de sa créance, sauf à consigner à la caisse du trésor une somme arbitrée par l'ordonnance et jugée suffisante pour répondre éventuellement des causes de la saisie. Dès la consignation, le tiers saisi se trouve déchargé des effets de la saisie.

SECTION IV

Saisie-arrêt entre époux

Art 680. - Faute par l'un des époux de contribuer aux charges du ménage, ainsi qu'il est prescrit à l'article 62 de l'ordonnance sur le mariage, l'autre époux pourra obtenir du juge du domicile du mari l'autorisation de saisir arrêter et de toucher, dans la proportion de ses besoins, une part du salaire, du produit du travail ou les revenus de son conjoint.

Art 681. - A cet effet, sur requête écrite ou verbale présentée au juge par l'époux demandeur, le greffier convoque, par lettre recommandée les conjoints aux jour et heure indiqués par le juge, les avisant de l'objet de la demande.

Les époux doivent comparaître en personne, sauf empêchement absolu et dûment justifié.

Après les avoir entendus, le juge fixe le montant des sommes saisies arrêtées estimé nécessaire à l'autre époux pour les besoins du ménage.

La décision qui peut être rendue immédiatement même si le défendeur ne comparaît pas est exécutoire par provision nonobstant opposition ou appel

Elle est signifiée à l'époux poursuivi et au tiers saisi. Elle vaut sans autres formalités à l'époux bénéficiaire l'attribution à son profit des sommes dont la saisie a été autorisée.

Art 682. - En cas d'opposition ou d'appel la procédure suivie est celle indiquée pour la saisie-arrêt des traitements et salaires.

Art 683. - En tout temps, et même lorsqu'il sera devenu définitif, le jugement pourra être modifié à la requête de l'un ou de l'autre époux quand cette modification sera justifiée par un changement dans leurs situations respectives.

CHAPITRE II

DE LA SAISIE-ARRET ET DE LA CESSION DES SALAIRES ET DES TRAITEMENTS

SECTION I

De la saisie-arrêt et de la cession des sommes dues à titre de rémunération d'un travail effectué pour le compte d'un employeur

Art 684. - Les dispositions de la présente section sont applicables aux sommes dues à titre de rémunération à toutes les personnes salariées ou travaillant à quelque titre ou en quelque lieu que ce soit, pour un ou plusieurs employeurs quels que soient le montant et la nature de leur rémunération, la forme et la nature de leur contrat.

§ 1. - Limitation de la saisie-arrêt et de la cession **Art** 685. -

Ces sommes sont saisissables et cessibles jusqu'à concurrence : - Du vingtième sur la

portion inférieure ou égale à 75 000 Francs par an ;

- Du dixième sur la portion supérieure à 75 000 Francs et inférieure ou égale à 150 000 Francs par an ;

- Du cinquième sur la portion supérieure à 150 000 Francs et inférieure ou égale à 225 000 Francs par an ;

- Du quart sur la portion supérieure à 225 000 Francs et inférieure ou égale à 300 000 Francs par an ;

- Du tiers sur la portion supérieure à 300 000 Francs et inférieure ou égale à 375 000 Francs par an

- De la moitié sur la portion supérieure à 375 000 Francs et inférieure ou égale à 750 000 Francs par an ;

- De la totalité sur la portion dépassant 750 000 Francs par an.

Il doit être tenu compte dans le calcul de la retenue non seulement de la rémunération proprement dite, mais de tous les accessoires de ladite rémunération, à l'exception toutefois des indemnités déclarées insaisissables par la loi, des sommes allouées à titre de remboursement des frais exposés par les travailleurs et des allocations ou indemnités pour charges de famille.

Ces chiffres peuvent être modifiés par décret pris après avis du conseil national du travail.

Art 686. - En cas de cessions ou de saisies-arrêts faites pour le paiement des dettes alimentaires prévues par les articles 52, 53, 60, 63, 64, 75 et 86 de l'ordonnance n° 62 089 de 1er octobre 1962 relative au mariage, 29, 31, et 73 de la loi n° 63 022 du 20 novembre 1963 relative à la filiation, l'adoption et le rejet, le terme mensuel courant de la pension alimentaire est chaque mois, prélevé intégralement sur la portion insaisissable de la rémunération.

Pour les termes arriérés et les frais, les créanciers de ces dettes peuvent saisir-arrêter la portion saisissable en concurrence avec les créanciers ordinaires, opposants ou cessionnaires.

Les allocations ou indemnités pour charges de famille ne peuvent être cédées ou saisies que pour le paiement des dettes nées de l'obligation pour les époux de contribuer aux charges du ménage.

Art 687. - Aucune compensation ne peut s'opérer au profit de l'employeur entre le montant de la rémunération qu'il doit à ses travailleurs et les sommes qui lui sont dues par ceux-ci, à quelque titre que ce soit.

Art 688. - Cette prohibition ne s'applique pas :

- Aux prélèvements obligatoires et remboursements de cessions consenties dans le cadre des prestations prévues par l'article 56 du Code du travail, que celles-ci soient ou non effectivement servies par l'employeur ;

- Aux consignations qui peuvent être prévues par les conventions collectives et les contrats.

§ 2. - Forme de la cession et procédure de la saisie-arrêt

Art 689. - La cession des rémunérations visées par l'article 685 ne peut être consentie, quel qu'en soit le montant, que par déclaration souscrite par le cédant en personne devant le président du tribunal ou de section de son domicile, ou, à défaut, et si la cession vise le remboursement d'avances d'argent consenties par l'employeur au travailleur, devant l'inspecteur du travail et des lois sociales du ressort.

Toutefois, lorsque le siège de la juridiction ou de l'inspection est éloigné de plus de 20 kilomètres du domicile du cédant, la déclaration peut être reçue par le chef de l'unité administrative de ce lieu.

Art 690. - Mention de la déclaration est portée par le greffier du tribunal, l'inspecteur du travail ou le chef de l'unité administrative sur un registre spécial ouvert à cet effet. Un extrait sommaire en est délivré au cessionnaire ou au cédant qui le requiert. L'extrait indique les noms, profession et domicile du cessionnaire, du cédant et de son employeur ainsi que la date de la cession et son montant. Le cessionnaire touche directement les retenues opérées sur présentation de l'extrait au débiteur de la rémunération ou à son représentant préposé au paiement, dans le lieu où travaille le cédant.

En cas de pluralité de cessions, chacun des cessionnaires prend rang pour le paiement de sa créance selon l'ordre d'inscription de sa déclaration sur le registre et après extinction de la créance antérieure à la sienne, à moins que celle-ci soit inférieure à la portion saisissable, auquel cas la créance suivante est admise pour le complément.

Art 691. - La saisie-arrêt portant sur les rémunérations visées à l'article 685 ne peut, quel qu'en soit le montant, être pratiquée, même si le créancier a titre, qu'après une tentative de conciliation.

A cet effet, et sur réquisition du créancier, le président du tribunal du domicile du saisi fait comparaître celui-ci devant lui au moyen d'un avertissement ou d'une lettre recommandée avec avis de réception.

Le délai pour la comparution est de trois jours augmenté des délais de distance (voir articles 129 et 130), à partir de la date de la remise figurant sur l'avis de réception.

Les lieu, jour et heure de la tentative de conciliation sont indiqués verbalement au créancier au moment où il formule sa réquisition.

A défaut d'avis de réception et si le débiteur ne se présente pas, il est convoqué à nouveau en conciliation dans les mêmes formes et délais que ci-dessus, à moins que le créancier ait un titre exécutoire.

Art 692. - Le président, assisté de son greffier, dresse procès-verbal sommaire tant de la comparution des parties qu'elle soit ou non suivie de conciliation, que de la non-comparution de l'une d'elles.

En cas de conciliation, il en mentionne les conditions s'il y en a.

En cas de non-conciliation et, s'il y a titre ou absence de contestation sérieuse sur l'existence ou le chiffre de la créance, il autorise la saisie-arrêt par ordonnance énonçant la somme pour laquelle elle est formée.

Il en est de même quand le débiteur, bien que touché par la convocation, ne comparait pas.

Art 693. - Dans le délai de huit jours à partir de la date de l'ordonnance, expédition en est délivrée par le greffier au créancier saisissant qui la fait parvenir par le moyen de son choix contre accusé de réception au tiers saisi ou à son représentant préposé au paiement dans le lieu où travaille le débiteur. La remise de l'expédition vaut opposition.

Une expédition est également adressée dans les mêmes formes par le créancier saisissant au débiteur saisi qui ne s'est pas présenté à la tentative de conciliation.

A partir de la remise prévue à l'alinéa 1 du présent article le tiers saisi verse directement au créancier, lors du paiement du salaire, le montant mensuel de la somme saisie-arrêtée. Il est valablement libéré par la seule quittance du créancier.

Le débiteur, en l'absence de toute autre saisie-arrêt, peut recevoir du tiers saisi la portion non saisie de ses traitements ou salaires.

Art 694. - Lorsqu'une saisie a été pratiquée, et qu'il survient d'autres créanciers, leur demande signée, déclarée sincère et contenant toutes les pièces de nature à permettre au magistrat d'évaluer la créance est inscrite au fur et à mesure dans l'ordre de leur arrivée par le greffier sur le registre prévu à l'article 703.

En cas de non-conciliation, un extrait sommaire établi en la forme prévue à l'article 690 est, sur le champ, délivré par le greffier pour chacune des créances aux divers créanciers qui le font parvenir au tiers saisi ainsi qu'au débiteur comme il vient d'être dit.

L'extrait vaut opposition pour la créance auprès du tiers saisi, selon son rang d'inscription et dès que la créance qui la précède est éteinte, ou n'absorbe pas la totalité de la portion saisissable.

Art 695. - Tout créancier saisissant, le débiteur et le tiers saisi peuvent requérir la comparution des intéressés devant le président du tribunal du domicile du saisi. Cette comparution peut même être ordonnée d'office.

Dans les quarante-huit heures de la réquisition ou de la convocation selon le cas, le greffier adresse au saisi, au tiers saisi, et à tous les créanciers opposants, le saisissant compris, au moyen d'un avertissement ou d'une lettre recommandée, avis d'avoir à comparaître devant le président à une date fixée par celui-ci.

Le délai à observer est le même que celui prévue à l'article 691.

Il est statué par ordonnance sur la validité, la nullité ou la mainlevée de la saisie ainsi que sur la déclaration que le tiers saisi est tenu de faire séance tenante, à moins qu'il ne l'ait faite au préalable au greffe. La déclaration indique exactement sa situation à l'égard du débiteur saisi.

Le tiers saisi qui n'a pas fait sa déclaration au greffe, ne comparait pas, refuse de faire sa déclaration, ou fait une déclaration mensongère, est déclaré débiteur pur et simple des retenues non opérées et condamné aux frais par lui occasionnés.

L'ordonnance qui prononce la validité de la saisie ou déclare le saisi débiteur est exécutoire par provision. Elle confère un droit de préférence à la créance du saisissant qui peut, sur sa présentation, toucher les retenues dans les conditions de l'article 693.

Art 696. - Si cette ordonnance est rendue par défaut, avis de ses dispositions est transmis par le greffier à la partie défaillante, par lettre recommandée avec accusé de réception dans les trois jours du prononcé.

L'opposition qui n'est recevable que dans les huit jours suivant la date de la remise de la lettre consiste dans une déclaration au greffe inscrite sur le registre prévu à l'article 703.

Toutes les parties intéressées sont invitées par lettre recommandée du greffier à comparaître à nouveau devant le président à jour indiqué, sous réserve de l'observation du délai prescrit à l'article 691, alinéa 3.

L'ordonnance qui intervient est réputée contradictoire.

Art 697. - Le délai pour interjeter appel de cette ordonnance est de huit jours. Il court du jour de l'expiration du délai d'opposition ou du prononcé de l'ordonnance contradictoire ou réputée contradictoire.

L'appel est porté devant la Cour qui doit statuer dans le délai d'un mois de la réception de la procédure.

Art 698. - Lorsque le tiers saisi n'a pas effectué son versement à l'époque fixée ci-dessus, il peut y être contraint en vertu d'une ordonnance qui est rendue d'office par le président et dans laquelle le montant de la somme est énoncé.

Cette ordonnance peut être sollicitée par les parties dans les formes prévues par le 1er alinéa de l'article 695. Elle est notifiée par le greffier au tiers saisi qui a huit jours à partir de cette notification pour former opposition au moyen d'une déclaration au greffe, qui est inscrite sur le registre prévu à l'article 703. Il est statué sur cette opposition conformément aux règles de compétence et de procédure contenues dans les articles 695 et 696 ci-dessus.

L'ordonnance du magistrat non frappée d'opposition dans le délai de huitaine devient définitive. Elle est exécutée à la requête du débiteur saisi ou du créancier sur une expédition délivrée par le greffier et revêtue de la formule exécutoire.

Art 699. - Si la saisie-arrêt est validée, ses effets et ceux des oppositions et cessions consignées par le greffier sur le registre prévu par l'article 703 subsistent jusqu'à complète libération ou jusqu'à leur annulation par ordonnance ou mainlevée amiable donnée par le créancier par simple déclaration inscrite sur ledit registre.

Dans tous les cas, avis en est immédiatement donné par le greffier au tiers saisi ainsi qu'aux créanciers dont les créances suivent sur le registre la créance ainsi libérée.

Le premier de ces créanciers doit, dans le délai de huit jours pour compter de la réception de l'avis, introduire devant le président compétent, la procédure de validité conformément aux articles 695 et suivants.

Passé ce délai sans le faire, cette faculté est ouverte à tout créancier inscrit.

Art 700. - Le débiteur saisi peut, à tout moment de la procédure, se faire délivrer par le greffier un état récapitulatif des créances le concernant et inscrites sur le registre.

Art 701. - Le président qui a autorisé la saisie-arrêt reste compétent même quand le débiteur a transporté son domicile dans un autre ressort et tant qu'une saisie n'a pas été pratiquée dans le nouveau ressort contre le même débiteur entre les mains du même tiers saisi.

Dans ce cas, celui-ci dès qu'il est avisé de la nouvelle saisie par le nouveau créancier, conformément à l'article 693, en informe aussitôt le président du tribunal de l'ancien ressort qui fait parvenir sans désemparer au magistrat désormais compétent, un état certifié conforme de tous les créanciers inscrits au registre en application de l'article 694.

Cet envoi met fin à la procédure de saisie-arrêt dans l'ancien ressort.

Art 702. - Les frais de saisie-arrêt sont à la charge du débiteur saisi. Ils sont prélevés à la diligence du tiers saisi sur la somme à distribuer.

Ceux afférents à la procédure en justice font l'objet d'un état taxé par le président et adressé par le greffier, au tiers saisi pour remboursement.

Les frais de toute contestation jugée mal fondée sont à la charge de la partie qui a succombé.

Art 703. - Il est tenu au greffe de chaque tribunal de première instance et section un registre sur papier non timbré, coté et paraphé par le président, sur lequel sont mentionnés tous les actes, d'une nature quelconque, décisions et formalités auxquels donne lieu l'exécution de la présente section.

Art 704. - Tous les actes, décisions et formalités visés dans l'article 703 sont enregistrés gratis ils sont, ainsi que leurs copies, prévues dans la présente section, rédigés sur papier non timbré.

Les lettres recommandées, les procurations du saisi et du tiers saisi, et les quittances données au cours de la procédure sont exemptées de tout droit de timbre et dispensées de la formalité de l'enregistrement.

Les parties peuvent se faire représenter par un avocat ou par tout mandataire de leur choix, auquel cas les procurations données par le créancier saisissant doivent être spéciales pour chaque affaire.

Elles sont soumises au droit de timbre et d'enregistrement. Les lettres

recommandées jouissent de la franchise postale

SECTION II

De la cession et de la saisie-arrêt des appointements, traitements, et soldes des fonctionnaires
civils et militaires

Art 705. - Les dispositions des articles 685, 686 et 689 à 704 inclus sont applicables aux appointements et traitements des fonctionnaires civils et employés salariés des organismes publics ainsi qu'aux soldes du personnel des armées de terre, de mer et de l'air en position d'activité, de disponibilité, de non-activité ou de réforme.

Pour ce personnel, les accessoires de la solde dont il n'est pas tenu compte pour le calcul de la retenue sont fixés par décret, de même que la portion pour laquelle sont cessibles et saisissables les primes qui peuvent leur être allouées.

Art 706. - Toutefois, les comptables des caisses publiques ayant charge de payer ces appointements, traitements et soldes ne sont pas soumis aux obligations incombant au tiers saisi en vertu des articles 690, alinéa 1, 693, 695, alinéas 2 et 5, 696, alinéa 3, 698 et 701.

Ils versent d'office à la caisse du trésor les retenues effectuées sur ces rémunérations en vertu d'oppositions.

Le trésor les fait remettre au greffier, sur la demande de celui-ci, soit directement s'ils ont tous deux leur siège dans la même localité, soit dans le cas contraire par l'intermédiaire de l'agent du trésor le plus rapproché.

Art 707. - Il est fait exception pour les retenues opérées pour dettes alimentaires en vertu de l'article 686 qui sont directement versées par le payeur du tiers saisi aux bénéficiaires justifiant de leurs droits.

Le dépôt de ces retenues ne peut être effectué à la caisse du trésor qu'autant qu'il aura été autorisé par justice.

Il sera cependant effectué d'office lorsque, pour un même débiteur, plusieurs créanciers alimentaires se seront inscrits sur la portion des appointements, traitements ou soldes qui leur est réservée, pour sûreté de mensualités s'élevant ensemble à une somme supérieure à cette portion.

Dispositions diverses

Art 708. - Les dispositions qui précèdent ne font pas obstacle à la faculté pour les fonctionnaires, les employés, salariés des organismes publics et les militaires de tous grades de consentir des délégations de solde en faveur de leur famille dans les conditions et limites arrêtées par les autorités intéressées.

Art 709. - Sont incessibles et insaisissables les traitements des ambassadeurs, ministres plénipotentiaires et agents diplomatiques étrangers et nulles les saisies-arrêts pratiquées entre les mains de leur débiteur.

Art 710. - Les cessions et saisies sur les traitements et salaires au profit d'établissements de crédit public demeurent régies par des lois spéciales.

TITRE VI

DE LA SAISIE DES RENTES DUES PAR DES PARTICULIERS

Art 711. - Tout créancier d'une créance civile ou commerciale, s'il a titre exécutoire, peut, soit saisir, pour en toucher le montant, les arrérages d'une rente due à son débiteur par des particuliers, soit saisir la rente elle-même en vue de vente aux enchères publiques.

Art 712. - La saisie des arrérages de la rente s'effectue suivant les règles et la procédure fixées pour la saisie-arrêt avec titre exécutoire.

Art 713. - La saisie de la rente en vue de sa vente s'effectue par un exploit signifié à la personne ou au domicile de celui qui la doit.

Outre les formalités communes aux exploits, l'exploit de saisie doit contenir, à peine de nullité :

1° L'énonciation du titre exécutoire et du titre constitutif de la rente, de sa quotité et de son capital ;

2° Les noms, profession et domicile de la partie saisie ;

3° Election de domicile du saisissant dans le ressort de la juridiction devant laquelle la vente doit être poursuivie. Cette juridiction, sauf convention contraire, est celle du domicile de la partie saisie ;

4° La copie s'il y a lieu d'un pouvoir spécial pour saisir, à moins que le bon pour pouvoir, signé du saisissant ne figure sur l'exploit.

Art 714. - La signification de l'exploit emporte de plein droit opposition au paiement des arrérages échus ou à échoir jusqu'à l'adjudication.

Les paiements d'arrérages faits par le débiteur de la rente nonobstant la saisie, sont réputés non avenus.

Art 715. - Lors de la signification de l'exploit, le tiers saisi doit, séance tenante, sur l'original, ou, s'il ne le peut, dans la huitaine par déclaration au greffe, fournir tous renseignements concernant les arrérages par lui payés, les paiements à compte s'il en a été faits, l'acte ou les causes de libération s'il n'est plus débiteur et les prétentions déjà élevées par des tiers sur la rente.

Le tiers saisi est responsable de l'irrégularité ou de l'inexactitude de sa déclaration dans la mesure du préjudice causé au saisissant.

Art 716. - Copie du même exploit est signifié au débiteur saisi à personne ou à domicile.

Il doit contenir, en outre, l'avertissement que, faute de paiement dans les vingt jours, il sera procédé à la vente de la rente.

La signification emporte de plein droit, interdiction pour le saisi de disposer de la rente, à peine de nullité de la cession.

Art 717. - Si la rente a été saisie par plusieurs créanciers, la poursuite appartient à celui qui, le premier, a signifié l'exploit de saisie au débiteur de la rente, et, en cas de concurrence, au porteur du titre le plus ancien.

Art 718. - Dans les vingt jours qui suivent l'expiration du délai fixé à l'article 716 alinéa 2, le créancier saisissant doit à peine de nullité des poursuites, déposer au greffe de la juridiction compétente pour la saisie et la vente, un cahier des charges qui est tenu à la disposition de tout intéressé et contient :

1º L'énonciation tant du titre exécutoire que du titre constitutif de la rente ;

2° Les conditions de la vente ainsi que sa date ;

3º L'indication d'une mise à prix.

Acte est dressé par le greffier constatant ce dépôt.

Art 719. - Les dispositions contenues dans les articles 512 à 521, 524 à 534, 536, 539, 549 et 558 à 568 en matière de vente sur saisie immobilière sont applicables à l'adjudication des rentes, et sous la même sanction.

Art 720. - Les deniers provenant de la vente de la rente se répartissent entre tous les créanciers saisissants, conformément à la procédure de distribution par contribution.

TITRE VII
DE LA SAISIE CONSERVATOIRE

Art 721. - Tout créancier d'une somme d'argent, son représentant légal, ou même conventionnel mais porteur d'un mandat spécial, s'il justifie que la créance paraît fondée en son principe, peut, par requête présentée au magistrat compétent pour statuer au fond suivant les règles de droit commun, obtenir par ordonnance l'autorisation de saisir conservatoirement les effets mobiliers et meubles corporels de son débiteur dans tous les cas qui requièrent célérité et si le recouvrement de la créance est en péril.

Art 722. - L'ordonnance doit à peine de nullité de la saisie, indiquer le montant de la somme pour laquelle elle est autorisée et fixer un délai au créancier pour poursuivre le recouvrement de sa créance. Toutefois, l'instance ne peut être introduite qu'à l'expiration d'un délai de quinze jours suivant celui de la saisie, ou de la notification de l'ordonnance si le créancier saisissant y a procédé préalablement.

Art 723. - L'ordonnance fixe, le cas échéant, le montant de la caution ou les justifications de solvabilité à fournir par le créancier. Elle est exécutoire sur minute, nonobstant opposition ou appel et revêtue de la formule exécutoire en cas d'autorisation de saisir des biens situés hors du ressort.

Elle n'est pas susceptible de voies de recours, mais doit expressément prévoir qu'en cas de difficultés, il en sera référé au même magistrat.

Celui-ci, les parties entendues, après nouvel examen de la requête et de la procédure suivie, confirme ou retire l'autorisation précédemment accordée.

Art 724. - Faute par le créancier d'avoir introduit l'instance au fond dans le délai prescrit à l'article 722, la saisie sera nulle de plein droit sans qu'il soit besoin d'en faire prononcer la mainlevée.

Art 725. - Si les biens à saisir se trouvent entre les mains du débiteur, la saisie est réalisée par le procès-verbal de saisie dressé par l'huissier.

Ce procès-verbal doit :

1° Contenir : les noms, prénoms, professions et domiciles du créancier poursuivant et du débiteur saisi, ainsi que la notification de l'ordonnance autorisant la saisie, si elle n'a été déjà notifiée :

- élection de domicile du créancier au lieu de la saisie, à moins qu'il n'y demeure ; - la

désignation précise et détaillée des biens saisis.

2° Etre signifié au débiteur saisi, à moins qu'il n'assiste à la saisie, auquel cas copie du procès-verbal lui est remise sur le champ.

Le tout, à peine de nullité, lors même que celui qui l'invoque n'établirait pas avoir subi de préjudice.

Art 726. - Il en est de même si les biens à saisir se trouvent entre les mains d'un tiers, si ce n'est que celui-ci pourra être constitué gardien. En cas de contestation, le recours en référé prévu à l'article 723, alinéa 3 lui est ouvert.

Art 727. - Dans les deux cas seront observées les dispositions des articles 619, 625, 626, 627, 628, 629, 630 et 632 concernant la saisie-exécution.

Art 728. - Si le jugement sur le fond déclare la créance bonne et valable, le créancier peut poursuivre la vente des objets saisis suivant les formes requises pour la saisie-exécution sans qu'il soit besoin d'établir un nouveau procès-verbal.

Si le jugement déclare la créance non fondée, il vaudra par lui-même mainlevée de la saisie.

Art 729. - Au cours de l'instance au fond, le débiteur, s'il justifie de motifs sérieux et légitimes, peut en tout état de cause, et par simples conclusions, demander la mainlevée, la réduction ou le cantonnement de la saisie.

S'il est astreint au versement d'une caution, celle-ci sera déposée à la caisse du trésor.

Art 730. - Toute aliénation consentie à titre gratuit d'un bien saisi est nulle et non avenue si elle n'a pas acquis date certaine antérieurement à la signification ou à la notification du procès-verbal de saisie. Il en sera de même en cas d'aliénation à titre onéreux sous réserve des droits du possesseur de bonne foi.

Art 731. - L'huissier, qui se présentant pour saisir conservatoirement, trouve une saisie conservatoire déjà faite, peut procéder au récolement des objets déjà saisis, sur procès-verbal de la première saisie que le saisi sera tenu de lui présenter ; faute de quoi il peut se pourvoir en référé, après avoir, le cas échéant, établi gardien aux portes.

Il dénoncera le procès-verbal de récolement au premier saisissant. Cette notification vaudra opposition aux deniers de la vente.

Art 732. - La saisie conservatoire pratiquée par un créancier ne met pas obstacle au droit que peut avoir un autre créancier de procéder pour son compte à une saisie-exécution.

Art 733. - L'annulation ou la mainlevée de la saisie, dans les cas prévus aux articles 723 alinéa 4, 724, 728 alinéas 2 et 729 pourra donner lieu à des dommages intérêts au profit du saisi.

Art 734. - Les dispositions qui précèdent sont applicables en matière commerciale. Toutefois, la requête à fin de saisir est présentée au président du tribunal de commerce compétent.

TROISIEME PARTIE
PROCEDURES DIVERSES

TITRE PREMIER
DE LA DELIVRANCE DES COPIES ET EXPEDITIONS D'ACTES OU DE JUGEMENTS

Art 735. - Tout dépositaire d'actes dont il est permis de requérir expédition, qui refuse d'en délivrer ou d'en représenter la minute sur la demande qui lui en est faite par les parties intéressées en nom direct, leurs héritiers ou leurs ayants droit, peut y être contraint par jugement, sans préjudice de condamnation à des dommages intérêts

La demande à ces fins est portée devant le tribunal dans le ressort duquel réside le dépositaire. Le jugement à intervenir est exécutoire nonobstant opposition ou appel.

En cas d'urgence constatée, la délivrance ou la représentation peut être ordonnée par le juge des référés.

Art 736. - La partie qui veut obtenir une copie ou un extrait d'un acte non enregistré ou pour la confection duquel n'ont pas été observées les conditions et formalités requises par la loi doit présenter requête au président du tribunal dans le ressort duquel réside le dépositaire.

L'ordonnance qui y fait droit enjoint à celui-ci de délivrer la copie ou l'extrait requis, le tout sauf l'exécution des lois et règlements relatifs à l'enregistrement.

Procès-verbal est établi de cette délivrance. La requête et l'ordonnance y sont annexées. En cas de

refus du dépositaire, il est statué par voie de référé.

Art 737. - En cas de perte de la grosse nominative d'un acte ou d'un jugement, la partie qui veut obtenir une seconde grosse doit présenter requête au président du tribunal dans le ressort duquel réside le dépositaire.

L'ordonnance qui y fait droit autorise le requérant à sommer le dépositaire de faire la délivrance à jour et heure indiqués, et aux parties intéressées d'y être présentes.

Procès-verbal est établi de la délivrance et mention est portée au bas de la deuxième grosse de l'ordonnance intervenue ainsi que la somme pour laquelle on pourra exécuter si la créance est acquittée ou cédée en partie.

Le procès-verbal, rédigé sur feuille séparée à la suite de la minute, constate également le défaut des parties intéressées ou leur opposition. En cas de défaut, il est passé outre à la délivrance.

En cas d'opposition, les parties sont renvoyées à se pourvoir en référé.

Art 738. - Les mêmes formalités sont observées pour l'obtention des grosses subséquentes et des grosses par ampliation.

Art 739. - Quiconque étant partie à une instance veut obtenir une expédition ou un extrait d'un acte authentique déterminé reçu par un officier public et existant dans un dépôt public, et ayant un rapport direct avec le litige, doit présenter requête au juge saisi de la demande principale.

L'ordonnance qui y fait droit autorise le requérant à sommer le dépositaire de faire la délivrance à jour et heure indiqués, et aux parties intéressées d'y être présentes.

Procès-verbal est établi de la délivrance. Il relate les dires et observations des parties et précise que l'expédition délivrée a été collationnée avec la minute. La requête et l'ordonnance y sont annexées.

Le procès-verbal constate également le défaut des parties intéressées ou leur opposition. En cas de défaut, il est passé outre à la délivrance. En cas d'opposition, les parties sont renvoyées à se pourvoir en référé.

Art 740. - Toutefois, la communication d'un acte d'une procédure criminelle ou correctionnelle déposé au greffe peut être autorisée dans les mêmes formes, sous réserve qu'elle ne soit pas contraire aux exigences de l'ordre public.

Art 741. - Les greffiers sont tenus de délivrer à quiconque le requiert dès lors qu'il est justifié d'un intérêt suffisant, l'expédition ou la copie de tout jugement ou acte judiciaire public dont ils ont la minute ou qu'ils détiennent.

En cas de refus, il est statué par voie de référé.

Art 742. - Mention est faite par le greffier en marge de la minute du jugement ou de tout acte judiciaire public de la délivrance de toute expédition simple ou en forme exécutoire, avec la date de la délivrance et le nom de la personne à laquelle elle a été faite.

Art 743. - Les greffiers qui délivrent expédition d'un jugement ou d'un acte de juge avant qu'il ait été signé seront poursuivis comme faussaires.

Art 744. - Les procureurs généraux, procureurs de la République et les magistrats qui exercent les attributions du procureur de la République dans les sections se font représenter tous les mois les minutes des jugements et des actes et les répertoires soumis au visa de l'enregistrement et vérifient s'il a été satisfait aux dispositions légales et notamment aux dispositions prévues par les articles 181, 183 et 742 du présent Code ; en cas de contravention, ils dressent procès-verbal pour être procédé ainsi qu'il appartiendra.

TITRE II

DES RECEPTIONS DE CAUTION

Art 745. - Le jugement qui ordonne de fournir caution fixe le délai dans lequel celle-ci doit être présentée et celui dans lequel elle doit être acceptée ou contestée.

Ce délai court du jour du jugement s'il est contradictoire et du jour de la notification ou de la signification s'il est par défaut. Il peut être prorogé.

Art 746. - La caution doit déposer au greffe les titres constatant sa solvabilité ou déclarer la personne, capable de s'obliger et domiciliée dans le ressort, qu'elle offre comme garant.

Le greffier dresse acte du dépôt des titres ou de la déclaration sur un registre spécial et en délivre expédition. Les sociétés de banque autorisées à exercer à Madagascar sont dispensées de justifier de leur solvabilité.

Art 747. - L'expédition est notifiée ou signifiée par la partie qui présente caution à la partie adverse, à personne, et, à défaut, à domicile réel, sinon élu. Citation lui est donnée par le même acte d'avoir à comparaître à l'audience à. Jour indiqué pour entendre prononcer sur l'admission de la caution en cas de contestation.

Art 748. - Jusqu'au jour de l'audience, la partie adverse peut prendre communication au greffe sans déplacement, des titres de la caution.

Art 749. - Si, dans le délai de l'article 745, elle ne conteste pas la caution ou déclare l'accepter, celle-ci fait au greffe sa soumission qui est exécutoire sans jugement.

Art 750. - S'il y a contestation, elle est immédiatement portée au rôle d'audience au jour indiqué. Il est statué, hors la présence de la caution, par jugement susceptible de voies de recours, mais exécutoire nonobstant opposition ou appel

Art 751. - En cas de rejet de la caution, la partie qui l'a présentée est fondée, sauf cas de déchéance prononcée par la loi, à en présenter une autre, malgré l'expiration du délai fixé à l'article 745 pour fournir caution.

Art- 752. - Si la seconde caution est admise, elle fera sa soumission conformément aux articles 748 et 749.

Art 753. - Les présentations et réceptions de caution, en matière commerciale se font suivant la même procédure.

TITRE III

DES REDDITIONS DE COMPTES

Art 754. - Les comptables commis par justice sont poursuivis devant les juges qui les ont désignés ; les tuteurs devant les juges du lieu où la tutelle a été déférée ; tous autres comptables devant les juges de leur domicile.

Art 755. - Le compte expose sommairement les faits qui ont donné lieu à la gestion du comptable. Il contient les recettes et dépenses effectives, accompagnées de leurs pièces justificatives, sauf à faire un chapitre particulier des objets à recouvrer.

Art 756. - la demande en reddition de comptes est introduite, instruite et jugée selon les formes ordinaires de la procédure et conformément aux dispositions ci-après.

Art 757. - Le jugement qui ordonne de rendre compte fixe le délai dans lequel il doit être rendu et commet un juge aux comptes pour l'entendre.

Ce délai court du jour du jugement s'il est contradictoire, et du jour de la notification ou de la signification s'il est par défaut.

Il peut être prorogé.

Le jugement arbitre, pour le cas où le rendant ne produirait ni n'affirmerait son compte dans le délai, la somme jusqu'à concurrence de laquelle il pourra être contraint de le faire par la saisie et la vente de ses biens.

Art 758. - Dans le délai prescrit, et aux jours et heures fixés par le juge aux comptes, le rendant ou son mandataire spécial, en présence de ceux auxquels le compte est rendu ou eux dûment appelés, présente son compte et en affirme la sincérité.

Les parties ou leurs représentants font valoir leurs moyens et répliques en débattant du compte devant le juge.

La cause peut être exceptionnellement renvoyée pour plus ample informé.

Art 759. - Un procès-verbal des débats est établi, signé du juge et des parties. Il constate l'accord et le désaccord de celles-ci. En cas de désaccord, ou si les parties n'ont pas comparu, la cause est renvoyée à l'audience au jour indiqué dans le procès-verbal par le juge aux comptes.

Art 760. - Si, le compte une fois présenté et affirmé, la recette excède la dépense, celui auquel le compte est dû peut obtenir du juge aux comptes, par ordonnance rendue sur requête, la partie adverse appelée, la restitution de l'excédent, lors même que le compte ne serait pas approuvé. L'ordonnance peut être déférée par les parties, par demande incidente, devant la juridiction saisie de la procédure de reddition. Le jugement rendu n'est pas susceptible de voies de recours.

L'ordonnance rendue par défaut est susceptible d'opposition.

Art 761. - La présentation et l'affirmation faites, les créanciers des parties peuvent intervenir à la procédure. Ils n'ont toutefois droit qu'à la communication des comptes et des pièces, par voie du greffe, sur autorisation du juge aux comptes.

Art 762. - Le jugement qui statue sur le compte contient le calcul des recettes et des dépenses, et, s'il y a un reliquat, le fixe de manière précise.

Art 763. - Quand le jugement est rendu par défaut à l'égard de celui auquel le compte est dû, les articles sont alloués s'ils sont justifiés ; le rendant, s'il est reliquataire, consigne les fonds à la caisse du Trésor.

Art 764. - Aucun compte ne peut être révisé ; mais les parties peuvent, en s'adressant aux mêmes juges, obtenir qu'il soit redressé ou rectifié, pour les seules causes d'erreurs, d'omissions, de faux ou doubles emplois. La demande assortie des pièces justificatives doit préciser les articles du compte à redresser ou à rectifier.

Le rendant supporte les frais de redressement et de rectification, à moins qu'il n'en soit autrement décidé.

Art 765. - En cas d'appel contre le jugement qui rejette une demande de comptes, si la cour l'infirme, la cause fait retour en état au tribunal devant lequel l'action a été intentée.

En cas d'appel contre le jugement qui statue sur le compte, l'exécution, l'appel jugé, appartient au même tribunal.

Toutefois si le jugement est infirmé, l'arrêt doit indiquer les bases nouvelles sur lesquelles le compte doit être assis.

Art 766. - Les frais occasionnés par l'établissement du compte sont à la charge de celui auquel le compte est dû, sauf résistance ou mauvaise foi du rendant.

Les frais de la procédure à laquelle le compte a donné lieu sont réglés conformément au droit commun.

Art 767. - Le tribunal peut toujours, avec l'accord des parties ordonner que la reddition des comptes aura lieu devant notaire. Celui-ci dresse, s'il y a lieu, procès-verbal du désaccord des parties et des difficultés rencontrées pour l'exercice de sa mission. Il est alors procédé conformément aux dispositions des articles 756 et suivants.

Le tribunal peut aussi, si les éléments du compte lui paraissent suffisants, statuer sans renvoi devant le juge aux comptes.

Art 768. - Les dispositions qui précèdent s'appliquent :

- Aux demandes de reddition de comptes introduites par voie d'action incidente ou ordonnée d'office par le juge comme moyen d'instruction ;

- Aux opérations de liquidation qui portent sur la restitution des fruits.

TITRE IV

DE LA PROCEDURE D'OFFRES ET DE CONSIGNATION

Art 769. - Tout procès-verbal d'offres doit décrire l'objet offert ou, s'il s'agit d'une somme d'argent, contenir l'énumération et la qualité des espèces offertes. Il mentionne la réponse du créancier et indique qu'il a signé, refusé ou déclaré ne pouvoir ou ne savoir signer.

Art 770. - En cas de refus du créancier, le débiteur peut, pour se libérer, consigner l'objet ou la somme d'argent ainsi qu'il est indiqué aux articles 337 et 342 de la loi n° 66 003 du 2 juillet 1966 relative à la théorie générale des obligations.

Art 771. - La demande en validité ou en nullité des offres ou de la consignation est introduite par requête introductive ou assignation si elle est principale, et par simples conclusions si elle est incidente.

La demande principale est portée devant le tribunal du domicile du défendeur.

Art 772. - Le jugement qui reconnaît les offres valables en ordonne la consignation si elle n'a pas été faite et déclare le débiteur libéré du jour de la consignation.

Art 773. - Les intérêts cessent de courir du jour de la consignation à quelque moment qu'elle soit faite.

TITRE V

DES SCELLES ET DE L'INVENTAIRE

Art 774. - L'apposition des scellés, dans les cas prescrits ou autorisés par la loi, peut être requise par toute personne justifiant d'un intérêt suffisant, né et actuel.

Elle peut aussi être requise par le ministère public ou le maire de la commune ; notamment dans l'intérêt des mineurs et des personnes présumées absentes ou après le décès, soit d'un officier ministériel, ou fonctionnaire, dépositaires publics, soit d'une personne dont tous les héritiers ne sont pas présents.

Elle peut enfin être ordonnée d'office par le juge comme mesure conservatoire.

Art 775. - Les scellés sont mis, à l'aide du sceau ordinaire de la juridiction, par le juge compétent, eu égard au lieu où ils doivent être apposés.

En cas d'empêchement ou d'urgence, délégation peut être donnée à ces fins au greffier.

Art 776. - L'apposition des scellés sera constatée par un procès-verbal contenant :

1° La date des an, mois, jour et heure ;

2° Les circonstances et les motifs de l'apposition ;

3° Les noms, professions et demeure tant du requérant que des opposants, ainsi que leur élection de domicile dans la sous- préfecture où le scellé est apposé, s'ils n'y demeurent ;

4° L'ordonnance qui autorise le scellé ;

5° Les comparutions et dires des parties ;

6° La désignation des lieux, bureaux, coffres, armoires sur les ouvertures desquels le scellé a été apposé ;

7° Une description sommaire des effets qui ne sont pas mis sous scellés ;

8° La déclaration, lors de la clôture de l'apposition, par ceux qui demeurent dans le lieu, qu'ils n'ont rien détourné, ni vu détourner ou su qu'il en ait été détourné aucun ;

9° L'établissement d'un gardien, désigné par les parties, ou d'office, les qualités requises du gardien ainsi que ses droits et obligations sont les mêmes qu'en matière de saisie-exécution.

Art 777. - Les clefs des serrures sur lesquelles le scellé a été apposé restent, jusqu'à sa levée, entre les mains du greffier. Le procès-verbal d'apposition mentionne cette remise. L'entrée dans la maison où les scellés ont été apposés est interdite même au juge et au greffier, à moins qu'ils n'en soient requis, ou que leur transport n'ait été précédé d'une ordonnance motivée.

Art 778. - Si lors de l'apposition, il est trouvé un testament ou autres papiers cachetés, le juge ou le greffier en constate, l'état et la forme extérieure, le sceau et la suscription s'il y en a, et paraphe l'enveloppe avec les parties présentes.

Mention de ces opérations est portée au procès-verbal.

Le testament et les papiers sont ensuite déposés au greffe de la juridiction.

Art 779. - Si les papiers paraissent à un tiers, remise lui en est faite contre récépissés, à moins qu'ils ne concernent une succession, une communauté, ou un dépositaire public.

Art 780. - Tous ceux qui ont le droit de faire apposer des scellés ou de se faire remettre des objets placés sous scellés peuvent en requérir la levée par requête présentée nu juge compétent.

L'ordonnance qui y fait droit indique les jour et heure où la levée sera faite et autorise le requérant à sommer les opposants s'il y en a, d'y être présents.

La sommation est faite à domicile élu.

Art 781. - La levée des scellés est faite par les autorités habilitées à les apposer.

Elle peut, selon les circonstances, être totale ou partielle.

Art 782. - La levée des scellés fait l'objet d'un procès-verbal contenant :

1° La date ;

2° Les nom, profession et domicile du requérant ;

3° L'énonciation sommaire de l'ordonnance délivrée pour la levée, et de la sommation faite aux opposants ;

4° La reconnaissance des scellés s'ils sont sains et entiers et, s'ils ne le sont pas, l'état des altérations ;

5° La décharge donnée au gardien des scellés, ainsi qu'au greffier relativement aux clefs. Le procès-verbal est signé du juge, du greffier, du gardien et des parties.

Art 783. - La levée des scellés est accompagnée d'un inventaire quand la loi l'exige ou si les parties le requièrent. Elle a lieu dans ces cas au fur et à mesure de la confection de l'inventaire.

Art 784. - Les oppositions et contestations relatives tant à l'apposition qu'à la levée des scellés sont portés devant le juge des référés.

Si les portes sont fermées, que l'ouverture en est refusée ou s'il survient des obstacles à l'apposition ou à la levée des scellés, il est procédé ainsi qu'il est dit à l'article 619, au sujet des saisies exécutions, avant qu'il soit pourvu en référé.

Art 785. - Il est tenu au greffe de chaque tribunal de première instance et de section un registre d'ordre pour les scellés sur lequel sont inscrits, pour les appositions et levées de scellés :

1° Les noms et demeures des parties, objet de la procédure de scellés ;

2° Le nom du juge ou du greffier qui a procédé à l'apposition ou à la levée ;

3° Le jour où elles ont eu lieu.

Si ces opérations ont été effectuées en dehors du lieu où siège le tribunal ou la section, ces mêmes renseignements seront transmis par le greffier au siège du tribunal ou de la section pour être inscrits sur le registre.

Art 786. - Un inventaire peut être requis :

1° Par toutes personnes qui y ont intérêt soit pour satisfaire à une obligation légale, soit pour conserver des droits dont l'exercice est subordonné à la confection d'un inventaire ;

2° Par celles tenues par leurs fonctions de requérir cette confection pour le compte de personnes incapables ou empêchées de le faire.

La demande à ces fins est portée devant le juge du lieu de la confection de l'inventaire. Il est statué par simple ordonnance.

Art 787. - L'inventaire est dressé par le greffier de la juridiction compétente, à moins qu'un notaire ou un huissier ait été désigné à ces fins par le juge. Celui-ci peut toujours y assister.

Art 788. - Les personnes qui doivent être appelées ou qui peuvent assister à un inventaire sont celles-là même qui doivent être appelées ou qui peuvent assister à l'apposition et à la levée des scellés.

Art 789. - L'inventaire doit contenir :

1° Les noms, professions et demeures des requérants, comparants défaillants et absents ;

2° L'indication du lieu où il est fait ;

3° La description et l'estimation approximative des effets inventoriés ;

4° La désignation des qualités, poids et titre de l'argenterie ainsi que des espèces en numéraires ;

5° La désignation des papiers trouvés lesquels, après avoir été cotés et paraphés, seront soit remis à un tiers convenu d'avance ou désigné par l'officier public chargé de l'inventaire, soit ramenés à l'étude de ce dernier ;

6° La déclaration des titres passifs et actifs ;

7° Enfin, la déclaration, lors de la clôture de l'inventaire, par ceux qui demeurent dans les lieux qu'ils n'ont rien détourné, vu détourner ou su qu'il en ait été détourné aucun.

Art 790. - S'il n'y a aucun effet mobilier à inventorier, il sera dressé un procès-verbal de carence.

Art 791. - Les contestations relatives à la confection on de l'inventaire seront portées devant le juge des référés.

QUATRIEME PARTIE
PROCEDURES DIVERSES

Art 792. - Il n'est pas permis aux parties de déroger par des conventions particulières aux voies légales d'exécution prévue au présent Code.

Art 793. - Les procédures de saisie et les incidents auxquels elles peuvent donner lieu sont de la compétence du tribunal civil de première instance.

Art 794. - Les délais prévus au présent Code sont francs.

Le délai franc est celui qui ne comporte aucun des jours termes.

Ils peuvent être abrégés par ordonnance du juge en cas d'urgence.

Toutefois en cas de transmission à l'étranger, le requérant doit justifier de la sûreté et de la rapidité des communications. En cas de nécessité, ces délais peuvent être prorogés dans les mêmes formes.

Art 795. - Les délais qui ont pour point de départ une signification ou une notification faite à une personne ou à domicile, à moins d'une disposition contraire de la loi, sont à l'exception du délai d'opposition et d'appel, augmentés à raison de la distance de délais égaux à ceux prévus aux articles 129 et 130 du présent Code.

Art 796. - Lorsque le dernier jour d'un délai quelconque de procédure est un jour férié ou un samedi, ce délai sera prorogé jusqu'au premier jour ouvrable qui suit le jour férié ou le samedi.

Art 797. (Loi 97-038 du 30.10.97) - Le non respect par les greffiers et les magistrats des délais prévus par le présent Code est susceptible d'engager leurs responsabilités.

www.ingramcontent.com/pod-product-compliance
Lightning Source LLC
Chambersburg PA
CBHW080650190526
45169CB00006B/2059